深圳学派建设丛书·第四辑

王京生 著

什么驱动创新
——国家创新战略的文化支撑研究

中国社会科学出版社

图书在版编目（CIP）数据

什么驱动创新：国家创新战略的文化支撑研究／王京生著．—北京：中国社会科学出版社，2017.5

（深圳学派建设丛书.第四辑）

ISBN 978-7-5161-9850-6

Ⅰ.①什⋯ Ⅱ.①王⋯ Ⅲ.①国家创新系统-研究-中国 Ⅳ.①F204②G322.0

中国版本图书馆 CIP 数据核字（2017）第 031370 号

出 版 人	赵剑英
责任编辑	王 茵　马 明
责任校对	胡新芳
责任印制	王 超

出　　版	中国社会科学出版社
社　　址	北京鼓楼西大街甲 158 号
邮　　编	100720
网　　址	http://www.csspw.cn
发 行 部	010-84083685
门 市 部	010-84029450
经　　销	新华书店及其他书店
印　　刷	北京明恒达印务有限公司
装　　订	廊坊市广阳区广增装订厂
版　　次	2017 年 5 月第 1 版
印　　次	2017 年 5 月第 1 次印刷
开　　本	710×1000　1/16
印　　张	14.25
插　　页	2
字　　数	205 千字
定　　价	59.00 元

凡购买中国社会科学出版社图书，如有质量问题请与本社营销中心联系调换
电话：010-84083683
版权所有　侵权必究

《深圳学派建设丛书》
编委会

顾　　问：王京生

主　　任：李小甘　吴以环

执行主任：陈金海　张骁儒

总序：学派的魅力

王京生[*]

学派的星空

在世界学术思想史上，曾经出现过浩如繁星的学派，它们的光芒都不同程度地照亮人类思想的天空，像米利都学派、弗莱堡学派、法兰克福学派等，其人格精神、道德风范一直为后世所景仰，其学识与思想一直成为后人引以为据的经典。就中国学术史而言，不断崛起的学派连绵而成群山之势，并标志着不同时代的思想所能达到的高度。自晚明至晚清，是中国学术尤为昌盛的时代，而正是在这个时代，学派性的存在也尤为活跃，像陆王学派、吴学、皖学、扬州学派等。但是，学派辈出的时期还应该首推古希腊和春秋战国时期，古希腊出现的主要学派就有米利都学派、毕达哥拉斯学派、埃利亚学派、犬儒学派；而儒家学派、黄老学派、法家学派、墨家学派、稷下学派等，则是春秋战国时代学派鼎盛的表现，百家之中几乎每家就是一个学派。

综观世界学术思想史，学派一般都具有如下的特征：

其一，有核心的代表人物，以及围绕着这些核心人物所形成的特定时空的学术思想群体。德国19世纪著名的历史学家兰克既是影响深远的兰克学派的创立者，也是该学派的精神领袖，他在柏林大学长期任教期间培养了大量的杰出学者，形成了声势浩大的学术势力，兰克本人也一度被尊为欧洲史学界的泰斗。

---

[*] 王京生，现任国务院参事。

其二，拥有近似的学术精神与信仰，在此基础上形成某种特定的学术风气。清代的吴学、皖学、扬学等乾嘉诸派学术，以考据为治学方法，继承古文经学的训诂方法而加以条理发明，用于古籍整理和语言文字研究，以客观求证、科学求真为旨归，这一学术风气也因此成为清代朴学最为基本的精神特征。

其三，由学术精神衍生出相应的学术方法，给人们提供了观照世界的新的视野和新的认知可能。产生于20世纪60年代、代表着一种新型文化研究范式的英国伯明翰学派，对当代文化、边缘文化、青年亚文化的关注，尤其是对影视、广告、报刊等大众文化的有力分析，对意识形态、阶级、种族、性别等关键词的深入阐释，无不为我们认识瞬息万变的世界提供了丰富的分析手段与观照角度。

其四，由上述三点所产生的经典理论文献，体现其核心主张的著作是一个学派所必需的构成因素。作为精神分析学派的创始人，弗洛伊德所写的《梦的解析》等，不仅成为精神分析理论的经典著作，而且影响广泛并波及人文社科研究的众多领域。

其五，学派一般都有一定的依托空间，或是某个地域，或是像大学这样的研究机构，甚至是有着自身学术传统的家族。

学派的历史呈现出交替嬗变的特征，形成了自身发展规律：

其一，学派出现往往暗合了一定时代的历史语境及其"要求"，其学术思想主张因而也具有非常明显的时代性特征。一旦历史条件发生变化，学派的内部分化甚至衰落将不可避免，尽管其思想遗产的影响还会存在相当长的时间。

其二，学派出现与不同学术群体的争论、抗衡及其所形成的思想张力紧密相关，它们之间的"势力"此消彼长，共同勾勒出人类思想史波澜壮阔的画面。某一学派在某一历史时段"得势"，完全可能在另一历史时段"失势"。各领风骚若干年，既是学派本身的宿命，也是人类思想史发展的"大幸"：只有新的学派不断涌现，人类思想才会不断获得更为丰富、多元的发展。

其三，某一学派的形成，其思想主张都不是空穴来风，而有其内在理路。例如，宋明时期陆王心学的出现是对程朱理学的反动，但其思想来源却正是前者；清代乾嘉学派主张朴学，是为了反对陆王心学的空疏无物，但二者之间也建立了内在关联。古希腊思想作为欧洲思想发展的源头，使后来西方思想史的演进，几乎都可看作是对它的解释与演绎，"西方哲学史都是对柏拉图思想的演绎"的极端说法，却也说出了部分的真实。

其四，强调内在理路，并不意味着对学派出现的外部条件重要性的否定；恰恰相反，外部条件有时对于学派的出现是至关重要的。政治的开明、社会经济的发展、科学技术的进步、交通的发达、移民的汇聚等，都是促成学派产生的重要因素。名震一时的扬州学派，就直接得益于富甲一方的扬州经济与悠久而发达的文化传统。综观中国学派出现最多的明清时期，无论是程朱理学、陆王心学，还是清代的吴学、皖学、扬州学派、浙东学派，无一例外都是地处江南（尤其是江浙地区）经济、文化、交通异常发达之地，这构成了学术流派得以出现的外部环境。

学派有大小之分，一些大学派又分为许多派别。学派影响越大分支也就越多，使得派中有派，形成一个学派内部、学派之间相互切磋与抗衡的学术群落，这可以说是纷纭繁复的学派现象的一个基本特点。尽管学派有大小之分，但在人类文明进程中发挥的作用却各不相同，有积极作用，也有消极作用。如，法国百科全书派破除中世纪以来的宗教迷信和教会黑暗势力的统治，成为启蒙主义的前沿阵地与坚强堡垒；罗马俱乐部提出的"增长的极限""零增长"等理论，对后来的可持续发展、协调发展、绿色发展等理论与实践，以及联合国通过的一些决议，都产生了积极影响；而德国人文地理学家弗里德里希·拉采尔所创立的人类地理学理论，宣称国家为了生存必须不断扩充地域、争夺生存空间，后来为法西斯主义所利用，起了相当大的消极作用。

学派的出现与繁荣，预示着一个国家进入思想活跃的文化大发展时期。被司马迁盛赞为"盛处士之游，壮学者之居"的稷下学宫，之所以能成为著名的稷下学派之诞生地、战国时期百家争鸣的主要场所与最负盛名的文化中心，重要原因就是众多学术流派都活跃在稷门之下，各自的理论背景和学术主张尽管各有不同，却相映成趣，从而造就了稷下学派思想多元化的格局。这种"百氏争鸣、九流并列、各尊所闻、各行所知"的包容、宽松、自由的学术气氛，不仅推动了社会文化的进步，而且也引发了后世学者争论不休的话题，中国古代思想在这里得到了极大发展，迎来了中国思想文化史上的黄金时代。而从秦朝的"焚书坑儒"到汉代的"独尊儒术"，百家争鸣局面便不复存在，思想禁锢必然导致学派衰落，国家文化发展也必将受到极大的制约与影响。

深圳的追求

在中国打破思想的禁锢和改革开放30多年这样的历史背景下，随着中国经济的高速发展以及在国际上的和平崛起，中华民族伟大复兴的中国梦正在进行。文化是立国之根本，伟大的复兴需要伟大的文化。树立高度的文化自觉，促进文化大发展大繁荣，加快建设文化强国，中华文化的伟大复兴梦想正在逐步实现。可以预期的是，中国的学术文化走向进一步繁荣的过程中，具有中国特色的学派也将出现在世界学术文化的舞台上。

从20世纪70年代末真理标准问题的大讨论，到人生观、文化观的大讨论，再到90年代以来的人文精神大讨论，以及近年来各种思潮的争论，凡此种种新思想、新文化，已然展现出这个时代在百家争鸣中的思想解放历程。在与日俱新的文化转型中，探索与矫正的交替进行和反复推进，使学风日盛、文化昌明，在很多学科领域都出现了彼此论争和公开对话，促成着各有特色的学术阵营的形成与发展。

一个文化强国的崛起离不开学术文化建设，一座高品位文化城市的打造同样也离不开学术文化发展。学术文化是一座城市最内在的精神生活，是城市智慧的积淀，是城市理性发展的向导，是文化创造力的基础和源泉。学术是不是昌明和发达，决定了城市的定位、影响力和辐射力，甚至决定了城市的发展走向和后劲。城市因文化而有内涵，文化因学术而有品位，学术文化已成为现代城市智慧、思想和精神高度的标志和"灯塔"。

凡工商发达之处，必文化兴盛之地。深圳作为我国改革开放的"窗口"和"排头兵"，是一个商业极为发达、市场化程度很高的城市，移民社会特征突出、创新包容氛围浓厚、民主平等思想活跃、信息交流的"桥头堡"地位明显，是具有形成学派可能性的地区之一。在创造工业化、城市化、现代化发展奇迹的同时，深圳也创造了文化跨越式发展的奇迹。文化的发展既引领着深圳的改革开放和现代化进程，激励着特区建设者艰苦创业，也丰富了广大市民的生活，提升了城市品位。

如果说之前的城市文化还处于自发性的积累期，那么进入新世纪以来，深圳文化发展则日益进入文化自觉的新阶段：创新文化发展理念，实施"文化立市"战略，推动"文化强市"建设，提升文化软实力，争当全国文化改革发展"领头羊"。自2003年以来，深圳文化发展亮点纷呈、硕果累累：荣获联合国教科文组织"设计之都""全球全民阅读典范城市"称号，原创大型合唱交响乐《人文颂》在联合国教科文组织巴黎总部成功演出，被国际知识界评为"杰出的发展中的知识城市"，三次荣获"全国文明城市"称号，四次被评为"全国文化体制改革先进地区"，"深圳十大观念"影响全国，《走向复兴》《我们的信念》《中国之梦》《迎风飘扬的旗》《命运》等精品走向全国，深圳读书月、市民文化大讲堂、关爱行动、创意十二月等品牌引导市民追求真善美，图书馆之城、钢琴之城、设计之都等"两城一都"高品位文化城市正成为现实。

城市的最终意义在于文化。在特区发展中，"文化"的地位正发生着巨大而悄然的变化。这种变化首先还不在于大批文化设施的兴建、各类文化活动的开展与文化消费市场的繁荣，而在于整个城市文化地理和文化态度的改变，城市发展思路由"经济深圳"向"文化深圳"转变。这一切都源于文化自觉意识的逐渐苏醒与复活。文化自觉意味着文化上的成熟，未来深圳的发展，将因文化自觉意识的强化而获得新的发展路径与可能。

与国内外一些城市比起来，历史文化底蕴不够深厚、文化生态不够完善等仍是深圳文化发展中的弱点，特别是学术文化的滞后。近年来，深圳在学术文化上的反思与追求，从另一个层面构成了文化自觉的逻辑起点与外在表征。显然，文化自觉是学术反思的扩展与深化，从学术反思到文化自觉，再到文化自信、自强，无疑是文化主体意识不断深化乃至确立的过程。大到一个国家和小到一座城市的文化发展皆是如此。

从世界范围看，伦敦、巴黎、纽约等先进城市不仅云集大师级的学术人才，而且有活跃的学术机构、富有影响的学术成果和浓烈的学术氛围，正是学术文化的繁盛才使它们成为世界性文化中心。可以说，学术文化发达与否，是国际化城市不可或缺的指标，并将最终决定一个城市在全球化浪潮中的文化地位。城市发展必须在学术文化层面有所积累和突破，否则就缺少根基，缺少理念层面的影响，缺少自我反省的能力，就不会有强大的辐射力，即使有一定的辐射力，其影响也只是停留于表面。强大的学术文化，将最终确立一种文化类型的主导地位和城市的文化声誉。

近年来，深圳在实施"文化立市"战略、建设"文化强市"过程中鲜明提出：大力倡导和建设创新型、智慧型、力量型城市主流文化，并将其作为城市精神的主轴以及未来文化发展的明确导向和基本定位。其中，智慧型城市文化就是以追求知识和理性为旨归，人文气息浓郁，学术文化繁荣，智慧产出能力较强，学习型、知识型城市建设成效卓著。深圳要建成有国际影响力的智慧之城，提高文化软实力，学术文化建设是其最坚硬的内核。

经过30多年的积累，深圳学术文化建设初具气象，一批重要学科确立，大批学术成果问世，众多学科带头人涌现。在中国特色社会主义理论、经济特区研究、港澳台经济、文化发展、城市化等研究领域产生了一定影响；学术文化氛围已然形成，在国内较早创办以城市命名的"深圳学术年会"，举办了"世界知识城市峰会"等一系列理论研讨会。尤其是《深圳十大观念》等著作的出版，更是对城市人文精神的高度总结和提升，彰显和深化了深圳学术文化和理论创新的价值意义。

而"深圳学派"的鲜明提出，更是寄托了深圳学人的学术理想和学术追求。1996年最早提出"深圳学派"的构想；2010年《深圳市委市政府关于全面提升文化软实力的意见》将"推动'深圳学派'建设"载入官方文件；2012年《关于深入实施文化立市战略建设文化强市的决定》明确提出"积极打造'深圳学派'"；2013

年出台实施《"深圳学派"建设推进方案》。一个开风气之先、引领思想潮流的"深圳学派"正在酝酿、构建之中，学术文化的春天正向这座城市走来。

"深圳学派"概念的提出，是中华文化伟大复兴和深圳高质量发展的重要组成部分。树起这面旗帜，目的是激励深圳学人为自己的学术梦想而努力，昭示这座城市尊重学人、尊重学术创作的成果、尊重所有的文化创意。这是深圳 30 多年发展文化自觉和文化自信的表现，更是深圳文化流动的结果。因为只有各种文化充分流动碰撞，形成争鸣局面，才能形成丰富的思想土壤，为"深圳学派"的形成创造条件。

深圳学派的宗旨

构建"深圳学派"，表明深圳不甘于成为一般性城市，也不甘于仅在世俗文化层面上造点影响，而是要面向未来中华文明复兴的伟大理想，提升对中国文化转型的理论阐释能力。"深圳学派"从名称上看，是地域性的，体现城市个性和地缘特征；从内涵上看，是问题性的，反映深圳在前沿探索中遇到的主要问题；从来源上看，"深圳学派"没有明确的师承关系，易形成兼容并蓄、开放择优的学术风格。因而，"深圳学派"建设的宗旨是"全球视野，民族立场，时代精神，深圳表达"。它浓缩了深圳学术文化建设的时空定位，反映了对学界自身经纬坐标的全面审视和深入理解，体现了城市学术文化建设的总体要求和基本特色。

一是"全球视野"：反映了文化流动、文化选择的内在要求，体现了深圳学术文化的开放、流动、包容特色。它强调要树立世界眼光，尊重学术文化发展内在规律，贯彻学术文化转型、流动与选择辩证统一的内在要求，坚持"走出去"与"请进来"相结合，推动深圳与国内外先进学术文化不断交流、碰撞、融合，保持旺盛活力，构建开放、包容、创新的深圳学术文化。

文化的生命力在于流动，任何兴旺发达的城市和地区一定是流动文化最活跃、最激烈碰撞的地区，而没有流动文化或流动文化很少光顾的地区，一定是落后的地区。文化的流动不断催生着文化的分解和融合，推动着文化新旧形式的转换。在文化探索过程中，唯一需要坚持的就是敞开眼界、兼容并蓄、海纳百川，尊重不同文化的存在和发展，推动多元文化的融合发展。中国近现代史的经验反复证明，闭关锁国的文化是窒息的文化，对外开放的文化才是充满生机活力的文化。学术文化也是如此，只有体现"全球视野"，才能融入全球思想和话语体系。因此，"深圳学派"的研究对象不是局限于一国、一城、一地，而是在全球化背景下，密切关注国际学术前沿问题，并把中国尤其是深圳的改革发展置于人类社会变革和文化变迁的大背景下加以研究，具有宽广的国际视野和鲜明的民族特色，体现开放性甚至是国际化特色，也融合跨学科的交叉和开放。

二是"民族立场"：反映了深圳学术文化的代表性，体现了深圳在国家战略中的重要地位。它强调要从国家和民族未来发展的战略出发，树立深圳维护国家和民族文化主权的高度责任感、使命感、紧迫感。加快发展和繁荣学术文化，尽快使深圳在学术文化领域跻身全球先进城市行列，早日占领学术文化制高点，推动国家民族文化昌盛，助力中华民族早日实现伟大复兴。

任何一个大国的崛起，不仅伴随经济的强盛，而且伴随文化的昌盛。文化昌盛的一个核心就是学术思想的精彩绽放。学术的制高点，是民族尊严的标杆，是国家文化主权的脊梁骨；只有占领学术制高点，才能有效抵抗文化霸权。当前，中国的和平崛起已成为世界的最热门话题之一，中国已经成为世界第二大经济体，发展速度为世界刮目相看。但我们必须清醒地看到，在学术上，我们还远未进入世界前列，特别是还没有实现与第二大经济体相称的世界文化强国的地位。这样的学术境地不禁使我们扪心自问，如果思想学术得不到世界仰慕，中华民族何以实现伟大复兴？在这个意义上，深圳和全国其他地方一样，学术都是短板，与经济社会发展不相匹配。而深圳作为排头兵，肩负了为国家、为民族文化发展探路的光荣使命，尤感责任重大。深圳的学术立场不能仅限于一隅，而应站在全国、全民族的高度。

三是"时代精神"：反映了深圳学术文化的基本品格，体现了深圳学术发展的主要优势。它强调要发扬深圳一贯的"敢为天下先"的精神，突出创新性，强化学术攻关意识，按照解放思想、实事求是、求真务实、开拓创新的总要求，着眼人类发展重大前沿问题，特别是重大战略问题、复杂问题、疑难问题，着力创造学术文化新成果，以新思想、新观点、新理论、新方法、新体系引领时代学术文化思潮。

党的十八大提出了完整的社会主义核心价值观，这是当今中国时代精神的最权威、最凝练表达，是中华民族走向复兴的兴国之魂，是中国梦的核心和鲜明底色，也应该成为"深圳学派"进行研究和探索的价值准则和奋斗方向。其所熔铸的中华民族生生不息的家国情怀，无数仁人志士为之奋斗的伟大目标和每个中国人对幸福生活的向往，是"深圳学派"的思想之源和动力之源。

创新，是时代精神的集中表现，也是深圳这座先锋城市的第一标志。深圳的文化创新包含了观念创新，利用移民城市的优势，激发思想的力量，产生了一批引领时代发展的深圳观念；手段创新，通过技术手段创新文化发展模式，形成了"文化+科技""文化+金融""文化+旅游""文化+创意"等新型文化业态；内容创新，以"内容为王"提升文化产品和服务的价值，诞生了华强文化科技、腾讯、华侨城等一大批具有强大生命力的文化企业，形成了读书月等一大批文化品牌；制度创新，充分发挥市场的作用，不断创新体制机制，激发全社会的文化创造活力，从根本上提升城市文化的竞争力。"深圳学派"建设也应体现出强烈的时代精神，在学术课题、学术群体、学术资源、学术机制、学术环境方面迸发出崇尚创新、提倡包容、敢于担当的活力。"深圳学派"需要阐述和回答的是中国改革发展的现实问题，要为改革开放的伟大实践立论、立言，对时代发展作出富有特色的理论阐述。它以弘扬和表达时代精神为己任，以理论创新为基本追求，有着明确的文化理念和价值追求，不局限于某一学科领域的考据和论证，而要充分发挥深圳创新文化的客观优势，多视角、多维度、全方位地研究改革发展中的现实问题。

四是"深圳表达"：反映了深圳学术文化的个性和原创性，体现了深圳使命的文化担当。它强调关注现实需要和问题，立足深圳实际，着眼思想解放、提倡学术争鸣，注重学术个性、鼓励学术原创，不追求完美、不避讳瑕疵，敢于并善于用深圳视角研究重大前沿问题，用深圳话语表达原创性学术思想，用深圳体系发表个性化学术理论，构建具有深圳风格和气派的学术文化。

称为"学派"就必然有自己的个性、原创性，成一家之言，勇于创新、大胆超越，切忌人云亦云、没有反响。一般来说，学派的诞生都伴随着论争，在论争中学派的观点才能凸显出来，才能划出自己的阵营和边际，形成独此一家、与众不同的影响。"深圳学派"依托的是改革开放前沿，有着得天独厚的文化环境和文化氛围，因此不是一般地标新立异，也不会跟在别人后面，重复别人的研究课题和学术话语，而是要以改革创新实践中的现实问题研究作为理论创新的立足点，作出特色鲜明的理论表述，发出与众不同的声音，充分展现特区学者的理论勇气和思想活力。当然，"深圳学派"要把深圳的物质文明、精神文明和制度文明作为重要的研究对象，但不等于言必深圳，只囿于深圳的格局。思想无禁区、学术无边界，"深圳学派"应以开放心态面对所有学人，严谨执着，放胆争鸣，穷通真理。

狭义的"深圳学派"属于学术派别，当然要以学术研究为重要内容；而广义的"深圳学派"可看成"文化派别"，体现深圳作为改革开放前沿阵地的地域文化特色，因此除了学术研究，还包含文学、美术、音乐、设计创意等各种流派。从这个意义上说，"深圳学派"尊重所有的学术创作成果，尊重所有的文化创意，不仅是哲学社会科学，还包括自然科学、文学艺术等。

"寄言燕雀莫相唬，自有云霄万里高。"学术文化是文化的核心，决定着文化的质量、厚度和发言权。我们坚信，在建设文化强国、实现文化复兴的进程中，植根于中华文明深厚沃土、立足于特区改革开放伟大实践、融汇于时代潮流的"深圳学派"，一定能早日结出硕果，绽放出盎然生机！

前　言

如果说改革开放是决定当代中国命运的关键一招，那么，创新就是中华民族走向复兴的必由之路。没有持续的创新，就没有持续的发展，也就永远达不到民族复兴的境界。党中央把创新置于未来发展的五大关键词之首，上升为国家战略的核心，具有重大意义。

当我们考察世界各国创新能力、创新历程和效果的时候，会发现巨大的差异。当全世界都认识到创新的重要性的时候，为什么一些国家一直走在创新的前列，引导着创新的潮流，而一些国家则是步履蹒跚，屡受挫折，或者想创新也创新不成，甚至创新不断导致动荡。这除了与各国具备的一般性创新要素：资本、科技、市场、集成能力、制度等有直接关系，更重要的则是背后隐然存在的文化差异。

很多人在讲创新的要素时却往往忽略这一点，他们更多地集中在资源、人才、教育，包括社会的一些结构方面。这些技术性因素绝对是创新不能或缺的，但是和文化比较而言，它们都是组成的基本因素而已，而文化具有决定的意义。文化的不同造成了国家创新能力的迥异，国家创新战略根本有赖于文化的支撑。

文化提供支撑国家创新战略的核心价值。各国所崇奉的核心价值直接关乎创新的地位和能力。推动国家的创新发展，不能光靠解决器物层面的问题，更要解决思想、文化、价值观念的问题。实现国家创新战略绝不是单一的科技驱动，科技驱动、文化驱动、制度驱动是创新的三大驱动力。只有打造创新型、智慧型、包容型、力量型文化，为国家创新提供核心价值，创新才能形成规模和可持续。文化的核心价值不仅是创新的根本推动力，也为创新设置了边界，也就是哪些是可创新的，哪些是不可创新的，比如那些反人类、反生态的所谓创新行为，就应该坚决抵制。文化为创新注入人文关怀，这也是文化对国家创新支撑作用的一个突出表现。

文化提供支撑国家创新战略的心理定式和创新的传统。从人类历史来看，中华文明作为唯一没有中断的延续性文明，历经分裂与灾难而屹立不倒，靠的是中华民族生生不息的创造能力及优秀的心理定式和传统。但毋庸讳言，我们的文化中也有相当多的落后与保守理念所造成的心理定式和习惯，中国人的"崇古"心理、"效法"心理、趋同心理，和"彼偏我正、彼夷我中"心理，以及"不敢为天下先"的祖训，都曾使我们丧失了创新发展的良机，甚至造成深重的灾难。我们必须适应外部环境的变化和挑战，进而形成新的传统、活的文化。创新与好奇心、想象力、创意、发明等密切相关，其核心特质包括：以开放的思维解决问题的能力；勇于承担智识风险、尝试以新的方式探讨问题、具有实验的精神；具有自我反思与不断学习的能力。今天所说的国家创新，正是奠基于上述文化创新精神之上，并形成对守旧的、盲从的文化的抑制才得以出现的。事实上，我们之所以说文化特别是创新型文化对国家创新战略能起到基础性的支撑作用，正是因为创新型文化的根本在于反思能力和批判精神。批判精神的实质，就是敢于对旧传统和新现实说"不"。任何一种新观念、新文化的产生都意味着对传统和现存理论或方法的解构和再阐释，这往往是一个历史颠覆过程。要把"期然"变"应然"，形成新的心理定式。

文化为国家创新战略提供与时俱进的观念支撑。观念的创新不仅仅是风尚的演变，更是价值的流变。一个国家要保持活泼的生命力，就必须有观念创新的能力，并通过观念创新，形成国家创新力的锻造和竞争力的提升。国家创新战略涉及全方位创新，尤其需要观念的引领，如此才能使民族创新形成汪洋恣肆之势，而不是局限于个别领域，这是人类发展史上的铁律。我们可以看到，作为中华民族伟大复兴的战略举措，改革开放本身就是与时俱进、思想解放的产物，它所高扬的变革旗帜对国人的思想激荡及其所引起的连锁反应，为后来取得的伟大成就奠定了基础。而作为其中的杰出代表，深圳特区之所以能在改革开放中异军突起、大放异彩，原因固然有很多，但敢闯敢干、杀出一条血路的创新观念则是根本的。深圳今天能够成为国家创新战略的引领区域，成为各类创新者的首选区域，观念创新的力量和旗帜作用不容低估。从某种意义上说，深圳十大观念就是创新的十面旗帜。别的不说，一句"来了就是深圳人"，不知给了多少创新创业者以温暖，这种包容气度是中国所有城市中仅见的。坦率地说，我还没看到有另外一个城市心胸坦然地喊出此类话语。很显然，深圳观念的例子，放在国家创新战略层面上同样是成立的。

　　文化提供国家创新战略所需要的创新自觉和创新自信。文化历来都不是一成不变的，它总是处于不断的流动当中，并在流动中实现推陈出新，创造历史前进的新动力。当年，为了推动深圳文化的快速繁荣发展，为一个新兴城市寻找文化自信、自觉、自强的理论根据，我们提出了文化流动理论。这个理论曾经为深圳文化事业、文化产业的大发展贡献了理论根据和现实路径，促成深圳文化在国内竞争中一直居上游之势，成为文化立市的支撑。今天，同样可以说，文化流动理论一样可以作为国家创新战略的重要支撑，使我国寻找到创新自觉、创新自信、创新自强。文化流动论与文化积淀论并不是"有你无我""我对你错"的关系，而是观察文化本质和作用的两个角度。文化流动论强调文化横向和纵向流动的本质，强调文化发展不仅仅取决于存量，更取决于增量的本质，强调文化流动带来的广泛的经济和社会意义，强调文化流动对挑战边界，推动创新的重要作用。但我们当然也不能忽略文化积淀的意义。因此，在国家创新战略中，我们一方面要强调文化流动的意义，在各种文化乃至信息的流动、碰撞、交流中去获得创新的推动力和无限灵感；另一方面，也要尊重五千年文明古国的文化积淀，守住中华民族的根脉。

　　文化锻造国家创新战略所需要的企业家精神。作为国家创新战略的主导群体，应是企业家阶层。文化催生了企业家的创新品格，它对企业家精神的培育主要体现在发现和创造机会的能力、塑造团队文化的能力、不断挑战边界的精神、资源整合和集成的能力，等等。特别是文化可以让真正的企业家跳出急功近利的利润追求，养成熊彼特所倡导的"企业家精神"三要素：建立一个"王朝"的梦想；追求成功的"征服的意志"与"战斗的冲动"；"创造的欢乐"，"改革、冒险的欢乐"。

文化培育国家创新战略所依赖的创新创意阶层。创新创意阶层对于我国创新体系建设的意义极其深远。当代社会，知识和创意或人力资本、人才正在替代传统的自然资源和有形劳动，成为财富创造和经济增长的主要源泉。文化在创新创意阶层培育中具有不可替代的作用。"文化+"吸引创新创意阶层，在"文化+"模式驱动下文化产业的跨界融合发展，催生了各行业创新创意阶层的崛起。创新文化聚集创新创意阶层，创新创意阶层群体每天通过创意点亮智慧之路，不断推动创意创新发展。文化多样性养育创新创意阶层，一个具有文化多样性的城市在吸引创意人才和人力资本中具有截然不同的优势，从而可以产生和吸引创新创意阶层，而能吸引这些具有创意人的地方可以产生更多的创新，从而实现良性循环。

文化为国家创新战略提供"大众创业、万众创新"的实现空间和环境支持。大众创业万众创新的发展理念不但创造出令人惊异的经济价值，基本解决了压力很大的社会就业问题，促进了经济转型升级，而且赋予国家创新战略以全民意义。就文化对大众创业、万众创新支撑而言，我们可以从两个方面解读，一方面新的广泛的社会创新创意阶层是依靠文化孕育并提供广阔空间的，全体国民也迫切需要提高文化素质，才能更主动投入"双创"；另一方面，大众创业万众创新绝不仅是解决当下的经济问题，而且是能够锤炼出更高的国民素质、改善中华文化的基因，使我们民族文化中自强不息、"苟日新，日日新"的基因发扬光大。

文化为国家创新战略营造"鼓励创新、宽容失败"的氛围。"鼓励创新，宽容失败"是深圳十大观念之一，为特区改革创新提供了浓厚的文化氛围。假如说"鼓励创新"是深圳成功的根本，那么这仅仅是深圳精神的一个方面，在"鼓励创新"的同时，"宽容失败"同样是深圳精神的内核之一：改革开放以来，很多人在深圳成功了，但更多的不为我们所知的人失败了。而深圳的魅力正在于，不管对成功还是失败都予以包容，因为深圳的实践说明，只有宽容失败，才构成创新与成功的前提和基础。而"鼓励创新、宽容失败"，正是许给那些敢于创新者的庄严诺言，它许诺你可以放下包袱，大胆地闯，你可以不必瞻前顾后，只要牢记"失败是成功之母"，你可以在成功的时候得到掌声，也能在失败的时候收获宽容的鲜花。可以说，正是这种极具包容性的文化，驱使极具创新意识的新老移民前赴后继，铸就了深圳特区的辉煌。由此可见，国家创新战略要取得成功，必须一方面在文化观念上形成"鼓励创新、宽容失败"的社会共识和良好风气，另一方面在制度设计上也要予以实质性的推动，尤其是"宽容失败"方面，它不仅体现于语言的慰问，或投以同情的目光，还应对创新失败者给予实质性支持，比如设立各种创新基金，对创新者予以物质支持，对失败者也给予相应的制度保障，这也是国家创新战略的题中应有之义。

总之，文化的力量完全可以把一个守成的民族改变成一个创新的民族，把一个一度落后于世界历史进程的国家改变成一个引领人类文明的国家。而国家创新战略的实施，既为中华民族的伟大复兴创造了条件，也为生生不息的文化力量的释放，提供了新的历史舞台。

目 录

第一章　支撑国家创新战略的核心价值 …………………… （1）
　第一节　核心价值对创新的先导、启蒙与支撑意义 ………（3）
　第二节　文化决定创新差异 ………………………………（11）
　第三节　文化确立创新边界 ………………………………（17）

第二章　支撑国家创新战略的心理定式和新的传统 ………（25）
　第一节　中国人的心理定式及特点 ………………………（25）
　第二节　心理定式形成的学理分析 ………………………（42）
　第三节　反思能力与批判精神 ……………………………（48）
　第四节　期然与应然 ………………………………………（53）

第三章　支撑国家创新战略的观念指引 …………………（56）
　第一节　什么是全方位的创新 ……………………………（56）
　第二节　新观念的形成、演化及其力量 …………………（63）
　第三节　新观念的产生与思想解放 ………………………（69）
　第四节　高科技与文化创意为何垂青深圳 ………………（74）

第四章　支撑国家创新战略的创新自觉、创新自信、创新自强 ……………………………………………（80）
　第一节　文化流动与创新 …………………………………（80）
　第二节　创新自觉、自信、自强形成的文化机制 ………（86）
　第三节　文化积淀论反思 …………………………………（96）
　第四节　文化流动对创新推动及文化根脉守护的重要性 ……（102）

第五章 锻造国家创新战略所需要的企业家精神 ……… （107）
 第一节 创新的中坚力量 ……………………………… （107）
 第二节 创新企业家的特征 ……………………………… （116）
 第三节 对创新企业家的支持和引导 …………………… （129）

第六章 培育国家创新战略所依赖的创新创意阶层 ………… （135）
 第一节 创新创意阶层的内涵 …………………………… （135）
 第二节 创新创意阶层的战略地位 ……………………… （140）
 第三节 文化在创新创意阶层培育中不可替代的作用 …… （147）

第七章 为"大众创业、万众创新"提供实现空间
    和环境支撑 ………………………………………… （156）
 第一节 "大众创业、万众创新"的提出 ……………… （156）
 第二节 "大众创业、万众创新"与文化 ……………… （158）
 第三节 "大众创业、万众创新"的成果与挑战 ……… （162）
 第四节 公共文化空间与文化服务的重要性 …………… （168）

第八章 营造国家创新战略所需的"鼓励创新、
    宽容失败"氛围 …………………………………… （174）
 第一节 "鼓励创新、宽容失败"的提出 ……………… （175）
 第二节 "鼓励创新、宽容失败"的文化根据 ………… （178）
 第三节 如何鼓励创新 …………………………………… （181）
 第四节 如何宽容失败 …………………………………… （184）
 第五节 "鼓励创新、宽容失败"与构建创新型、智慧型、
     包容型、力量型主流文化 ……………………… （188）

参考文献 ………………………………………………………… （197）

后 记 ………………………………………………………… （206）

第一章

支撑国家创新战略的核心价值

所有创新的先决条件和最终决定创新是否可持续的最重要的力量，这就是我们说的支撑的问题。一切都是从文化开始的，尤其是当我们面临着各种抉择和寻求突破的时候，社会、技术乃至理论、艺术寻求创新的时候，那些重要的核心价值是一切创新的原点。

欧洲的文艺复兴从14世纪到16世纪，17到18世纪开始是启蒙运动，1789年法国大革命开始才完成了这两段式的运动，工业革命也是在18世纪60年代产生的。文艺复兴和启蒙运动在法国大革命、工业革命之前，两者都是思想发动的过程，从文化开始，与其间的宗教改革、科学革命、浪漫主义等融合，对西方社会的整体社会进步，尤其是对科学技术的进步应该是有决定性意义的。没有文化艺术的发生，科学技术的进步可能还在极端的、首先是宗教式的压迫下或者极权统治的压迫下缓慢地徘徊，或者在不断迂回前进中受到打击。文艺复兴和启蒙运动创造了那个时代的核心价值观，带来的是一个创新的时代。

从东方文明比如从百家争鸣来看，百家争鸣是中国历史上最大的、最早的一次思想解放。魏晋南北朝时期是一个思想比较自由的时代，但那个时期的思想状态还不具有百花齐放的性质。在中国的文化历史上真正能够和百家争鸣相媲美的，就是五四运动。可以说百家争鸣影响了中国思想文化2000多年，基本确定了中国文化的格局，其中缔造的制度的辉煌包括文明的辉煌，包括各个方面的发展，使中华文明能够成为世界文明重要的一极。"五四"新文化运动实际上才刚刚开始，到今天为止还没有达到真正的高潮和辉煌时代，从新文化运动到改革开放的提出，中国的历史虽然几经变迁，但是就思想解放和思想启蒙这点我们的历史并不长，可能在制度上清朝覆灭了，袁世凯兴起了，以及军阀混战、抗战、国共内战，最后是新中国成立，都是有很大的变化，但是从思想的变化来讲其实可以分成新文化运动的准备时期和今天的改革开放这两个跨越性的阶段。严格说起来，中国的思想文化变革从20世纪初的1915年算起才100年，文化的创新还远远没有结束，从今天来看中国的文化对创新的推动力已经取得了巨大的成就，文化为国家创新战略提供着核心价值支撑。

各国所崇奉的核心价值直接关乎其创新的能力。卡尔·雅斯贝斯在《历史的起源与目标》中认为，"自从西庇阿时代以来，人文主义成了文化意识的一种形式。西方有不断的突破。在突破中，各种各样的民族轮换地拥有其创造时代。然后从突破中，欧洲整体获得了它的生命。……但不幸的是，中国和印度总是在延续它们自己的过去时存活"①。

这是六七十年前的言论，卡尔·雅斯贝斯所考察的也是传统中国的状态。在过去很长时间内，世界上的很多文明古国，因为各种原因历经长时间的发展缓慢期，生产力和创造力长时间受社会格局的桎梏而没有充分释放，这是事实。但是从20世纪初期前后，随着中国政治格局和社会格局的改变，所引发的生产力、创造力的爆发，给国家带来的经济、文化与精神层面的革新也是显著的。时至今日，政府更加有意识地从国家层面重视和引领制度创新、科技创新和文化创新，所开创的新局面更是有目共睹。中共中央在"十三五"规划建议中提出，"创新是引领发展的第一动力。必须把创新摆在国家发展全局的核心位置，不断推进理论创新、制度创新、科技创新、文化创新等各方面创新，让创新贯穿党和国家一切工作，让创新在全社会蔚然成风"。这个宣言可以理解为我国创新战略的核心价值，是创新的国是。

我们还要注意到，文化的核心价值不仅是创新的根本推动力，

---

① ［德］卡尔·雅斯贝斯：《历史的起源与目标》，华夏出版社1989年版，第72页。

也为创新设置了人文边界,也就是哪些是可创新的,哪些是不可创新的,比如那些反人类、反生态的所谓创新行为,就应该坚决抵制。文化为创新注入人文关怀,这也是文化对国家创新支撑作用的一个突出表现。

第一节 核心价值对创新的先导、启蒙与支撑意义

核心价值是一种高级文化形态、精神形态,不是所有文明都能产生核心价值。只有当一个文明发展到一定高度之后,才可能因为经验的积淀与升华,从而在文明内部逐步形成一个多元文化的有机载体,形成一些集群价值。然后在这个文化集群价值中,逐步分析出一些层次来,比如有一些文化元素是因时代的变化而变化、因技术的变化而变化、因地理的变化而变化的,而有一些文化则不会因为上述条件的变化而出现重大转变的,这些就是文化的核心内容。这些内容往往属于文化的核心层面,成为推动族群社会的核心推动力,也可称之为文化的核心价值。换句话说,核心价值是指一个族群、地区或国家在一定时间内形成的社会—心理传统的基本构成,是特定族群在一定社会条件、自然条件下形成的社会生活、政治模式的长期积累下形成的文化心理的核心要素,体现的是族群的最合理和最基本的诉求,往往也就是最具代表性的文化诉求。

核心价值也是族群在长期的共同社会生活中的合理选择,在这种合理选择中是最前沿的,最领先的,因为具有创新、推动力,因此成就一种卓尔不群的影响力,这种影响力让这种创新而成的价值,成为核心价值,一个时代的贡献最大的价值也就是核心价值。从这个意义而言,每个时代的核心价值就是历史第一推动力。

因此,一种文化或思想内容要成为具有"核心价值"意义的价值,需要符合以下几个特点:第一,核心价值应该是相应族群长时间社会实践的沉淀,是相应族群结合所有客观条件在生产生活中自然而然的文化选择,在必要时间骤然形成的对日常生活的突破,超

越已有经验与知识，在一定时间或很长时间内引导该族群的发展。第二，曾经对特定族群社会的发展产生过重要影响，也就是具有相当的前沿性。所有能推动社会发展的价值，往往都是前沿的。第三，核心价值必须体现该人群乃至所有人类的最合理的利益，遵循最基本的人道主义精神与人伦价值。一般而言，"核心价值"是一种恒量，而"创新"是一种变量。作为恒量的"核心价值"和作为变量的"创新"之间是一种什么样的关系，值得深入探讨。

所有前沿价值的产生往往来自实践。作为一个典型的农业文明，中华文明最先成熟起来的内容，或许是对季节的认识、对时令的认识、对植物生长规律的认识。因此，在各种文化形态尚未成熟的时候，历法最可能率先成型。据传为最早历书的《夏小正》，传说是夏代的历法。目前可见的"夏小正"内容包含于《大戴礼记》中《夏小正》这一篇中。《夏小正》全文共四百多字，相传为西汉经学家戴德所传，但也有学者提出新的看法，认为不论是《大戴礼记》还是《小戴礼记》，都是挂着西汉经学大师戴德和戴圣牌子的两部儒学资料杂编，既不是大戴、小戴分别传习的《士礼》，也不是二戴各自附《士礼》而传习的"记"的汇集本的原貌。① 我们姑且不去探究《夏小正》的成书年代而是来看其内容。《夏小正》按一年十二个月为纲，记述各月的各种动物的动向、星象、气象以及古代生产记事。通过这些记载，大致能比较全面地反映当时农业生产概况。《夏小正》一篇，也与其他经书一样，分经和传两个部分，经文部分，句子简略，多为二字、三字或四字为一句，应该是流传下来的早期文献；"传"则是经师的解读，内容比较丰富，阐述经文的同时，涵括了古代生产的主要元素既包括如谷物、纤维植物、染料甚至园艺作物的种植，也包括蚕桑、牛马的养殖方法，采集、渔猎技巧，桃树、杏树等果蔬的栽培等，堪称是一部上古时代的农业百科。而常通过动植物变化来表现季节的变化，通过标准星象来观测时令气节等。

显然，作为《大戴礼记》的一篇，《夏小正》成书年代大致在

---

① 王聘珍：《大戴礼记解诂》，中华书局1983年版，前言第6页。

战国晚期到西汉早期之间，而《夏小正》经文是否如传说所言为夏代的历法文献，也无法证实。但是，从《夏小正》经文所展示的内容看，《夏小正》的形成时间应该是非常早的，比如《夏小正》中还没有出现四季和节气的概念，其中所记载的生产事项如农耕、渔猎、采集、蚕桑、畜牧等，都有着社会分工还不发达时代的痕迹。但是《夏小正》二月经文有如"丁亥，万用入学"这样的描述，王聘珍诂引《月令》云："仲丁又命乐正入学习乐"，这是比较典型的西周贵族文化活动的痕迹。《礼记·礼运》云："孔子曰：我欲观夏道，是故至杞，而不足征也；吾得夏时焉。"郑玄笺："得夏四时之书也，其书存者有《小正》。"孔子得见夏书，或者说明《夏小正》至少在春秋以前已经存在，夏贵族后裔聚居的杞国甚至可能还在使用它，也许是由杞国人代代相传的该部落原有的历法，既有更早时期的信息，也掺杂着后来的生活经验比如周代的经验，总之，《夏小正》是一部早期历法应该是没有问题的。

包括《夏小正》在内的早期历法的成型，带着许多远古时代农业生产和社会生活的信息，是远古人民生产生活经验积累到一定程度之后所形成的文化突破。这样的突破，在当时而言显然是最前沿的创新，所形成的成果，指导着相应文化群体民众的日常生产，使得生产乃至社会生活进入更有序、更合理、更有效的时代。因生产生活经验而形成的历法，无疑是一种重要的文化提升、文化创新，成为当时的前沿文化，反过来对生产和社会生活的引领价值不可估量。

其他早期文化创造亦然，从经验到升华、蜕变，因为创新而形成崭新的核心价值，进而促进族群的进步与发展。这大约是创新与核心价值最常见的一种运行模式，作为农业文明早期的核心内容之一的水利治理体系同理。

这是从科技层面来看创新与核心价值的关系，古代东亚大陆先进的农业文明对于文化创新提供了最基本的条件，农业文明催生的历法，指导着人们理解自然、懂得自然，更好地利用自然、融入自然，成就更高层次的文化。从人文或精神层面来看，同样也体现着一种来自实践又反过来促进实践这样一种关系。譬如中庸。中庸是最典型的传统精神之一，在一定意义上，中庸思想决定孔子和孟子思想的最终走向。因此说来，中庸思想在孔子思想中应该也是非常重要的因素，但《论语》中述及中庸并不多见，《论语·雍也》这一则几乎是《论语》仅见："中庸之为德也，其至矣乎！民鲜久矣。"《礼记正义》引郑玄《目录》云：名曰中庸者，以其记中和之用也。庸，用也。《论语注疏》何晏注云：庸，常也。中和可常行之德。邢昺疏云：中谓中和，庸，常也。朱子章句云：中者，无过无不及之名也。庸也，平常也。程子曰：不偏之谓中，不易之谓庸。从郑玄到何晏、邢昺，中庸均释中和之用，朱子进一步释无过无不及之谓中，程子则以为不偏之谓中。仅从语义来看，没有太大偏差，但这种"民鲜久"的"至德"到底是些什么东西，具体如何体现，不太明了。从孔子原语来看，"中庸"是一种民间之德而非王德：以孔子之叹"民鲜久矣"可知。因此孔子所指当是指社会风气、民风而言。孔子对民风的批判殊为少见，批评民鲜见中庸之德久矣，有点意外；而这个"至德"之民风的"中庸"应该是什么样的？孔子本人可能也没有更明确的解释，但孔子此叹，可知此时不仅君主王侯礼崩乐坏，民风也有颓坏之象。孔子所谓中庸之民风，因此可能是西周以来浑朴、敦厚的一种生活状态，相互敬畏，自敛以求和睦相处，因此无过激之争，无无谓之衅。

如果我们考察西周早期政治人物的政治思想，却不难发现，西周早期政治思想中有较多君主自我克制、内敛的内容，譬如周公对多位诸侯的训话，最常见的往往是克制守礼、以德治民。政治上的自制、内敛，这种政治风气对贵族作风肯定有深远的影响，因此对民风也应该有不同程度的影响，从而形成一种社会心理，进而成为一种文化心理，这是中庸思想的社会基础。因此我们也许可以这样理解，周君主政治的内敛，即所谓"德政"是中庸思想重要的社会基础。古代刑罚严酷，而西周金文中不少关于法律的铭文中，常见提倡"中刑"，即减半处理。"牧簋"等铭文中可以看到周人把"中刑"原则作为司法重要原则来推崇。

经过从西周到春秋末年几百年的衍化，"中庸"思想已经社会化，从西周刑法精神变成一种文化心理；而儒学的继承与强调，在孔子那里被塑造成为一种典范品格，使它成为一个重要的文化心理符号。百姓"中庸"，则不待政令而天下皆"化"，这是"民风"层面的中庸；《礼记·中庸》云："故君子尊德性而道问学，致广大而尽精微，极高明而道中庸"，这是文化心理层面的中庸。"中庸"和"德性""问学""广大""高明"并举，因"中庸"而极"高明"，从民风的含义，变成一种格物致知的普遍修养。朱熹《章句》云："析理则不使有毫厘之差，处事则不使有过不及之谬，理义则日知其所未知。"《礼记·中庸》中的孔子关于中庸的言论，应该可以用来解释孔子中庸思想。而《论语·子罕》中对孔子的评价，"毋意，毋必，毋固，毋我"，也就是不臆断、不绝对、不固执、不自以为是，这大概就是生活中孔子的中庸之道。

不难想象，作为法制精神的"中刑"是一种惠及民众的仁政，是野蛮时代弥足珍贵的人道思想，是所谓"商刑严，周刑宥"的具体表现。而作为"至德"的"中庸"，则是孔子对来自西周政治思想乃至社会风气的一种继承与深度阐发。中庸精神与西周王室的恭敬、谨慎的政治思想存在契合，也印证西周政治精神的相对温和与内敛。如果"德"是一种自上而下的政治纪律，那么"中庸"还可以是一种个人修养；"德"和"中庸"虽然都来自西周的政治观念，但都逐步演变成为比较典型的中国传统伦理思想，这大约是儒家思想形成过程的重要贡献。作为刑法思想的"中"，被孔子继承和发展成为儒家的重要思想，经过儒学理论的发展，不仅是儒学的重要概念，也是古代中国重要的思想品格乃至民族品格之一。"中"具有双重因素，既有政治因素，也有人文因素；二者之间，政治因素为先发，人文因素后起。

许多古代伦理观念往往都有这样一个先政治后伦理的嬗变过程。中刑，也算是野蛮时代邪恶的集权机构为数不多的仁德之举。这一举措，在长期的实践过程中，沉淀成为一种社会心理，蜕变成为一种文化心理，进而成为古代中国人文主义的核心观念与生存法则，影响中华文化的形态与风格。从中庸观念的生成方式看，这一由政治观念蜕变成人文主义思想的过程，体现也维护着人类社会的核心价值，即对人的关怀。

一般认为西方文明的两大来源，一是古希腊的人文主义，二是来自希伯来的东方宗教传统主要指基督教传统。这也是构成西方文明的两大支柱，也是西方文明发展历程中的核心灵感与精神素材。虽然近代以来不少学者对其中一个来源即基督教传统提出强烈的批判，认为基督教的入侵，使得古希腊的人文主义和理性主义轨迹发生了重大转变，中断了西方理性主义精神的正常发展，出现了神秘主义、宗教战争、教权乃至整个中世纪时代的黑暗。就这两个传统对西方而言，古希腊的人文主义当然更早、更根本、更能体现其"自然而然"的选择。

古希腊文明起源于克里特岛，公元前4500年至公元前3000年前后克里特岛就已有人居住，但比埃及文明与苏美尔文明晚2000多年，因此克里特文明应属于次生文明。克里特岛与非洲大陆隔海相望，地域上的临近使得克里特人无论血统还是文化均与古埃及人有着很深的渊源。虽然古希腊是古代城邦文明最卓越的创造者，但他们的起源同经由农业而起。但是，由于克里特岛有限的土地资源限制其农业的发展，使得克里特文明没有发展成为农业文明；地中海东北部的群岛地貌不仅制约了当地农业的发展，也制约了人群的合并，岛型结构与城邦结构有惊人的相似性，都是相对独立的小国群体，因此，岛型结构或许是后来城邦文明的社会心理基础。

公元前3000年末，闪米特人的一支从西亚来到地中海东岸，经过几百年的发展，他们建立起一批以手工业和商业为主的城邦群体，史称腓尼基人。腓尼基人带来西亚的商业与文化，利用先进的造船技术，在东地中海群岛上经营起海上贸易，其海上贸易成为当时最突出的经济模式，回顾欧洲文明发展史，这一模式对欧洲日后的影响极其深远。当克里特人的海岛农业遭遇发展瓶颈，土地产出无法满足更高的需求时，他们自然而然选择了临近的腓尼基人的生产模式，造船经商，游弋于地中海并逐步扩张，效仿腓尼基人的海上贸易、海外掠夺的发展模式。

必须注意的是，腓尼基人的海上贸易并不是单纯的经济活动，而是绝对的利益投机。作为野蛮时代的社会活动，腓尼基人的海上贸易既有智慧也有血腥，他们抢劫比他们弱小的贸易对象，杀人越货；欺骗比他们强悍的对手，投机取巧；只有实力相当的对手之间，才存在平等的交易。这种亦商亦盗的海上贸易，却正是古希腊文明阶段性的地理基础，也是从外部观察的结果。如果我们从古希腊文明的内部看，却又可以看到另一种景象。

古希腊给西方乃至整个世界留下的核心的遗产，一是人文主义哲学，二是民主政治思想，三是神话与包括建筑、雕塑和戏剧在内的艺术。"希腊哲学虽然源头有多个，但是这些涓涓细流最后汇集在雅典"[1]，其他形态的文化，大致也以雅典时代为代表。和许多文明类似，古希腊人同样经历王权时代，古希腊的民主思想并非从天而降。迈锡尼王国就是典型的王权模式，迈锡尼社会生活以王宫为中心，王宫掌握行政、宗教、军事和经济权，国王集政权和神权的所有职能，通过官吏及其相应的等级制度，掌控城邦各个领域，每个领域各个级别的掌权者都效忠于国王，这些人既是一个传统的固定职业阶层——书吏，更是国王臣仆。"对于希腊的君主而言，王宫制度是一种出色的权力手段，它使国家能对一片辽阔的领土进行严格控制，把地方上的全部财富吸引过来，掌握在国王手中，把丰富的资源和庞大的军队集中在一个统一的领导之下，使人们有可能到遥远的国度去冒险，到新的土地上安家，或者远渡重洋去获取希腊大陆缺少的金属和物品。"[2]

按照韦尔南的分析，我们如今所了解到的古希腊文明，是迈锡尼王权崩溃之后，社会各种力量之间思考和妥协的结果，换句话说，古希腊思想文化的繁荣，是政治和经济制度变革的结果。参照中国古代人文主义思想产生的方式，笔者对这样的判断深以为然。随着多利安人的入侵和迈锡尼王朝的衰落，古希腊王权政治基本崩溃。迈锡尼的王朝的没落，让古希腊倒退到农业文明时代，甚至文字也消失了；但是王权政治的崩溃，让迈锡尼时代的两种主要社会力量——乡村社团和军事贵族得以保存下来，军事贵族中的那些著

---

[1] ［瑞士］雅各布·布克哈特：《世界历史沉思录》，北京大学出版社2007年版，第116页。

[2] ［法］让-皮埃尔·韦尔南：《希腊思想的起源》，生活·读书·新知三联书店1996年版，第22页。

名世家还垄断了某些仿佛是氏族特权的宗教权力。这些社会集团之间经常发生剧烈冲突，如何平衡这些社会力量，弥补统一王权缺位之后的社会秩序，从而获得新的社会平衡？这或许是古希腊文明转向的关键时间，在这一时刻，国王没有复出，王权政治没有再度形成，而是在充分的实践之后诞生了一种新的政治模式。

迈锡尼王权的衰落，给古希腊文明提供了一次历史性的创新机遇。古希腊人开始思考，"人类世界由哪些部分组成？哪些力量会使其内部出现分裂？如何统一协调这些力量？怎样在冲突中建立城邦的秩序？"[①] 古希腊人的反思，为上古世界划开了一道璀璨的文明光彩。这些思考既是古希腊哲学的基础，也是古希腊民主政治的起点。在解决这些问题的过程中，希腊人找到了"公众集会广场"这种场合，一切问题都可以在广场中解决。古希腊人在国王城堡的处所建起了用以公共祭祀的神庙，"公共空间"作为一个重要社会形态出现了，人们在这里谈论共同关系的问题，解决共同问题。围绕着这个"共同空间"，城墙慢慢筑起，保护并限定着组成它的全体市民。这时候，人与人之间的关系与王国时代相比出现了重大变化，人与人之间是对等的，信息是相互可逆的，所有参与公关事务的人被定义为同类人、平等人。韦尔南认为，城市一旦以公众集会广场为中心，它就已经成为了严格意义上的"城邦"。[②] 虽然这种城邦政治在公元前7世纪一度因为城乡之间出现了矛盾而引起混乱，但经过梭伦改革，古希腊城邦政治得到更公平和更良性的发展，通过对穷人的保护，城邦社会消除一切差异，权力均等地覆盖了所有公共空间，造就后来的强盛的古希腊城邦文明，为西方人文主义奠定了重要基石。

不论是公共空间的创造性，还是梭伦改革的创新性，所产生的"公共空间"与"权利"等概念，毫无疑问都是西方世界的核心价值观，经过现代学术阐释与社会实践之后，依旧是现代社会的主要思想。在王权没落之后产生的这一系列公共文化思想，因为符合人

[①] [法]让-皮埃尔·韦尔南：《希腊思想的起源》，生活·读书·新知三联书店1996年版，第29页。

[②] 同上书，第34页。

类社会的核心价值，保护了相对公平、弱者权益，实际上也就是保护了人性与族群整体利益。无独有偶，中庸思想恰好也首先是对弱者的保护开始，进而成为一种民族精神，虽然在后来的阐释中对中庸出现了不恰当的解读，但这不影响"中刑"或者中庸所体现的人道主义精神。所有这些可能成为核心价值的思想，无不体现着对人的关怀、对人的尊重、对人格的塑造或者体现人道的美好诉求。当然，因为后来的政治基础、社会基础的差异，也导致中外早期人道价值观在后来的演化中出现了极不相同的结果。

第二节 文化决定创新差异

任何一次文化复兴都不可能是简单复制再造、返祖或者遥相衔接所能完成的，正如布克哈特说的，文艺复兴"征服西方世界的不单纯是古典文化的复兴，而是这种复兴与意大利人民的天才结合。民族精神在这个结合中究竟保持有多少独立性是随着情况而不同的"[1]。伏尔泰同样认为，文艺复兴的意义不在于复古，而在于创造。每一次创新，如果不结合新的社会信息和时代精神、包含新的技术条件和物质条件、解决新的矛盾和诉求，都只能是一次别有用心的歪曲，这一切都无非是阴谋家们的削足适履、指鹿为马，都不可能引导真正的文化复兴。譬如王莽试图以其政治意图，托古改制，试图左右业已形成特定发展趋势的汉代经学，除了落得一个欺世之名，并未能启发新的文化精神。

意大利文艺复兴本质上是精神复兴、文化复兴。艺术的夺目成就，让这一次文化复兴运动变成公众视野中的文艺复兴运动，似乎这一次运动的核心是文艺。其实，文艺的复兴恰好是这次文化复兴运动蛋糕上的樱桃。中国古代思想史，自从先秦时代的诸子百家之后，也经历过几次有一定复兴意义的运动，比如汉代经学形态的儒

---

[1] ［瑞士］雅各布·布克哈特：《意大利文艺复兴时期的文化》，商务印书馆1979年版，第166页。

学复兴、唐代韩愈古文运动的文学道义复兴、宋代对抗佛老虚无思想盛行的儒学复兴、五四运动之后为应对民族价值观缺失而重新认识传统的新儒学思潮。这四次复兴中,汉代经学与宋代儒学复兴运动影响相对更大一些。

事实上,从1300年左右开始,佛罗伦萨居民因为普遍参与公务,商业、旅行普遍,因此佛罗伦萨没有不能读书的人,就连车夫也能朗诵几句但丁的诗句,而流传下来的很多意大利文手抄本均出自佛罗伦萨的工匠之手:这是文艺复兴之前佛罗伦萨社会的文化状态。也就是说,文艺复兴之前,佛罗伦萨的社会风气就率先发生改变,领先世界,市民文化水平很高。虽然这种自发的文化活动被后来声势浩大的人文主义运动所覆盖,但这个事实也说明,一次伟大的精神复兴、文化复兴运动的发生并不是偶然的,佛罗伦萨市民的这种文化准备,正是文艺复兴运动重要的基础。"在十四世纪之前,意大利人并没有表现出对于古典文化的巨大而普遍的热情来,这需要一种市民生活的发展,需要贵族和市民必须首选学会在平等的条件下相处,必须产生这样一个感到需要文化并有时间和力量来取得文化的社交世界。"① 此时意大利各个地区政治情况并不相同,除了威尼斯和佛罗伦萨等实行共和制,大多数地区还是君主专制。由此可见,和古希腊广场政治诞生的条件一样,意大利文艺复兴运动也需要一个平等的社会基础,这是文化准备以外更重要的一个客观条件。

因为13和14世纪财富的大幅增长,意大利大学开始呈现出一定的生机。最早的大学一般只开设三种讲座,即民法、寺院法和医学,后来慢慢增加其他学科内容如修辞学、哲学和天文学。经济发展让学校之间出现了竞争力,各个学校网罗有名的学者来当老师,博洛尼亚市最多时候投入大学的经费多达一年国库收入的一半。佛罗伦萨大学至少在1321年就已经在文献中出现,对佛罗伦萨市民实行强迫入学政策。1373年当局应市民的提议,增设但丁作品讲

---

① [瑞士] 雅各布·布克哈特:《意大利文艺复兴时期的文化》,商务印书馆1979年版,第170页。

座。许多大家族比如美蒂奇家族都重视教育,自助教育或邀请名师来给自己的子女当家庭教师,学习艺术和体育成为意大利的风尚。当然也不要过高估计此时意大利文化的整体水平,"虽然在十三四世纪,有些意大利人开始摆脱愚昧状态,但老百姓还都处于无知之中"①,文艺复兴的价值因此显得尤其迫切和重要。

古典文献的发现,让佛罗伦萨人为之惊叹不已。"那些最为人们所熟知的拉丁诗人、历史家、演说家和书信作家连同亚里士多德、普鲁塔克和一些其他希腊作家的个人作品的拉丁文译本一并构成了一个宝库,有一些佩脱拉克和薄伽丘时代的幸运的人们从这个宝库里得到了他们的灵感。"② 在这些人不遗余力的努力之下,古典文献被以抄写的方式,系统地完成了许多丛书,古希腊的文献因此得到非常及时的保存,流传至今的古希腊文献,绝大多数依赖于此时的抄写出版。

君士坦丁堡的失陷,大量逃亡者来到意大利,他们教给意大利人古希腊文,古希腊文献因此得到更多的翻译或者阅读。借助古希腊文献中对人性的赞美,对美的认识,意大利人完成了对人、对世界的重新认识。

文艺复兴并不是文化直接对抗中世纪黑暗专制的胜利成果,而是在相对平等的社会条件下形成的从文化传播到人格再认识过程。这种成果一旦形成,获得耀眼的光芒,然后才逐步驱除黑暗,引导整个西方世界走出中世纪。经院哲学强调人性的卑微与神性的高尚,而文艺复兴运动在古典文献的启迪之下再次肯定人的自主性,这也为艺术与近代科学的兴起扫清了思想障碍。

在中国,儒学的多次复兴,主要动力是来自文化内部;所形成的效果,更多地在文化层面,未能波及整个社会,更未能改变整个社会的命运。从行政上看,汉代经学运动是由高官提议,最后由皇帝拍板而形成的文化运动,是一项有明确政治意图的国策;从文化本身看,是对被秦火焚灭的古典文献的搜寻恢复与阐释,是延续华

---

① [法]伏尔泰:《风俗论》中册,商务印书馆1997年版,第251页。
② [瑞士]雅各布·布克哈特:《意大利文艺复兴时期的文化》,商务印书馆1979年版,第182页。

夏文脉的重要举措，有典型的文化复兴意义。这二者之间，又有某种特定的天然关系：以五经为首的古典文献以古代上层社会政治与文化生活为核心内容，体现先秦时代的思想精粹、人文规范，也包括政治经验，是古代社会生活的结晶，文化复兴，既符合构建一个理性社会的要求——这是士大夫所期盼的，也就符合了皇权的基本利益——这是皇权所期盼的。但是，经学形态的汉代文化复兴与意大利文艺复兴最根本的区别是，文艺复兴首先是在一个共和的架构中产生的，体现的是全民共同的文化利益，因此任何创造、任何创新都是被鼓励的，没有利益的死角，没有禁区，也没有特殊的权利；是一种自发的逐步形成的，也是一种政治基础基本平等的文化运动。意大利文学家、艺术家的才华在一种真正自然的、自由的环境中发挥得淋漓尽致，人性的自由成就了艺术的光芒，成就了光彩夺目的文化成果。相反，汉代经学的政治基础是不平等的，皇帝和士大夫之间有不同的期盼，士大夫试图通过弘扬古典文献中诸如"大道之行天下为公""贬天子、退诸侯、讨大夫""克己复礼"等精神，软性制约皇权，以求达到天下共治，实现朴素的人道主义政治理想。皇帝则是吸取秦朝文化政策失败导致政权迅速覆灭的教训，认可文教对于恢复理性社会秩序的重要性，有利于其政权的长盛不衰。因此，汉代的经学运动，只能是一个按既定设计方案进行的文化复兴运动，并未能实现人格与创造力的全面释放；恢复了文化传承，造就了后来文化发展的一个新的起点，实现了文化理想，但并未能实现政治理想，实现人权的解放，即所谓"大道之行天下为公"，这是因为这是一次皇权与士大夫之间不对等的博弈，经学发展并没有超越原有的政治框架，没有超越明确的设计效果，没有体现士大夫暗中埋藏的设计效果。政治框架的制约，极大程度上制约了汉代经学的理论创新，主要完成的是经典的考据、注释和解读，人道主义光芒未被进一步彰显。当然，意大利文艺复兴是五六百年前的文化运动，而汉代经学是2000年前的事情，二者不仅政治基础不同，所具备的社会整体文化水平、技术水平也相去甚远，不具备直接比较的意义。然而，另一场儒学复兴运动——宋代儒学的兴起却只与文艺复兴相差200年。

宋代的儒学复兴，是出于另一种文化诉求。北宋中期开始，周敦颐等人继承韩愈、李翱师徒的思想，结合佛教理论和道家学说，进一步阐释儒学经典，构建了复杂的理论体系，开始具有较典型的形而上学色彩。但在这一场运动中也出现一些波澜，比如心学与理学之争，但更重要的是朱熹对儒家经典的重新阐释，这应该是最能体现宋学本质的一次举措。朱熹的文化动机非常明确，就是以往对儒家的阐释方式中掺杂了太多佛教理论或道家思想，朱熹重新确定儒家核心经典，选编"四书"并自己逐句阐释，退佛老，还醇儒。因为朱熹的巨大影响力，"四书"因此有取代"五经"的趋向。朱熹编订四书，显然出于一种文化焦虑，完成对先秦儒家思想的文化认同，完成一次儒学发展史上非常重要的理论创新。跟汉代经学运动不同的是，朱熹的宋学不是一种制度设计，而是出于文化动机。虽然不存在政治博弈，却也在相同的政治框架中完成，因此所造成的影响力，未能涉及整个社会生活。

全世界都认识到创新的重要性，为什么一些国家一直走在创新前列、引导着创新潮流，而一些国家则只能蹒跚而行，甚至因为创新导致动荡和挫败？这除了与各国具备的一般性创新要素：资本、科技、市场、集成能力、制度等有直接关系，更重要的是背后隐然存在的文化差异。文化既是国家创新的重要组成部分，更是国家创新的前提、基础、源泉，影响到国家创新主体、创新环境、创新模式、创新内容及创新的活力与能力，从而影响国家经济持续发展的能力。这种影响是无形的、非正式的、内在的，同时也是深刻的、长期的，更带有广泛性。

任何一个经济发达、科技活跃的时代，必定离不开文化的繁荣和人文的导引。近观我国，先有先秦诸子百家的思想自由和学术争鸣，才有两汉农业文明的成熟；先有魏晋时代的思想解放与自由，才有唐宋明经济的繁荣；先有宋明理学和人性学说的巨大思想力量，才有康乾盛世。再远观世界，18世纪以来世界科学中心和工业重心的转移，从最早的意大利到英国、法国、德国，再到现在的美国，表面上是地理位置的更替，实质上是创新能力强弱转换，更是文化动力强弱转换的结果。

科技创新是社会文化的产物，一切科技创新实践都带有它所处时代的文化烙印。近代意义上的科学技术是在文艺复兴运动之后才出现的，作为盛行于14世纪到17世纪的一场欧洲思想文化运动，文艺复兴最先在意大利各城市兴起，意大利各城市爆发出伟大艺术和光辉思想，为意大利带来了科学的春天，使意大利成为最早的科学中心。17至18世纪，英国的人文主义思潮，为科学探索提供了优越环境，使得世界科学中心从意大利转向英国，在英国同期发生了以纺织机械为起点、蒸汽机为标志的第一次技术革命，以及以蒸汽机广泛应用为标志的第一次产业革命，人类社会从农业时代走向了工业时代。英国之所以能在科学技术上有如此多的发现、发明与创造，原因正如科学史家和科学社会学家默顿所说，是因为17世纪英格兰的文化土壤对科学的成长与传播是特别肥沃的。18世纪后期到19世纪，法国大革命破坏了路易十四以来的专政制度，启蒙哲学和理性精神打破了旧有世界观的桎梏，创办了一系列新的军事院校、医学院校、技工学校和一些新的大学，改造了皇家科学机构，使之从宫廷走向社会，院士们成了真正的职业科学家，还形成了集中型科学组织，科学技术有了长足的进步，使科学中心转移到法国。

19世纪下半叶，德国成为科学中心。这一时期，实现了第二次科学理论的大综合，发生了以电气化为主要特征的第二次技术革命，以及以电的广泛运用为标志的第二次产业革命。德国能在19世纪工业革命中崛起，其关键在于它将大学专业教学与专业研究室结合起来，促使大批的青年人才直接参与科学技术创新前沿的探索活动。这种新型模式催生了现代大学和科技研究开发机构，为科研和创新营造了良好的文化环境，开辟了培养创新人才的先河。进入20世纪，美国因是以自动化为主要特征的第三次技术革命和以电子技术广泛运用为标志的第四次产业革命的策源地，而成为世界的科学中心。其中，最为出色的是美国硅谷，它是美国科技产业的发祥地，也是当代高科技企业最集中的地方。硅谷的成功不仅在于它拥有大量的风险资本，以及因毗邻于著名的学府，而拥有众多的高素质人才群体，更在于它在发展过程中所创立的独特的、激励创新的

"硅谷文化",一种能充分发挥人的创造能力的文化,用以造就科技型创业者的栖息地。

历史发展轨迹表明,文化影响着科技的生成、发展和传播,影响着科技创新的进程和结果。可以说,没有文化这一核心要素参与其间,国家创新能力难以实现可持续性,国家创新战略根本有赖于文化的支撑。

联合国教科文组织在其所发布的相关报告中,除了反复强调文化是人类发展的最高目标,还更进一步指出,就当下而言,文化还是今天人类可持续发展的关键。联合国发展峰会通过的"2015年后发展议程",也明确把文化作为可持续发展的基础。美国、以色列这些国家之所以成为全球创新的中心,是因为其背后有强大的文化支撑。所以,实现国家创新战略绝不是单一的科技驱动、制度驱动或市场驱动。是文化将这些驱动力聚集起来,创新型、智慧型、包容型、力量型文化,使创新形成规模和可持续。

就文化而言,在当代,人类文明成果经过几千年的积累已经非常丰富,这个时候,创新已经不需要像远古时代那样来自各种实践的积累,人类已有的文化,已经成为国家创新的重要灵感来源,这时候,创新超越了社群、种族、地理甚至国家范畴,整体意义上的共同文化基础成为创新战略的重要支持。借助现代信息技术和信息条件、教育条件,文化的创新价值将得到更充分的释放。文化既是创新战略的可靠支撑,也是创新战略的目的。文化要素,在创新战略中形成一种既是起点也是终点的角色。

第三节 文化确立创新边界

经过长期的创新与发展,人类目前已经获得非凡的创造能力,摸索清楚一些自然规律的运行方式,有能力适当介入这些自然运行方式,通过干预和改变这些运行方式,获得对人类有利的结果。但是,这样一种能力,既然能够干预自然,当然也可以挑战人伦。从另一个角度看,人类的创新能力在21世纪已经来到可能危及人类自身的边缘。如果说创新一直是人类之友、人类社会的推动力，那么，在现在这已经不再是单向的问题，而是机遇与风险俱存。如何避免风险，确定创新的边界，已经成为一个严峻的问题，也是科技伦理的主要议题之一。

较早一些时候，英国著名社会学家吉登斯就提出，"我们可以认为，自所有传统文化中、在工业社会中以及直到今天，人类担心的都是来自外部的风险，如糟糕的收成、洪灾、瘟疫或者饥荒等。然而，在某个时刻（从历史的角度来说，也就是最近），我们很少担心自然能对我们怎么样，而更多地担心我们对自然所做的。这标志着外部风险所占的主导地位转变成了被制造出来的风险占主要地位"①。当科技发展到很高程度，一些创新成果就可能危及人类的核心价值，危及人类基本利益。这样的事实已经存在，而且是迫在眉睫必须谨慎思索的问题。这个问题也是科技伦理问题。所谓核心价值，是基于基本的人道诉求而产生的，人的利益是其核心问题。

1. 生态伦理风险

创新技术产生超越人类对外部生存条件的承受能力的风险，我们姑且称之为生态伦理风险。生态伦理的问题存在时间比较长了，世界各国在工业化进程中，就已经不同程度地遭遇了人与环境的矛盾问题。开启工业化的同时，伴随着人类对自然负面干预的开始。工业化早期，由于工业化程度整体偏低，这个问题并未显现，没有引起足够重视。由于科技与经济的发展，中国的环境问题也日益严重，在20世纪80年代末，人与自然的矛盾问题开始引起自觉层面的关注。在后来的理论探索中，自然生态的重要性得到充分肯定，认识到自然生态是人类生存与发展的基本条件，挑战这一底线的结果将导致人类无处藏身。生态伦理、生态文明是人类生存和发展的最基本的底线。

在生态伦理的各种观念中，也有认识上的分歧，最常见的不过

---

① ［英］吉登斯：《失控的世界》，江西人民出版社2001年版，第23页。

三种，一种是人类中心主义，一种是生物中心主义，一种是自然中心主义。人类中心主义认为，人的利益是评价自然生态走向的基本标准，自然万物为人类服务，如何保护生态环境，可以围绕着人的利益来开展，人的生存权利可以凌驾其他生物的生存权。生物中心主义则认为，所有生物和人一样有共同生存、平等的生存的权利，人应当尊重其他生物的生存权。自然中心主义者认为，人是自然生态系统的一部分，人不可以改变自然生态、风貌，人应当与自然和谐相处，自然也是一种生命形态。

工业化进程无疑是人类创新的重大成果，现代文明无疑是在工业化基础上建立起来的，离开工业文明所奠定的基础，现代文明、现代化、信息时代则无从谈起。但工业化给环境带来的破坏，其负面作用也是触目惊心。因此，如何在生态伦理、生态风险与工业产业之间寻找最合理的平衡点，不仅是个可以不断深化的问题，也是一个难题。而人类整体利益与个别集团利益之间的利益平衡也是这一关系中最切实、最直接的矛盾。在环境问题已经成为共识的今天，生态伦理风险的矛盾主要来自个体与地区之间的利益矛盾、地区与国家之间的利益矛盾、国家与国家之间的矛盾。如何协调这些局部与全局的利益矛盾问题，是生态伦理风险的主要问题。

以最近广被热议的美国拆大坝事件为例。中国在大兴土木建造大坝，美国却开始了历史上规模最大的大坝拆除项目。因为美国人意识到大坝对河流生态、水生物生态的破坏非常明显，为了恢复这些河流生态，据美国某环保组织的资料，美国人在过去百年中已拆除了1100多座大坝，其中近800座是在最近20年拆除的，仅2012年就有65座。然而，每一个拆除大坝的计划几乎都会引发争议。当地社群看重的是大坝的休闲娱乐用途、水库的美丽风光，同时还把大坝本身当作历史遗产，科学家、环保人士、原住民部落则将复原河流水文情况、生态系统和鱼类洄游通道放在首位。

不论任何一种观念，作为人类社会的活动，首先保证人的利益，实现人的核心价值，这一点是毋庸置疑的。阻止无序的，危害自然生态的技术发展，利用新的技术来维护生态、人与自然的关系的平衡，因此，生态伦理的本质，首先是解决人的问题，不可能是人的努力，让猪过上好日子。不管生物中心主义也好，自然中心主义也好，都面临相同的问题，就是自然界中人的位置和利益。片面寻求人的利益是否符合人的利益呢？尊重生态，即尊重人类自身。如果忽略了人，一个百草丰茂、牛羊成群的大自然，却没有人类，这样的平衡绝对不是人类需要的。同样，一个土地板结、大气污浊、天空昏暗的生态，也不是人类所能承受得了的。

目前而言，环境问题已经成为共识，生态风险问题相对还是可见的，很多创新技术投入对生态的维护当中。

2. 生命伦理风险

创新技术产生的超越人类生命本体承受能力的结果，我们姑且称之为生命伦理风险。生命伦理风险有几种形态，第一，追求物质产能效率或其他经济效率的技术的对人类生理本质所构成的潜在威胁；第二，先进技术对人体的技术干预，改变了人类的天然面貌或秉性，增加了人伦和人道的复杂性，模糊了天然或业已形成固定传统的人伦人道的含义。后者的影响更加长远和深刻，很可能改变人的含义和人的基本伦理。

前者的影响一般是显性的，如曾经对我们日常生活发生过影响的如瘦肉精。瘦肉精学名克伦特罗，原本是一种对支气管、肺气肿等疾病有一定疗效的药物，但也发现在以普通治疗 5 至 10 倍的剂量喂养家畜时，对家畜生长过程的营养构成有明显的再分配效应，动物体内蛋白质迅速沉积，而脂肪沉积则被抑制并能分解脂肪，造成的直接效果就是家畜瘦肉量大增、生长速度加快。但在动物肉品瘦肉精残留量达到一定剂量时，食用者可能出现各种症状，轻的如肌肉震颤、心慌、头疼、恶心等，重的可致人死亡，也可能改变人体的正常分泌。但也可能是隐性的，如转基因食物的影响，迄今尚无法形成可靠的结论，而转基因食品却已经被推广，为相当一部分人食用。转基因产品生产出来的食用商品或许更加广泛，如今可能没有人肯定他从来没有食用过转基因食品。转基因食品虽然现在一般要求在食品说明书上标明其转基因性质，言下之意是知情者自负其责。但是，如果转基因的安全性没有可靠保障的话，可能不仅仅是少数知情者的问题，而是人类共同的问题。

据有关资料对于未来科技的展望，人类在未来可以通过修改人类基因以改进目前存在缺陷的人类基因，可以通过植入芯片的方式给大脑输入知识、信息，让学习、学校、学位等这些词汇失去意义，可以制造出性爱机器人，修订出来完美的人类。如此种种，往往都超出现有的伦理准则范畴。又如，治疗性克隆是否安全？为了满足人的惰性而开发的种种技能，在给予人极大方便时，是否也颠覆了人的基本含义？比如芯片植入技术可能造成的学习过程的省略，学习经历被抹去等同于成长经历被抹去，是否颠覆人的一些基本属性？固有的伦理观在许多新科技面前显然失去了评判能力，而新技术带来的隐忧确实是无穷的。

在目前围绕着基因技术、干细胞的研究及其所带来的伦理问题有很多争论，有人认为科学应该无禁区，坚信人类基因密码的破解可以让人类完全掌握人体遗传密码的编码方案、掌握使生命之树常青的秘诀，甚至可以实现古代神话传说中的理想，人类因此真正知道"人到底是什么"，培育出一种崭新的人类而使人类得以优化。反对者认为利用克隆技术培育具有特定生理性状的人，是对作为自然物种一部分的人类的自然天性的野蛮干预，将导致新的也更难以摆脱的困境：修订过的"人"还是不是人类？完美的"人"是否将消融人类的多样性、复杂性和整体性？"完美人"是否将形成新的群体，与自然人之间形成对立关系，自然人与"完美人"之间将是如何一种新的伦理关系？"完美人"是否会凭借着其完美优势，消灭自然人类？基因信息的发展必然导致普及，这样是否还会涉及人未来更大的隐私权以及公平权？又如智能机器人的发展，是否也会造成一个伦理隐忧？尤其是学习型机器人的产生，是否存在发展成为一个干预人类伦理现象的可能？

当然也有学者指出，从技术的可能性上来看，目前的许多技术的前景被过分放大，通过基因工程使人类得以优化的方案在今天还只不过是一个遥不可及的梦想，包括智能机器人在内的技术前景，都不过是一种大大低估了自然物种复杂性的盲目乐观。不论如何，人类都没有权利对未来人类的遗传特征进行人为的干预，这或许是危及人自身的行径，不仅违背了伦理学中最为基本的、为任何人所享有的自决权原则和平等原则，也是挑战人类价值的核心立场的行为。还有学者认为，基因技术及其当前生命科学的发展所提出的一系列重大问题，已不是传统理论所能回答的，其中已包含着对传统伦理观念及其前提的一种超越性要求，要求人类思考并回答"人是什么"这一前提性问题。在科技发展的中途，是否要随时回答或自问"人是什么"这个问题？人的既有伦理是否只是阶段性的产物，突破既有伦理是否就等于否定了人？再者，在强化人的个体性能时，人的个体价值与人类整体价值之间因此也可能出现新的矛盾，或许也超越了既有伦理和政治理论。"自然人"是否就是"人"的最合理的存在？生命的价值是否必然取决于一个固定的起点？在伦理观念的更大程度的突破之下，"完美人"是否可以当作人的新的、更高的生命形态？"人"是否可以脱离其自然属性？修订或脱离其自然属性是否一定意味着背反和否定？这些或许都不是目前人类能回答的问题。但是作为一个自然人，强调人类的自然属性似乎是最基本的价值立场。

3. 技术伦理风险

现代创新技术产品的使用，产生出超越人类整体的物理承受能力的结果，我们姑且称之为技术伦理风险。最典型的如核武器给人类带来的安全隐患，已经超出了人类的承受能力。高效能的物质比如毒药等的开发、生化武器的开发甚至智能机器人的研制同样存在着类似的安全隐患。不论是武器的高能效，还是任何一种产品的高能效，都存在这样的风险。一旦这些高能效产品出现不可控的情形，人类的灾难就不远了。

思考科技伦理的社会风险，一方面既是科学技术权利问题，另一方面也是社会资源的合理化走向问题。科学技术的发展动力源于现实需要，有什么样的需求，就可能存在什么样的研发，尤其是那些体现国家意志、族群意志的需求，其所具有的研发能力更是大得惊人。开发什么样的技术，应用于什么样的领域，怎样应用这些技术，这些问题在早期阶段往往不会出现太多的矛盾，经常也是可以控制的。但当形成一种世界性问题时，却可能出现这样一种状况：既不是某个个体所能左右，甚至也不会为几个国家所左右，而是直接升格为世界性难题。比如核扩散、核裁军就是如今的难题，在现有文明水平之下，短时间内这个问题不会化解，甚至在可知的未来，也看不到解决的希望。而围绕着核问题的连锁反应，很可能愈演愈烈，比如各种反制技术和战略、各种反反制技术和战略层出不穷，左右了科技的健康走向。

在现代技术活动中，科学技术活动的主体与科学技术权利是分离的，尤其是国家层面的技术权利，缺少一种国际法之类的条款的约束，科技权利是完全自由的，什么样的技术对其国家利益有利，就决定开发什么样的技术，怎样应用这些技术。比如二战期间战争双方对原子弹的研究，领先的一方可能获得整个局面的掌控权，而所带来的风险，在当时并未被考虑进来。直到原子弹第一次在实战中应用展现出巨大的杀伤力，才引起相关科学家、思想家的反思。回过头看，那些反思无疑是有先见之明的，但是为时已晚。原子弹结束了二战，打赢了一场正义之战，但也给世界带来新的风险、新的难题。

到目前为止，技术伦理风险的一个重要起因，就在于国家间的竞争所致。由于任何一种新的技术的产生，不久之后必然为更多人掌握，因此，在相同的时间环境下，独门绝技都是不可能长久的。也就是说，任何一种超致命的高能效产品，都不可能是永久独门的，反过来说，这门技术的开发者，也完全可能成为这门技术的受害者。也许是这样一种法则的存在，各国之间存在着一个不成文的约定，对一些过于强大的武器或者其他产品，看上去不再像过去那样热衷于开发。这不能不说是一种进步。但是，那些看起来似乎是百利而无一害的技术，是否一定就是安全的呢？

科技权利的矛盾，主要还是体现在个体与全局之间的利益冲突上。私人利益与公共利益分裂、国家利益与世界利益割裂，导致每一现实的利益主体应用技术工具首先考虑的是各自现实的私人利益而非公共利益。在私人利益、局部利益受到根本威胁的情况下，公共利益或整体利益并未能马上成为伦理思考的出发点。尤其是在科技发展和科技本身的日趋复杂，使人们无法对当代科技产物，根据既有的价值体系做出判断时，更难形成一个共识。在目前国际上，并没有形成明确的科技伦理发展，更多时候是处于局部的和不成文的形态。在未来，技术伦理风险日趋明朗之后，这样一种具体的、明确的国际法则，或许可以出现了。

现代技术发展变化的复杂性加大其不确定性。越复杂也就越先进的技术源源不断出现时，其中的伦理隐忧也日趋明晰。传统伦理原则无法回答这些新技术所可能产生的问题时，一个结构性的理论或许就应该出现了，需要重新回答一些因此而产生的问题。

第二章

支撑国家创新战略的心理定式和新的传统

从人类历史来看，中华文明作为唯一没有中断的延续性文明，历经分裂与灾难而屹立不倒，靠的就是中华民族生生不息的创造能力及优秀的心理定式和传统。但不可否认，我们的文化中既有精华，也有糟粕。既有"自强不息""厚德载物"等优秀的心理定式和传统，激发中华民族几千年来自信自强地屹立于世界民族之林；也有"崇古""趋同""效法"等阻碍民族前进的心理定式与传统，造成近代以来中国社会经济上的衰落和文化上的焦虑。

当今时代，创新成为中华民族走向复兴的必由之路。这就需要我们深入研究民族心理定式，尤其是从世界历史的视野研究中华民族及其他民族的心理定式在创新思维形成中的利与弊，以承继精华，丢弃糟粕，消除阻碍因素，促进文化流动，形成新的文化传统，提高主体创新力。

第一节 中国人的心理定式及特点

中国传统文化中从不缺乏创新的心理定式和传统。从传统儒学，到两汉经学，再到宋明理学，儒释道三教合一，中国文化兼容并包、多元一体，具有优异的价值整合能力，处处体现着文化的"维新"。"为天地立心，为生民立命，为往圣继绝学，为万世开太平"，成为历代儒家学者体认和承传中华文化命脉的根本信仰。"阐旧邦以辅新命"，就是"把中国古典哲学中的有永久价值的东西阐发出来，以作为中国哲学发展的养料"①，中华元典所阐扬的"穷变通久"②的变易哲学，并由此引申出来的刚毅自强、刚柔相济的社会—人生哲学，构成了中国历史和文化发展的根本思想。这也是历代创新思想家倡导文化坚守和观念变革所奉行的依据。

中华元典《周易》中充满了变易的思想。作为中华文化之源，《周易》讲的就是变的哲学，创新的哲学。古老的中华文化不仅昭示了变化、创新是事物产生和发展的普遍现象，而且揭示了宇宙万物变化发展的深刻原因——变与通的辩法。《周易》作为儒家"六经"之首，其中所蕴含的"穷变通久"和"自强不息"观念，是延续中华文脉之内省和自新的二维张力。

《周易·系辞上》曰："日新之谓盛德，生生之谓易。"事物在不断的变化之中，时时有新的东西产生。其中的"汤武革命，顺乎天而应乎人"，"周虽旧邦，其命维新"，都在肯定变革前朝弊政的合理性与合法性。《周易》的变革、创新精神直接孕育了先秦的思想家，催生出战国时期"诸子蜂起，百家争鸣"的壮丽景观。东汉班固在《汉书·艺文志》中讲道："凡诸子百八十九家，四千三百二十四篇。……蜂出并作，各引一端，崇其所善，以此驰说，取合诸侯。其言虽殊，辟犹水火，相灭亦相生也。"

总体看来，诸子蜂起及不同学派的形成与发展，本身就是个性张扬、理论创新的集中体现。就个体而论，各学派的创始人都是个性鲜明的思想家，他们的理论也都是以张扬个性与开拓创新而著称于世的。

---

① 冯友兰：《三松堂自序》，人民出版社1998年版，第372、404页。
② 《易经》："穷则变，变则通，通则久。"关于"易"，唐朝著名经学家孔颖达有过权威解释："夫易者，变化之总名，改换之殊称。自天地开辟，阴阳运行，寒暑迭来，日月更出，孚萌庶类，亭毒群品，新新不停，生生相续，莫非资变化之力，换代之功。然变化运行，在阴阳二气，故圣人初画八卦，设刚柔两画象而气也；布以三位，象三才也。谓之为《易》，取变化之义，既义总变化，而独以易为名者。"已故易学名家程石泉先生曾说："孔颖达对于'易'的说明可能是在中国历代易学家说明中最完善的一个。其中包括'易'的种种形态：'变化'、'改换'、'更迭'、'新新不停'、'生生相续'种种。"（程石泉：《易学新探》，上海古籍出版社2003年版，第58页）

变易思想是中华文化最优秀的基因和心理定式，曾经是中华民族创新和创造的源泉和动力。2014年习近平总书记在中国科学院第十七次院士大会、中国工程院第十二次院士大会上的讲话中指出，中华民族是富有创新精神的民族。我们的先人们早就提出："周虽旧邦，其命维新。""天行健，君子以自强不息。""苟日新，又日新，日日新。"可以说，创新精神是中华民族最鲜明的禀赋。在5000多年文明发展进程中，中华民族创造了高度发达的文明，我们的先人们发明了造纸术、火药、印刷术、指南针，在天文、算学、医学、农学等多个领域创造了累累硕果，为世界贡献了无数科技创新成果，对世界文明进步影响深远、贡献巨大，也使我国长期居于世界强国之列。

周朝晚期影响最大的思想是儒家、道家和墨家。其中道家主张自然，反对人为，提出"复归自然"，"天之道，利而不害；圣人之道，为而不争"。老子反对人们追求物欲，"五色令人目盲；五音令人耳聋；五味令人口爽；驰骋畋猎，令人心发狂；难得之货，令人行妨。是以圣人为腹不为目，故去彼取此"。(《道德经》十二章)

墨家与道家相反，主张人为，反对自然，要摆脱自然。墨子从人与自然的对立统一关系中，提出了"主力"的思想。《墨子·非乐上》云："今人固与禽兽麋鹿蜚鸟贞虫异也。赖其力则生，不赖其力则不生。"墨学大家谭戒甫先生说："墨子书中'经说大小取'六篇，门类很多，如辩、哲学、如光学、力学，如数理学、几何学，如经济学、政法学，如教育学、伦理学等等，包括无疑。和现代科学精神相悬契的，在我国此书当首屈一指。在世界古代像这样的作品并不多见。这真是我们祖国的瑰宝，我们民族的光辉。"[①] 墨家思想体系充满了伟大的人道主义色彩与科学精神，即便以现在的眼光看，它依然是那么熠熠生辉。只可惜后来因生存斗争，墨家永远消失。

儒家则分两种，孔孟比较靠近自然，荀子比较靠近人为，儒家

[①] 转引自张斌峰《墨家人文精神的基本内涵与特征》，《社会科学战线》2001年第4期。

是这两种极端观点的中道。中国传统文化中讲究"顺天应人","天人合一",这样的思想一方面使我们敬畏自然,保护自然,另一方面也弱化了人为的一面。

汉以后,儒家思想一统天下。尤其是西汉董仲舒提出"罢黜百家,独尊儒术",儒家成为一种制度化的存在。① 自此,儒家思想便构成了中国文化精神的核心内容。

任何一种文化都有两面性,儒家文化亦是如此。儒家思想中具有一种"实用理性精神",即强调理性和实用的结合,其可贵之处就在于:"所谓'实用理性'就是它关注于现实生活,不作纯粹抽象的思辨,也不让非理性的情欲横行,事事强调'实用'、'实际'和'实行',满足于解决问题经验论的思维水平,主张以理节情的行为模式,对人生世事采取一种既冷静又理智的生活态度。"② 这一精神体现了中华民族对于现实生活的执着追求。因此,当孔子学生季路问及侍奉鬼神之事时,孔子说:"未能事人,焉能事鬼?"季路再问关于死时,孔子说:"未知生,焉知死?"

但某种程度上"实用理性"也制约了社会的创新和科技的发展。例如,《论语·述而》云:"子不语怪、力、乱、神。"这句话常被理解为儒家注重理性,反对迷信,甚至反对宗教中的超自然部分。然而从科学发展的角度上讲,"对自然界之注意,始于不正常的现象如彗星、地震、怪胎、非常生态的分布,夏日飞雪、枭鸟昼鸣、晴空雷鸣等等的反常"③。乔治·汤姆森在《科学的灵感》中指出,"科学上最伟大的发现,往往是通过表面上无足轻重甚至稀奇古怪的事,为理解自然界最深刻的原理提供了线索"④。如果人们不去关注这些反常的自然现象,也就很难发现其背后的客观规律。

---

① 儒家制度化指的是在权力的支持下,儒学逐渐转化为具有强制性和排他性的观念、法律、习俗、实践系统。参见干春松《科举制的衰落和制度化儒家的解体》,《中国社会科学》2002 年第 2 期。
② 李泽厚:《中国思想史论》,安徽文艺出版社 1999 年版,第 1148 页。
③ 李约瑟:《中国古代科学思想史》,陈立夫译,江西人民出版社 1990 年版,第 16 页。
④ 转引自潘吉星主编《李约瑟文集》导言,陈养正译,辽宁科学技术出版社 1986 年版,第 225 页。

此外，创新思维的形成还需要关注人们的世俗生活。既要正德，也要重视利用和厚生。但儒家往往非常重视"正德"，却比较忽视"利用"和"厚生"。

"正德、利用、厚生"是人类生活中的三件大事。《尚书·大禹谟》中记载，禹曾向舜建言："於！帝念哉！德惟善政，政在养民。水、火、金、木、土、谷，惟修；正德、利用、厚生、惟和。九功惟叙，九叙惟歌。戒之用休，董之用威，劝之以九歌，俾勿坏。""正德"是讲做人的最高修养，"利用"则是经济学范畴，是尽物之用，使民得利。"厚生"是讲生产发展，是指人民的物质生活，也就是如何养活百姓，如何使百姓富裕。这三者应是相辅相成，互相促进，构成和谐社会。

春秋时期楚国大夫申叔时说："民生厚而德正，用利而事节，时顺而物成……时无灾害，民生敦庞，和同以听，莫不尽力以从上命，致死以补其阙。"（《左传·成公十六年》）申叔时认为，"厚民生"是"正德"的基础，"民生敦庞"作为百姓为国君效命的基础。《周易·系辞下》也说："利用、安身，以崇德也。"这里又把"崇德"（正德）作为"利用、安身（相对于厚生）"的目的。而"正德、利用、厚生"都建立"惟和"这个原则之上，即一切都要以和平的方式达到，这可以说是政治的最高境界。

张岱年先生对此有过评论，他认为孔子只是讲正德，没有讲利用、厚生，这有消极影响。这一点别的学派也有缺陷，魏晋讲玄学、宋明讲理学，都是有所偏，都不注重利用、厚生。西方就强调利用、厚生。墨家利用而不厚生，庄子的《天下》篇中，就批评墨家太苦，一般人接受不了。汉武帝他们讲独尊儒术，这是统治者为了社会的安定，只好这样。

制度化后的儒家在维系国家长治久安以及良好的道德秩序方面发挥了极为重要的作用，强调"内圣外王"，注重人与人、人与自然的和谐。但"大一统"也使儒家思想具有了一定的排他性，单一化局面取代了春秋时期"百家争鸣"的多元思想，导致我国古代自然科学、自然哲学非常贫乏。董仲舒为了论证封建制度和君主统治的合理性和稳定性，在《举贤良对策》中还提出："道之大原出于天，天不变，道亦不变"，认为封建社会的最高原则是由天决定的，天是永恒不变的，因而按天意建立的社会之"道"也同样永恒不变。这一思想成为后世禁锢人类思想进步、阻碍科技创新的巨大精神枷锁。

因此，虽然中华元典《周易》中充满了变易的创新思想，但中国人的处世哲学却历来是"以不变应万变"，形成了崇古、趋同、效法等心理定式。

当然，这样的心理定式不是凭空而来，而是建立在历史上中国曾经非常强大的实力基础之上。14世纪明朝建国之初的中国，是世界上经济、文化和科学最发达的国家。此前，世界上重要的发明和科学成就约300项，其中出自中国的约175项，占58%以上。[①] 中国创造精神在相当长时期是非常丰富的，确实到中世纪，包括到明朝末年之前，中国的创造力和中国财富的集聚能力在世界上都是独树一帜的。

美国历史学家斯塔夫里阿诺斯在《全球通史：从史前史到21世纪》中说，中世纪主要的技术发明大多数出自中国，并且认为从6世纪隋朝重新统一中国到16世纪西方人开始由海上侵入中国，这1000年对于中国人来说是一个伟大的时代。尽管极为稳定而又保守的中国社会被西方势不可当的扩张主义弄得四分五裂，但有一个事实不容忽视："整整1000年，中国文明以其顽强的生命力和对人类遗产的巨大贡献，始终居世界领先地位。"英国哲学家弗兰西斯·培根也曾充分肯定过中国的三大发明对世界的意义："三大发明即印刷术、火药和指南针，古人并不知晓：我们应注意到，没有哪个方面的发明就其力量、功效和结果而言，比三大发明更惹人注目。因为这三大发明改变了整个世界的面貌和状态。"[②] 恩格斯指出："在14世纪，阿拉伯人把火药和火炮的使用方法经过西班牙传到了

[①] 《学习时报》编辑部：《落日的辉煌——十七、十八世纪全球变局中的"康乾盛世"》，《理论导报》2000年第8期。

[②] 转引自［美］斯塔夫里阿诺斯《全球通史：从史前史到21世纪》，吴象婴、梁赤民、董书慧、王昶译，北京大学出版社2006年版，第229页。

欧洲。"①

然而，相较于这三大发明在西方社会的巨大影响，中国虽然是三大文明的发明国却并无多大影响。斯塔夫里阿诺斯分析道，中国的文明根深蒂固，中国的帝国组织渗透甚广，决不允许这些发明破坏传统的制度与习俗。于是印刷术用于传播古老的观念，而不是新思想；火药加固了皇帝的统治，而不是正在出现的诸民族君主的地位；指南针除郑和用于著名的远航外，并不像西方人那样用于世界范围的探险、贸易和帝国的建立。这一重大差别的根由可以在新的西方文明的独特性——多元化、适应性强、摆脱了束缚欧亚大陆其他所有文明的传统枷锁——中找到。

中国在"康乾盛世"之后的100年经历了令世人震惊的魔术般的变化，为此，马克思称之为"奇异的悲歌"："一个人口几乎占人类三分之一的大帝国，不顾时势，安于现状，人为地隔绝于世并因此竭力以天朝尽善尽美的幻想自欺。这样一个帝国注定最后要在一场殊死的决斗中被打垮：在这场决斗中，陈腐世界的代表是激于道义，而最现代的社会的代表却是为了获得贱买贵卖的特权——这真是一种任何诗人想也不敢想的一种奇异的对联式悲歌。"②邓小平指出："如果从明朝中叶算起，到鸦片战争，有三百多年的闭关自守，如果从康熙算起，也有近二百年。长期闭关自守，把中国搞得贫穷落后，愚昧无知。"③

法国大革命时期，英国人派了一个浩大的使团前往中国，人们形容这是一个"世界上最强大的国家"面对"天下唯一的文明国家"，英国人提议与中国进行交往和贸易，但是被拒绝了。法国学者佩雷菲特在《停滞的帝国：两个世界的撞击》中写道："……他们在中国社会里见到的却是一个封闭社会的典型，那里的制度犹如台球那样结实——它是那么完整、精确、苛求，以至想不服从就会冒很大的风险。要摆脱它要么靠依法舞弊，或者靠惰性——即什么

---

① ［德］恩格斯：《论封建制度的瓦解和民族国家的产生》，载《马克思恩格斯全集》第21卷，人民出版社1965年版，第457页。
② 《马克思恩格斯选集》第1卷，人民出版社1995年版，第716页。
③ 《邓小平文选》第3卷，人民出版社1993年版，第90页。

都不干，——而极少靠积极性来实现。禁止革新，只要参照惯例就够了。给予孔夫子启示的或孔夫子给予启示的'经文'包含对所有困难的解决办法。……要改变其中的任何内容都将是自负的表现。"[1] 从西方人眼中看到了当时的中国正处于一个历史的循环和重复之中，因循守旧，没有质疑、思辨和创新的动力。

1954年，英国著名生物化学家和科学史家李约瑟出版了多卷本巨著《中国科学技术史》（又译《中国的科学与文明》，Science and Civilization in China），此书影响极为深远，搭起中西方文化沟通交流的桥梁。他在近半个世纪研究中国科技发展与文化的过程中，提出了著名的"李约瑟难题"：为什么现代科学只在欧洲文明中发展，而未在中国（或印度）文明中成长？为什么在公元1世纪至公元15世纪，中国文明在获取自然知识并将其应用于人类实践需要方面要比西方有成就得多？[2]

这些西方人对中国的思考的确值得我们深思，曾影响过世界的中华文明为什么停滞了？曾充满了创新哲学的中华文化为什么凝固了？究其深层原因，我们的文化中还是有相当多的落后与保守理念所造成的心理定式和习惯，中国人的崇古心理、效法心理、趋同心理，和"彼偏我正、彼夷我中"心理，以及"不敢为天下先"的祖训，都曾使我们丧失了创新发展的良机，甚至造成深重的灾难。

崇古之风古已有之。中国人尊重传统、崇尚先圣、向往过去的历史意识之强烈，在世界民族中恐怕是不多见的。无论是孔子时期的三代，还是老子的小国寡民，中国人觉得一定要把眼光投向过去，由此形成了崇古意识，[3] 这一观念如此之盛，以致历史的回归意识成了中国文化的强大潜流。

---

[1] ［法］佩雷菲特：《停滞的帝国：两个世界的撞击》，生活·读书·新知三联书店2014年版。

[2] ［英］J. 李约瑟：《东西方的科学与社会》，《自然杂志》1990年第12期。

[3] 所谓崇古意识，就是以古风、古言为真、善、美的价值标准，以"先王""古圣"为最高人格理想，以古代社会为理想社会，以远古圣人为礼仪、法度、技术和器具的创始人、发明者。崇古意识几乎渗透到中国文化的每一领域。无论在哲学、历史、伦理、宗教，还是在医学、历法等学科，我们都可以感受到这种文化底蕴和民族心理。参见孙美堂《崇古意识探微》，《孔子研究》1993年第3期。

现实社会中，中国的政治，包括儒家提倡的一些操守，以及宗教的思想，中国古代政治制度的设计以及传承之间的关系共同造成了崇古心理，过去的优越性使得国人丧失了批判能力。

国家层面，人们把目光投向"三代"。在传统中国人心目中，历史上最辉煌的时期莫过于夏商周三代，三代之后就世风日下，人们努力想回到那个一切皆是美好的三代。三代究竟是一个何等美好的社会呢？《礼记·礼运》讲"三代"时的社会是："大道之行也，天下为公，选贤与举能，讲信修睦。故人不独亲其亲，不独子其子。使老有所终，壮有所用，幼有所长，鳏、寡、孤、独、废疾者皆有所养，男有分，女有归。货，恶其弃于地也，不必藏于己，力，恶其不出于身也，不必为己。是故谋闭而不兴，盗窃乱贼而不作。故外户而不闭。是谓大同。"三代的"大同之世"是中国人的理想社会。

个人层面，人们把目光投向祖先，投向古圣先贤。中国传统文化的价值系统中，人们的一切实践和创造活动都必须以上古时代的"太平盛世"或"大同世界"的价值取向为依归，以信从和恪守农业——家族社会的礼教伦理纲常作为人格的最高理想，以"祖宗之法"和"圣贤古训"为实现价值的行为规范和价值评判的标准尺度。从历史上看，这种强烈的民族历史意识，在很大程度上制导着中国文化发展演化的趋势和走向。[①]

在前资本主义时代科学技术尚处于原始落后的漫长岁月中，注重传统、强调沿袭继承的强烈的历史意识及其价值取向，确曾促使古代先民积累了大量的、丰富的政治、科技、文化等方面的知识、智慧和经验，使得中国古代经济文化长时期处于世界领先地位，并最终进入四大文明古国之列。汉唐以后，以儒、道、法为主体而融会华夏、荆楚、百越、巴蜀、东夷、北狄、西戎等区域性文化的中国文明，又涵摄了南亚古国印度的佛教文化，把中国古代文明更进一步推向"盛唐气象"的高峰。在人类文明史上，苏美尔、埃及、印度、巴比伦、希腊、罗马、玛雅……一个个盛极一时的文明都不

---

① 陈剩勇：《崇古意识与中国传统文化》，《探索》1988年第4期。

免中途隔断、衰落枯萎,唯独中国的文明源远流长,绵延横亘五千多年而幸存至今,除却封闭式大陆地理环境的外因之外,也是与中国文化中强烈的历史意识息息相关的。①

然而,"物壮则老",盛极必衰。连续绵延五千年而没有出现巨变、断裂和突变的传统文化,走向了故步自封。尤其两宋以后,几乎没有受到外界强有力的异质文化的冲击和碰撞,而一直生活在死水一潭的封闭状态中,这就导致传统文化机制中创新动力的灾难性窒息。

与崇古意识相伴随的是不断衰退的文明史观。老子断言"失道而后德,失德而后仁,失仁而后义,失义而后礼"。(《老子》第三十八章)因此,人们总是感觉今不如昔,希望回到过去。李大钊说:"他们觉得'今'的总是不好,古的都是好。政治、法律、道德、风俗,全是'今'不如古。"他还说:"热心复古的人,开口闭口都是说'现在'的境象若何黑暗,若何卑污,罪恶若何深重,祸患若何剧烈",他们"不能助益进化,并且很足阻滞进化的"。②

针对"厚古薄今"的现象,康有为1895年在《公车上书记》中呼吁清政府:"窃以为今之为治,当以开创之势治天下,不当以守成之势治天下;当以列国并立之势治天下,不当以一统垂裳之势治天下。盖开创则更新百度,守成则率由旧章。列国并立,则争雄角智;一统垂裳,则拱手无为。"所谓的开创,就是要实行新的法度,而不能"循规蹈矩,率由旧章";就是要放开眼界,向西方国家看齐,看到外国的可取之处,而不能妄自尊大,故步自封。

盲目地崇拜古文化阻碍了文化的发展和科技的创新。伏尔泰曾说,中国人的让人难以理解的崇古心理阻碍了科学技术的发展。深入了解过中国文化的瑞士心理学家荣格,也曾发出类似的感慨:"像中国人这样天赋异禀而又聪慧的民族,居然没有发展出我们所谓的科学,这真是奇怪。"

此外,趋同心理也是阻碍创新的关键因素之一。趋同心理,又

---

① 陈剩勇:《崇古意识与中国传统文化》,《探索》1988年第4期。
② 李大钊:《"今"》,《新青年》1918年4月15日第4卷第4号。

称"从众"心理,是指个体为避免因孤立而遭受群体制裁,而产生放弃自己与群体意见或规范相抵触的意识倾向。趋同心理的特点是求同,与创新发展所要求的求异思维恰恰相反。求同有利于观念的统一,群体的稳定,但不利于独立人格的形成,更不利于创新,发展和变化。

与西方文化的个人本位不同,中国传统文化是家庭本位,要求个人无条件服从家庭,以家庭利益为重,强调群体优先于个体。家族制度无疑会导致对人的个性的压抑和束缚,而不利于个体独立精神的形成和发展。1917年吴虞在《家族制度为专制主义之根据论》(《新青年》第二卷第六号)中,深刻剖析了家族制度对个性的压制:"详考孔氏之学说,既认孝为百行之本,故其立教,莫不以孝为起点,所以'教'字从孝。""于是要君、非孝、非圣者,概目之为不孝,而严重其罪名,以压抑束缚之曰:'五刑之属三千,罪莫大于不孝。'自是以后,虽王陵、嵇绍之徒,且见褒于青史矣。'孝乎惟孝,是亦为政',家与国无分也;'求忠臣必于孝子之门',君与父无异也。"他不禁发出感慨:顾至于今日,欧洲脱离宗法社会已久,而吾国终颠顿于宗法社会之中而不能前进。推原其故,实家族制度为之梗也。在这样的家庭制管理之下,家就是国,国也是家。家庭制要求人们服从,最终形成国人的趋同心理。

中庸思想对中国人性格形成也具有极深的影响。"中庸之道"要求我们做事要适可而止,切不可过分,寻求适度、适当,慎防"满而覆"。但如果片面强调"中庸之道",则会导致趋同心理,而无法产生创新所需要的流动的文化与迸发的创意,"使国人的人生态度既少有古希腊人那种勇敢的进取欲望和征服精神,也没有印度式的'出世之玄想','生死由命,富贵在天'的消极,'修身、齐家'的乐观,铸就了国人既非积极又非消极的中庸观"[①]。

西方文化中个人主义本位起源于古希腊,希腊人勇敢自由的个性对文艺复兴运动打破宗教对人性的压抑和束缚影响巨大。美国学者依迪丝·汉密尔顿在《希腊精神》中文本序中写道:"与当时所

---

① 倪玉文:《论中国现代化与国人心理之更新》,《资料通讯》1998年第9期。

有别的社会相比，自由的个人是希腊最鲜明的特征，也是希腊人留给后世的最宝贵的遗产。"她还说："在希腊人看来，只有全面发展的优异个人才有个性，而我们今天所说的个性，常常是有点怪异而已。对希腊人来说，仅仅是个性，仅仅是我的，仅仅表现出自己与别人不同，是毫无意义的，个性有一个广泛的目标，那就是城邦的福祉和更高的生存。"

虽然在中国思想史上，庄子被认为是追求个性自由的杰出代表，且庄子的哲学中也有诸多崇高"自由"理想的表述，例如，庄子时常用"独"来表示个人独立的思想品性、独立人格等，"独往独来，是谓独有。独有之人，是之谓至贵"（《在宥》）；"独与道游于大莫之国"（《山木》）；"遗物离人而立于独也"（《田子方》）；"独乐其志，不事于世"（《让王》）；"独与天地精神往来"（《天下》）等。

这种庄子式的个人主义有其赖以产生的社会基础，也是建立在庄子对于人作为个体生存于社会中所面临的一些基本矛盾与困境的深刻洞察思考之上的。但它与西方意义上的个人主义相比有一些不同之处。它强调个人精神自由而忽视个人实际利益，主张逃避社会责任而不积极参与公共事务，并且有脱离大众的高蹈主义倾向，总的来说是一种消极逃避的而非积极进取的个人主义。[①] 因此也无法成为社会的主流思想来影响大众，最终占主导地位的仍是家庭制度。

既然家族制度要求集体本位，因此中国文化更强调集体意识，而创新、创意这样需要奇思妙想的东西是基于个性化基础上的。

"彼偏我正、彼夷我中"的心理来源于中国历来认为自己是世界的中心，日本、朝鲜及其他东南亚乃至南亚诸国都是华夏周边的"四夷"。在这个文化圈层里，地理上以中国本土为中心，文化上以中华文化为轴心，中华文化的基本精神和基本价值，通过"朝贡体系"、学习交流或频繁贸易往来扩散至周边的朝鲜、日本、越南等

[①] 徐克谦：《论庄子式的个人主义——兼论东、西方个人主义传统之异同》，《江苏社会科学》2003年第2期。

国，形成"东亚文明秩序"。直到19世纪西方殖民主义势力侵入东亚地区之前的千余年间，东亚文明这一文化格局和文化态势一直基本保持未变，成为规定东亚各国文化发展趋势和历史变迁轨迹的重要因素。

严于夏夷之辨历来被称之为"春秋大义"，是中华文化精神的重要内容之一。夏夷观念实为中国古代社会政治史研究的母题之一，也是中华文化中的一个恒久延绵、经久不衰的政治文化观念。孔子在《论语·八佾》中讲道："夷狄之有君，不如诸夏之亡也。"意思是夷狄之国即使有君主，甚至还比不上诸夏之国没有君主。孟子也说过："吾闻用夏变夷者，未闻变于夷者也。"（《孟子·滕文公上》）

夏夷问题，向来被儒家所重视。生活于秩序变动时代的孔子，目睹像楚国、吴国这样被视为夷狄的国家逐渐进入春秋政治舞台的中心，一面慨叹礼崩乐坏，另一面则推崇尊王攘夷，注重夷夏之别。这些都说明尊王攘夷为春秋战国时期儒家学派所重视。[①] 在《白虎通义》中，这样的夷夏关系甚至被绝对化了。夷狄者，与中国绝域异俗，非中和气所生，非礼义所能化，故不臣也。[②]《春秋传》曰："夷狄相诱，君子不疾。"《尚书大传》曰："正朔所不加，即君子所不臣也。"（《白虎通义·王者不臣》）

"夷夏之防"是儒家的传统思想。它形成于先秦时期，并成为华夏族与周边少数民族关系的准则。汉代以后，"夷夏之防"逐渐发展为大汉族主义的理论基础。由于华夏文明长期以来都是向外辐射的，外来"挑战"与"威胁"在文化上最终都同化于中国。这样，"夷夏之防"就成为中国自居于万国之上的"中国中心"意识和价值观念的理论基础，沉淀为支配从中国封建统治者到普通老百姓的思维定式和民族心理。[③]

在三千年未有之变局前，中国所遵行文化心理使自己陷入了文

[①] 干春松：《"王者无外"与"夷夏之防"——公羊三世说与夷夏观念的冲突与协调》，《中国哲学史》2011年第1期。
[②] 同上。
[③] 傅美林：《从"夷夏之防"到"师夷长技"》，《历史教学》1993年第6期。

化自大主义，大致表现为：在文化上，"华夏"文明有礼，而"夷"野蛮不知信义，"非我族类，其心必异"。华夏是"天下"的文明中心，无须向蛮夷学习。中国负有教化恩典蛮夷的责任，而蛮夷则有向慕中华、定期朝贡的义务。在政治上，中国是居于天下之中的"天朝"，按照"溥天之下，莫非王土；率土之滨，莫非王臣"（《诗经·小雅·谷风之什·北山》）的逻辑，中国皇帝是"天下共主"。在经济上，中国"富有四海"，"天朝物产丰富，从不假外夷以通有无"，而外夷无中国则难以活命。中国与外夷通商，不是互通有无，而是天朝抚恤外夷的一种手段。这种对外的文化认识也逐渐形成了中国人的日益僵化的文化行为定式。相较于西方启蒙运动、工业革命以来西方文明的狂飙突进，传统中华文化所呈现出的历史疲态、主体困境和内在紧张，在强大的西方工业文明和资本面前，弱势地位显现无遗，由此带来了近代中华文化的最近一次危机。[①]

　　基于这样的文化心理定式，郑和及其随员七下西洋，"赍诏往谕"，不厌其烦地告诉西洋各国，中国已咸与维新；天朝地土辽阔，百物富庶，人口众多，风俗淳美，礼仪详备；大明皇帝英明无比，臣民称颂；各国要敬顺天道，抚辑人民，才能不时得到上天的恩赐，方能共享太平。明廷通过郑和等下西洋，意在让西洋各国君臣前来观瞻中国的文物制度，习俗礼仪，回国后效法中国，并与之保持紧密的联系，采取协调的步伐。这就是"敷宣教化于海外诸番国也"，"宣德化而柔远人也"。用仁义来感化而不是用武力慑服西洋各国，就是郑和出使的目的和所作所为。此外，也顺便猎取一些异国他乡的珍稀之物供宫廷享用，以及到海外去寻找在"靖难之变"中被推翻并失踪的建文帝的下落。

　　当时的中国是世界上最强大的国家，在国人的思维定式中，从来都是别人向我们学习，寻求保护和帮助，而我们并不需要别人。1753年乾隆在位时，苏禄苏丹国（今菲律宾）向清廷上《请奉纳

[①] 王京生：《中国文化的历史流变与当今的文化选择》，红旗出版社2014年版，第130页。

版图表文》，请求将本国土地、丁户编入大清版图，使菲律宾成为中国的一部分，以便依托中国得到庇护。但此时的乾隆皇帝正奉行闭关锁国政策，对海岸线以外毫无兴趣，甚至认为华侨都是"汉奸"，死不足惜，殖民者杀死华侨对中国有利。在这种思维定式下，纯属"外人"的苏禄希望成为"中国固有领土"的请求被婉言谢绝。

在文明长期延续和发展之后，原本先进的文明逐渐产生了故步自封的心理，以至于到真正强大文明到来的时候，中国人还是习惯于"彼夷我中"，这是一个长期形成的过程。因此，郑和下西洋并没有去发现值得自己学习的文明，明朝廷也没有在郑和远航的壮举基础上发展自己的海权，甚至最后走向完全封闭。

以致后来昏睡于"天朝上国"迷梦中的清朝统治者当时对自己的落后地位毫无所知，对西方资本主义国家仍以古代"夷狄"视之，不屑了解异域异质文化。在第一次鸦片战争期间，即使英明如林则徐者，在1839年还宣称："中国所行于外国者，无一非利人之物，……而外来之物，皆不过玩好，可有可无，既非中国所需，何难闭关绝市。"并错误地断言英国"万不敢以侵凌他国之术窥伺中华"。龚自珍对此也有相似的看法。

《郑和航海图》是世界上现存最早的一部航海图集，郑和船队所采用的"罗盘定向"和"牵星过洋"等航海技术，开创了人类航海史上天文导航之先河。中国当时的实力令欧洲震惊，汤因比说："在15世纪后期葡萄牙航海设计家的发明之前，这些中国船在世界上是无与伦比的，所到之地的统治者都对之肃然起敬。如果坚持下去的话，中国人的力量能使中国成为名副其实的全球文明世界的'中央王国'。他们本应在葡萄牙人之前就占有霍尔木兹海峡，并绕过好望角；他们本应在西班牙人之前就发现并且征服美洲的。"[①] 实力雄厚的中国船队之所以没有绕过好望角去发现欧洲，或者穿过太平洋去发现美洲，并不是由于个别皇帝的性格所致，而应该归结为

---

① ［英］阿诺德·汤因比：《人类与大地母亲》，徐波、徐钧尧译，上海人民出版社1992年版，第650页。

中国传统观念的影响，以及当时明朝政府所面对的政治压力。明朝政府即使是在最开放的时候也没有从根本上改变"夏夷之防"和"务本抑末"（重农轻商）的传统观念。官方虽然设置了市舶司供外国船只入贡和经商之用，但是对于中国民间的出洋贸易活动仍严加禁绝。

郑和之后再无郑和（梁启超语），继之而起的是连续300年的明清海禁。1404年（明永乐二年），明成祖朱棣下令将民间海船都改为平头船。平头船无法漂洋过海，这一政策从根本上断绝了民间的海外联系。在世界开启全球化进程之际，明清统治者告别海洋文明，固守单一的大陆文明，无异于与历史发展的潮流分道扬镳。海禁政策标志着中国完成了一次文明的转型，由兼具海洋文明和大陆文明的国家，变为单一的大陆文明国家。① "我支那民族，自古国于大陆，罕与海通，政府则设有海禁，异国则鄙为海国。防海者，不外闭门塞窦、缩首畏尾之伎俩。谈海者，不外天方夜谭、齐谐志怪之思想。"② 在"彼偏我正，彼夷我中"思想的影响下，我国一直以来没有明确的海权意识，而西方列强却由于"海权论"的风靡而大肆扩张海权。

17世纪中叶，正当统治中国的清王朝实行闭关锁国政策的时候，西方世界发生了翻天覆地的变化。新兴的资产阶级作为新的生产方式的代表者，以摧枯拉朽之势推翻了封建制度，建立了崭新的资本主义制度，为资本主义的发展扫清了障碍。特别是经过产业革命的洗礼，以英国为首的西方资本主义国家在经济、政治、军事等方面的发展水平远非中国可比。③ 斯坦福大学著名历史学家

---

① 袁南生：《文明转型与海洋大国意识》，《同舟共济》2013年第11期。

② 1903年9月30日出版的《大陆报》第11期上刊出了《支那航海家郑和传》，此文没有署名，作者是谁呢？《大陆报》编辑兼发行者先后署：《大陆报》总发行所，林志其、廖陆庆、江吞。此三人的生平不详。从多种资料可以推知，该刊的实际主持人和编辑者为归国留日学生，主要有戢翼翚（元丞，1878—1907）、杨廷栋（1861—1950）、秦力山（1877—1906）、杨荫杭（1878—1945）、雷奋（1871—1919）、陈景韩（1878—1965）等，他们或系该刊的主笔或系文章的作者。——转引自邹振环《〈支那航海家郑和传〉：近代国人研究郑和第一篇》，《社会科学》2011年第1期。

③ 傅美林：《从"夷夏之防"到"师夷长技"》，《历史教学》1993年第6期。

莫里斯教授认为，1430年在世界历史上是一个"决定性时刻"，谁在这个时刻抓住了海洋的控制权，谁就有可能主宰未来的整个世界。"亨利王子抓住了这个机遇，而明朝正统皇帝却将这个机遇拒之门外。"①

正是通过航海活动和地理大发现，长期积弱不振的欧洲社会才从旧大陆僻陋的边陲转变为文明世界的中心。②而明清两朝的闭关锁国政策，彻底绑缚住中华巨龙，使之陷入搁浅的困境，主动把广阔的海洋让与西方列强。

殷海光先生在《中国文化的展望》一书中将中国文明形成的世界观称之为"天朝型模的世界观"。他说："中国文化发展出一个观念，就是自视为一个自足的系统（a self-sufficient system）。在这种心理状态之中，中国与外国于一八六一年以前根本不曾有过近代意义的外交。中国根本感觉不到有何正式外交之必要。这并不是说，在一八六一年以前中国与外国未曾有过实际的交涉。有的。可是，这些交涉都是从'天朝君临四方'的态度出发，来'以大事小'。复次，中国在鸦片战争以前也不是没有和外国通过商。但是，'上国'视那些通商行为不过是些微不足道的商贾小民细事，从来没有把这类事情放在核心价值的地位。"③

殷海光先生所说中国天朝型模的世界观之内涵与莱特（Arthur F. Wright）所说19世纪中国文明之自我影像是相同的。作为旁观者，莱特认为这种影像是中国文士所塑造的。在他所做的分析中，下列几点颇值得我们注意：（1）中国广土众民并且是位居平地中央的国家，上覆穹苍。（2）中国不独在地理上位于地球中央，而且在文化上也是如此。中国的文字、道德、礼仪、制度，无一不优于四夷。（3）中国是政治的中心。万方来朝，四夷宾服。（4）中国物

---

① ［美］伊恩·莫里斯：《西方将主宰多久——从历史的发展模式看世界的未来》，钱峰译，中信出版社2011年版，第281页。亨利王子是葡萄牙航海活动的首倡者和支持者，他在1420年前后就在葡萄牙创办航海学校，并派出船队去勘探非洲西海岸。"正统"是1436年登基的英宗皇帝的年号，英宗继宣宗之后，再次禁绝了海外贸易活动。参见赵林《大航海时代的中西文明分野》，《天津社会科学》2013年第3期。
② 赵林：《大航海时代的中西文明分野》，《天津社会科学》2013年第3期。
③ 殷海光：《中国文化的展望》，中华书局2016年版，第1—2页。

产丰饶，经济自足，无待外求，所以也就少与人通商。（5）好古，并且圣化自己。中国的道德原则对于一切人民都有效。古圣先贤的言行堪足为后世法。好古是第一要务。①

殷海光先生认为，近五十多年来，中国经历了几次巨大的变动。在这几次变动里，有许多旧的事物随着小脚、长辫和八股文之消逝而消逝了。可是，这种世界观依然故我，它常改头换面在许多场合出现。即令它早已与实际的事情不符，可是它仍然存在于若干中国文化分子的观念中。因为这样的世界观的建立，不是靠客观的事实来支持；而是靠主张者的自信力，靠往昔文化上的傲慢惯性来支持，靠筑起一道价值的围墙挡住外来的挑战来支持。当灾害、动乱和变革临头，危及这样的世界观时，这些知识分子就撒出一套现成的"理论"，说这是历史循环过程中"暂时"的现象。等待雨过天晴，他们又会回到千禧年。这份因回避事实而得到的心灵享受，正是中国文化里重要的精神境界。这种精神境界到了中国知识分子会读柏拉图哲学时，更得到精彩的结晶。②

我们应当清醒地认识到，文化优越带来的过度自信，必然会导致文化的盲目和自大。明清以来，夏夷观念反而促成了传统文化的自大及至自卑。特别是近世满族入主中原，在与汉族传统文化实现整合之后，形成一种新的国家文化意识，它使清帝国的"天朝"文化政治有效地重新确立其在亚洲的广泛影响，但从与外国的文化交往来看，与政治上的巨大作为、经济上的繁荣以及帝国版图的扩大相比，清帝国文化却在进一步走向保守。

第二节 心理定式形成的学理分析

心理定式理论作为传统社会心理学研究成果的代表，主要探讨的是人们如何受到自身需要和社会环境的影响，并对其做出何种反

---

① 转引自殷海光《中国文化的展望》，中华书局2016年版，第6页。
② 殷海光：《中国文化的展望》，中华书局2016年版，第6—7页。

应的问题，其研究目的在于揭示人的社会心理和社会行为发生的表面规律，预测人在社会环境中的行为方式。① 心理定式就是心理上的定向趋势，它是人对外界事物进行感知和评价的心理准备状态。心理定式具有两面性：一方面，心理定式能使人在客观事物、客观环境相对稳定的前提下，对人和事物的知觉更迅速有效；另一方面，事物是千差万别的，且不断运动变化，仅凭已有的经验和知识去认知新事物，往往会出现认识上的偏差，形成阻碍创新的因素。

心理定式的形成是因为人们在解决问题时，时常会受已有知识、观念的影响而具有某种倾向性和心理准备，反映着主体思考和解决问题的一种同化趋势，制约主体寻求解决问题的过程。心理定式能决定和调整人的理智、情绪和意志，常出现在人的知觉、记忆、思维、行为和态度中，影响人的思维活动和行为。从阻碍创新的角度看，心理定式是阻碍创造主体进行创新的主要因素之一。

根据心理定式发生的机制来分析中国传统文化中阻碍创新的崇古心理时，我们发现，这一现象并非中国独有。根据现代心理学研究成果，迷恋传统、向往过去的守旧思想是人类心灵的一种天然倾向。几乎世界上每个民族都会有这种倾向。在精神分析大师西格蒙德·弗洛伊德看来，决定人类行为的主要动力，也就是所谓的人的"本能"，主要包括两个方面，一是所谓的强迫重复原则，它要求重复以前的状态，要求回复到过去、恢复到事物的原始阶段，弗洛伊德称这种保守的倾向为死的本能。此外，人身上还有另一种作用完全相反的本能，它要抗拒死亡，要使生命得到保存和更新，这就是所谓的生的本能。弗洛伊德认为，生的本能和死的本能之间存在着尖锐的对立，两者作用相反而又始终并存于同一有机体之中。

向死而生，我们必须重新面对世界的变化，必须改变过去阻碍中华民族发展的陈旧观念，形成新的心理定式与创新的传统，否则将面临民族的危机。因此，当中华民族遭遇三千年未有之变局之时，国人开始了对文化的全面反思。张岱年先生曾说，中国文化糟

---

① 乐国安、李绍洪：《心理定势发生机制的模型建构》，《心理学探新》2006年第2期。

粕很多，也有精华。最重要的精华有两条：（1）自强不息的精神，永远前进；（2）厚德载物的宽容精神。《易传》提出"刚健"的观念，又提出"天行健，君子以自强不息"的著名命题，两千多年来一直激励着中国人奋发向上。① 今天这两条精神依然是我们文化发展的动力源泉。文化并不是一成不变的，文化本身是一个"创造的过程"，是不断吸收并转换文化元素、扩大文化流动的过程。

新的心理定式的形成要从打破旧的思想束缚开始。针对国人对科学的不重视不了解，90年前的中国知识界曾爆发了一场"空前的思想界大笔战"——"科玄论战"，标志着我们开始思考科学在民族发展中的重要作用，并期望形成一种新的文化使中华民族振兴。这是中国"先进知识分子"与"传统知识分子"之间的学术论战。这场论战是围绕着科学与人生观而展开的，由于人生观是玄学即哲学所探讨的内容，故这场论战也常常简称为"科玄论战"。

"科玄论战"拉开了科学主义和人文主义之间的论争，虽然今天看来科学精神与人文精神二者应当是融通的，但在当时的时代背景下，这场论战使人们开始正视这位"赛先生"。论战发生之时，中国的科学发展还处于落后西方300年的时期，普通的国民还不了解科学究竟意味着什么，甚至对科学产生很多误解。1922年梁启超先生在科学社年会上发表了《科学精神与东西文化》演讲，对什么是科学做了说明。他感叹中国人对科学的态度存在两个根本的错误：其一，把科学看得太低了太粗了，多数人以为科学无论如何高深，总不过属于艺和器那部分，顶多拿来当作一种补助学问就够了；其二，把科学看得太呆了太窄了，只知道科学研究结果的价值而不知道科学本身的价值。

梁启超先生还说，中国人因为始终没有懂得"科学"这个字的意义，所以五十年很有人奖励学制船、学制炮，却没有人奖励科学；近十几年学校里都教的数学、几何、化学、物理，但总不见教会人做科学。或者说，只有理科、工科的人们才要科学，我不打算当工程师，不打算当理化教习，何必要科学？中国人对于科学的看法大

---

① 张岱年：《文化传统和综合创新》，《江海学刊》2003年第5期。

率如此。①

其实今天未尝不是如此，虽然科学教育已经普及，但又有多少人真正是从思想上认识掌握科学的重要性。"科玄论战"拉开了科学信仰进入中国的序幕，从此打破了国人千百年来的心理定式，逐渐开始重视科学，重视创新，适应外部环境的变化，形成新的心理定式及传统，形成活的文化，即流动的文化和文化的流动。

时至今日，文化的流动使僵死的传统鲜活起来，新的和旧的，东方和西方，传统与现代正在迅速融合，新的传统正在逐渐形成。这是一个巨变的时代，这个时代需要文化的流动，需要创新型、智慧型、包容型、力量型文化，而这一新的文化传统正是深圳在建设现代化国际化创新型城市的过程中努力形成的文化目标。

36年短暂的城市发展史，深圳一直在努力探索如何创造一种新的传统，活的文化。回顾历史，这座城市的文化实践无一不是朝着这一目标前进。自2003年确立"文化立市"发展战略以来，深圳文化发展亮点纷呈、硕果累累：荣获联合国教科文组织"设计之都""全球全民阅读典范城市"称号，原创大型合唱交响乐《人文颂》在联合国教科文组织巴黎总部成功演出，被国际知识界评为"杰出的发展中的知识城市"，三次荣获"全国文明城市"称号，四次被评为"全国文化体制改革先进地区"，"深圳十大观念"影响全国，《走向复兴》《我们的信念》《中国之梦》《迎风飘扬的旗》《命运》等精品走向全国，深圳读书月、市民文化大讲堂、关爱行动、创意十二月等品牌引导市民追求真善美，图书馆之城、钢琴之城、设计之都等"两城一都"高品位文化城市正成为现实。

"几百年人家无非积善，第一等好事还是读书"。阅读是增强城市精神凝聚力的有效途径。14年来深圳读书月以"高贵的坚持"成功倡导了"以读书为荣、以读书为乐"的生活方式的同时，也使阅读成为深深植根于市民精神体系中的重要价值观念。深圳读书月始终强调精神性阅读、执着于观念性引导，城市大兴求学问道之

---

① 梁启超：《科学精神与东西文化》，《饮冰室合集》专集之三十九，中华书局1989年版。

风，伴随书香而来的是，大气开始压制浮躁、优雅开始驱逐粗俗。市民城市的价值观念亦悄然而变，读书日渐成为文明的象征，最终使深圳这座商潮涌动的城市回归宁静、日渐从容，成为一座因热爱读书而受人尊重的城市。

"文化+"模式的形成。历史上的文化发展中没有明晰的"文化+"概念，但"文化+"从来就是人类文化进步的最重要形式之一。众所周知的例子，就是造纸术、印刷术对人类文化发展的极大推动。中国人在汉代所发明的造纸术，不仅使大量纸张替代了原来的简帛，改进了文字书写工具，而且随着印刷术的发明，一种新的信息交流媒介——印刷书应运而生。这两大发明极大地降低了文化生产和传播的成本，扩大和便利了知识教育传播的愿望和手段，"文化+技术"由此成为人类文化发展的内在驱动力。

今天随着全球生产、贸易、服务、消费体系的迅速形成，包括文化在内的要素资源流动呈现不断加速之势。这种流动体现为两个基本特征：一是某一要素资源内部的流通（如全球资本市场），二是要素资源的跨域流动和相互渗透。在此背景下，各产业门类之间的界限变得日渐模糊，尤其是随着高新科技的迅猛发展，产品与服务的生产与流通无不是以综合性、跨业态的形式出现，体现在文化产业上，就是"文化+"发展模式的日渐明晰。"文化+"一方面以前所未有的动能与活力驱动文化产业的更快发展，另一方面也决定了文化产业本身的市场竞争力。美国文化产品之所以风靡全球，固然有美国依托其超强的国家实力推销其文化产品和价值观念的因素，但美国本身的科技发展水平、金融创新能力及其与文化创意的高度融合，无疑是美国文化产品极具全球竞争力的重要原因。

年轻的深圳有着历史文化底蕴不够深厚、文化生态不够完善等弱点，特别是学术文化的滞后。近年来，深圳在学术文化上的反思与追求，从另一个层面构成了文化自觉的逻辑起点与外在表征。显然，文化自觉是学术反思的扩展与深化，从学术反思到文化自觉，再到文化自信、自强，无疑是文化主体意识不断深化乃至确立的过程。这对于一个国家和一座城市的文化发展皆是如此。

"深圳学派"的鲜明提出，寄托了深圳学人的学术理想和学术追求。1996年最早提出"深圳学派"的构想；2010年《深圳市委市政府关于全面提升文化软实力的意见》将"推动'深圳学派'建设"载入官方文件；2012年《关于深入实施文化立市战略建设文化强市的决定》明确提出"积极打造'深圳学派'"；2013年出台实施《"深圳学派"建设推进方案》。一个开风气之先、引领思想潮流的"深圳学派"正在酝酿、构建之中，学术文化的春天正向这座城市走来。"深圳学派"概念的提出，是中华文化伟大复兴和深圳高质量发展的重要组成部分。树起这面旗帜，目的是激励深圳学人为自己的学术梦想而努力，昭示这座城市尊重学人、尊重学术创作的成果、尊重所有的文化创意。这是深圳30多年发展文化自觉和文化自信的表现，更是深圳文化流动的结果。因为只有各种文化充分流动碰撞，形成争鸣局面，才能形成丰富的思想土壤，为"深圳学派"形成创造条件。

　　心理定式形成中最具典型意义的事件莫过于深圳十大观念。在中国众多城市中，如果就城市的实力而言，无论是经济、文化，比深圳大的城市有得是。为什么恰恰是深圳，成为过去30多年来引领时代的一面旗帜，成为中国观察世界、世界了解中国的一个窗口？仅仅因为"深圳速度"所创造的经济奇迹吗？当然这些都起到了作用。但是，无论是在当时，还是在今天，都不能代替深圳存在之本来意义的，就是这座城市在观念上的突破及其对历史的引领作用。

　　纵观深圳城市的发展，经历了拼经济、拼管理和拼文化三个发展阶段。拼经济要求深圳勇于冲破计划经济体制的束缚，大力发展生产力，打牢城市发展的物质基础。拼管理要求深圳加强制度体系建设，建立健全法律法规，为实现公平正义和城市的有序发展提供制度保障。拼文化要求深圳把握世界城市发展最新趋势，大力实施"文化立市"战略，占领文化发展制高点，提升城市文化软实力。深圳观念既是这三个发展阶段的产物，同时也成为引领三个阶段发展的风向标。在拼经济阶段，深圳人提出了"时间就是金钱，效率就是生命""空谈误国，实干兴邦""敢为天下先""改革创新是深圳的根、深圳的魂"等观念，这些观念是中国社会主义市场经济破壳的标志，是深圳精神的逻辑起点。在拼管理阶段，深圳人先后提出了"鼓励创新、宽容失败""深圳，与世界没有距离""来了，就是深圳人"等观念，体现了深圳的开放品格和包容精神，为建设现代化国际化先进城市的制度设计提供了广阔空间。在拼文化阶段，深圳人提出了"让城市因热爱读书而受人尊重""实现市民文化权利""送人玫瑰，手有余香"等观念，体现了深圳人的文化自觉和文化自强，为城市的转型发展提供了持续的文化动力。这些内涵丰富、意蕴深刻的观念，正是深圳改革开放诸多观念的精彩浓缩，更是引领深圳发展的心理定式和新的传统。

深圳的文化实践在不断努力突破束缚创新的旧传统，旧心理定式，形成新的有利于国家创新体系的新的传统，新的心理定式。这一新的传统应当是开放的，不断兼收并蓄，吐故纳新，去粗取精、去伪存真，形成文化的流动而不是凝固，发展而不是停滞，创新而不是守旧。只有这样的新传统才能使中华民族永葆创造创新的活力，永立全球竞争的潮头。

第三节　反思能力与批判精神

为什么中国创新能力不强，究其根源，主要是批判精神被弱化。表现在首先我们缺乏独立思考能力，其次是缺乏强烈的自我批判意识，这与我们一直以来的文化传统有关，崇古心理、效法心理、趋同心理以及不敢为天下先等祖训束缚着创新的灵魂，使我们缺乏创新必要的反思能力和批判精神。

今天西方强大不可否认有其文化基因，古希腊哲学史家策勒尔认为："希腊哲学在公元前6世纪就大胆地并几乎是猛烈地踩出了由神话通向理性（逻各斯，Logos）的道路。由于深信人类心灵的力量，伟大的前苏格拉底的伊奥尼亚哲学家、柏拉图和亚里士多德在一种科学的基础上建立他们的体系，取代了那些神话时代的思想。小苏格拉底学派，以及斯多阿和伊壁鸠鲁的希腊化哲学，全都一致强调了人的道德行为取决于他的知识。这种宣告人类理性自主的理性主义，构成了希腊哲学的总体进程的中流砥柱。"① 但更重要的是文艺复兴、宗教改革运动和启蒙运动使整个欧洲重新焕发出理性的光辉，唤起了人们的反思能力和批判精神。

"反思"是一个哲学名词，属于认识论范畴。反思能力是人们进行反思活动时所必须具备的心理特征和条件。强烈的自我意识、理性的批判精神、主动的探究能力、坚韧的意志力和有效的行动力是具有较强反思能力的人在反思活动中表现出来的显著特征。② 杜威指出："反思指人们积极、持久地关注某一观念和实践，并坚持不懈地认真思考支持它的原因以及依赖于它的每一种结果，反思是一个能动的审视和认知过程，它涉及一系列相关的观念，反思性思维一般与问题解决相联系。"

批判精神是认识主体的一种独立怀疑精神、辩证扬弃精神、自觉反思精神和勇于创新精神的集合体，是人类创新能力的内在驱动力。③ 马克思在《1857—1858年经济学手稿》导言中提出了"自我批判"的概念，并说明了社会自我批判对于科学认识社会发展形式的重要意义。自我批判是人类思维高度发展的体现，反映了思维的自觉。因此，只有当人类对其生存的社会进行理性分析、反思时，社会的自我批判才有可能。社会自我批判既基于又高于通常意义上的社会认识，是对通常意义上的社会认识和这种社会认识所反映的社会存在的反思。社会自我批判首先是对社会认识的一种理性反思。反思作为一种特殊意义上的社会认识，具有自觉性、目的性和批判性。这与通常意义上的社会认识不同，但反思又必须以通常意义上的社会认识为前提。反思既是对这种认识本身的批判，更是对这种认识对象的批判。④ 批判不仅仅包括对他人的批判，更包括对自我的批判。自我批判是人类思维高度发展的体现，反映了思维

---

① 王阳：《文化为源，创新为流——来自西方科学文化的历史启示》，《科学经济社会》2008年第2期。
② 姚林群：《论反思能力及其培养》，《教育研究与实验》2014年第1期。
③ 雷鸣：《论批判精神与研究生创新能力的培养》，《江苏高教》2011年第2期。
④ 参见谭清华、郭湛《论马克思的社会自我批判思想》，《中国人民大学学报》2008年第3期。

的自觉。自我批判的精神还应具体体现在对权威和经典的不断质疑、对真理的持续研究以及对崇高价值和健全的学术人格的不懈追求上面。

有对照物才可以反思，有武器才可以批判。有意思的是，文艺复兴和启蒙运动时期西方反思和自我批判的一个武器居然是东方的古老文明，包括欧洲人的航海热情所催生的世界性贸易也是被马可·波罗刺激起来的。而同时期的中国更像是一个铁桶，专制的压制、思想的禁锢、故步自封的心态，导致批判的武器的缺失，看起来稳定，一旦被打破则优势尽失。

14世纪初遭受黑死病袭击之前的欧洲是一个非常拥挤的大陆，几乎所有可能的资源都被用来生产食物、衣服和建造住所，大部分欧洲人生活在贫困之中。只能通过最大限度地开垦耕地来缓和人口过度增长与粮食不足之间的矛盾，而无度开荒种田的结果是严重地破坏了生态平衡，自然对人类的惩罚也就在所难免，饥荒不断、瘟疫爆发。[①]

14世纪中叶的这场瘟疫后来被史学家称为"黑死病"（The Black Death），横扫欧洲，造成大量人口死亡。据估计，欧洲8000万人口中有2500万在这场瘟疫中丧生。1348年瘟疫到达英国，几乎使英国死去了全部人口的一半，牛津大学死了三分之二的学生，欧洲社会陷入动荡和混乱中。

黑死病对欧洲社会产生了巨大而深远的影响。这场可怕的死亡体验使人们开始反思宗教，反思社会制度，觉察到如果一味地不尊重人性、不重视人道，人类将走向灭绝。当原有的信仰崩坍后，社会产生了动乱，英法德爆发了农民起义，意德出现了宗教冲突等大规模流血事件，民权运动不断生长。

虽然产生这一乱象的原因众多且复杂，但那次面临巨大死亡威胁时的体验使人们产生了对生存下去的极度渴望。意大利文学家薄伽丘的代表作《十日谈》就是在欧洲黑死病流行期间完成的，开头

---

① 马忠庚:《论黑死病对中世纪欧洲社会变迁的影响》,《聊城大学学报》(社会科学版) 2004年第1期。

就描述了 1348 年发生在意大利境内的一场可怕的瘟疫,借作品中人物所讲的故事批判了封建教会和宗教制度。

正是充满了反思精神和批判精神的文艺复兴和宗教改革运动推动欧洲进入现代文明。这两者运用了相似的手法,如复古意识、个性意识和民族意识等,但二者又有所不同。14—16 世纪的文艺复兴运动借助于古典文化批判基督教神学世界观,弘扬人类理性和人文精神,为新兴市民阶级提供适应时代需要的意识形态。文艺复兴的实质是进行了一场思想领域的革命。而马丁·路德的宗教改革则是上层建筑的一场变革,是德意志资本主义经济发展的必然结果,是早期资产阶级的反封建斗争,是反对罗马天主教会的一场政治运动,他的改革揭开了欧洲宗教改革的序幕。文艺复兴的目的在于走出中世纪,走向现代文明,而宗教改革则目的在于开创现代意义上的民族国家。

马丁·路德(1483—1546 年)是一位极具批判精神的宗教改革领袖,是德国宗教改革运动的最初发难者和路德派新教的创始人。在他生活的 15、16 世纪之交,西欧大地上教会的腐败、社会的不公触目惊心,绝大多数人却不曾"敢于运用自己的头脑"去反思造成这一切的根源,但马丁·路德思考了,并冒着生命危险去传播他的思考。他认为每个人可根据自己的理解对《圣经》进行思考解释并做出判断,认为"产生信仰的基础是人的理性、人的意志和自由"[①]。他曾说:"比起教皇与所有红衣主教来,我更惧怕自己的内心;因为在我的心中,那个大教皇本人一直存在着。"马克思评价他创立的基督教新教时说,"即使新教没有正确解决问题,它毕竟正确地提出了问题"。

新教的产生直接催生了资本主义精神。在马克斯·韦伯看来,新教体现了工具理性和价值理性的一致:世俗的工具合理行动的成功,是虔诚的新教徒宗教上价值追求的重要方面。以新教徒"天职"观为基础的资本主义精神,就体现了这一结合。这一人类历史

[①] 雷雨田:《马丁·路德宗教改革的特点及其意义》,《广州大学学报》(社会科学版)2002 年第 1 期。

上罕见的结合，使得新教伦理观下的资本主义精神，不仅在功利层面上收财获利，而且在价值层面上驱逐了传统主义，得以大获全胜。①

新教解放了人们的思想，随之而来的工业革命带来了发达的资本主义市场，形成了市场经济。创新的发挥很重要的一个前提是思想观念的变革，欧洲人开始敢于追求财富。当然，真正的创新还是由于市场的因素。商业文化最欢迎创新，只有不断创新才是商业发达的源泉。

如果我们把目光投到16、17世纪乃至18世纪，那时的中国处于明末清初，我们会发现那时的西欧与中国之间几乎势均力敌，并且在很多方面相似。"比如相近的人口结构，类似的商业城市发展水平和规模，新的生产方式同样受到传统文化理念和制度的抵制。换言之，它们当时处于同一起跑线上。"②

然而，17世纪后，中国和西欧却经历了道路分野。西方经历了工业革命后，科学技术进步，经济快速发展。中国却仿佛停止了，黑格尔曾说，中国的历史从本质上看是没有历史的，它只是君主覆灭的一再重复而已。任何进步都不可能从中产生。这一说法失之偏颇。

黑格尔对中国历来有偏见，但我们也要看到，虽然欧洲的发展曾经受到古老中国的影响，启蒙运动领袖伏尔泰等人曾如此推崇过中国文明，但17世纪后中国的停滞却是事实。因为就在同一个时间，在地球的另一端，尤其是在英国，一种新的文明——挑战全球的工业文明正在萌发；一场伟大的革命——最终改造了整个旧世界的资产阶级革命正在进行；一个新的运动——冲决中世纪封建神学桎梏束缚的思想启蒙运动正在蓬勃发展。由此以降仅100多年的历史，就彻底地改变了中国在世界格局中的地位，中国由一个扬扬自得的天朝大国急剧地坠入落后挨打的境地而一蹶不振。③

---

① 张志伟：《现代西方哲学对西方文明的反思》，《中共中央党校学报》2007年第1期。

② 曹宏成：《古代中国制度文化约束的反思——兼谈中国和平崛起战略取向》，《经济问题探索》2007年第2期。

③ 《学习时报》编辑部：《落日的辉煌——十七、十八世纪全球变局中的"康乾盛世"》，《理论导报》2000年第8期。

19世纪的中国在外敌入侵之下被迫打开国门,开始了反思。正如历史学家陈旭麓先生在《近代中国的新陈代谢》中论述新文化运动时总结的那样:"八十年来,中国人从'师夷之长技以制夷'开始,进而'中体西用',进而自由平等博爱,进而民主和科学。在这个过程中,中国人认识世界同时又认识自身,其中每一步都伴随着古今中西新旧之争。"

第四节 期然与应然

今天的中国是创新最好的时代。这是一个开放交流包容发展的时代,东西方文明真正碰撞融合,达到一种完全自觉的程度。我们要做的不是盲目地追随西方创新的脚步而创新,也不应是为了创新而创新,应当是建立在文化自信和文化自觉的基础上对东西方文化传统进行反思后的反思,批判后的批判。唯其如此,我们的创新文化才不至于再次陷入文化的偏执中。

对于中华传统文化的全面反思与批判始自一百多年前,那是一个动荡不安、激越变革的时代,既有亡国的危险,又有破茧新生的希望。在西方物质文明的冲击之下,我们失去了以往的文化自信,开始言必称"希腊",奉西方文明为神灵,对本民族文化则弃之如敝屣。

针对思想界、文化界的这一风潮,鲁迅先生清醒地看到,这是"使中国之人,由旧梦而入于新梦"。他并不认为当时的西方文明就是最好的文明,1908年鲁迅先生在《文化偏至论》一文中指出:"第不知彼所谓文明者,将已立准则,慎施去取,指善美而可行诸中国之文明乎,抑成事旧章,咸弃捐不顾,独指西方文化而为言乎?物质也,众数也,十九世纪末叶文明之一面或在兹,而论者不以为有当。盖今所成就,无一不绳前时之遗迹,则文明必日有其迁流,又或抗往代之大潮,则文明亦不能无偏至。"鲁迅先生认为,有些人所说的物质主义、服从多数的主义,或许是19世纪末叶世界文明的一个侧面,这并不就是恰当的。真要为今天的中国做打算，就应当从两方面入手，"曰非物质，曰重个人"。

鲁迅先生所谓重个人，不是我们通常所说的个人利己主义，而是张扬人的个性，觉悟人的尊严，确立自我意识，学会独立思考。人所以立，这是个基本条件。但他看到，社会流弊所至，往往是"夷峻而不湮卑"，特立独行、卓尔不群的人常常没有生存空间，结果是"风潮剥蚀，全体以沦于凡庸"，创新文化的可能因此变得微乎其微。他特别指出："更睹近世人生，每托平等之名，实乃愈趋于恶浊，庸凡凉薄，日益以深，顽愚之道行，伪诈之势逞，而气宇品性，卓尔不群之士，乃反穷于草莽，辱于泥涂，个性之尊严，人类之价值，将咸归于无有，则常为慷慨激昂而不能自已也。"这时的鲁迅，受到尼采的影响，思想中或有一些精英意识，寄希望于"一二天才之出世"，相信有所谓超人的存在，但说到底，他更希望人人都成为有个性、有尊严、有自我意识、能独立思考的"新人"。①

那么，如何才能使中国的文明既不像过往那样崇古趋同，毫无创新意识，又不致跟在西方世界后面亦步亦趋，能够不失其正呢？鲁迅先生指出："外之既不后于世界之思潮，内之仍弗失固有之血脉，取今复古，别立新宗，人生意义，致之深邃，则国人之自觉至，个性张，沙聚之邦，由是转为人国。人国既建，乃始雄厉无前，屹然独见于天下，更何有于肤浅凡庸之事物哉？"

一百年后的今天，经过30多年的改革开放，经济腾飞的同时我们也重新树立起文化自信。习近平总书记在庆祝中国共产党成立95周年大会上明确提出：中国共产党人"坚持不忘初心、继续前进"，就要坚持"四个自信"即"中国特色社会主义道路自信、理论自信、制度自信、文化自信"。他还强调指出，"文化自信，是更基础、更广泛、更深厚的自信"。

拥有了文化自信的中华民族将不再对自己的文明妄自菲薄，也不再对西方文明盲目崇拜，应培养国民的反思能力和批判精神，应当去思考如何自觉地形成民族创新意识，如何在个人全面发展的前提下尊重个性，尊重个体的创新能力和创造能力。

---

① 参见解玺璋《人立然后文化立》，《人民日报》2012年2月7日第20版。

全球化的中国在西方文明的影响下已逐渐突破过去传统心理定式的束缚，开始敢于张扬"个性"，这是创新文化的基础。但究竟什么样的个性才是对社会有益的，什么样的个性才是值得尊重和保护的呢？笔者认为，应当像美国学者依迪丝·汉密尔顿在《希腊精神》中文本序中写的那样："只有全面发展的优异个人才有个性……仅仅是个性，仅仅是我的，仅仅表现出自己与别人不同，是毫无意义的，个性有一个广泛的目标，那就是城邦的福祉和更高的生存。"我们希望形成的是有利于国家和民族更高的生存和福祉的个性，而不是仅仅为了显示"个性"而表现出的与众不同。

历史上，中国并不缺乏具有反思能力和批判精神的个人。《论语·学而篇》中曾子说："吾日三省吾身——为人谋而不忠乎？与朋友交而不信乎？传不习乎？"这里的"省"即反思，曾子把反思作为自己修行的主要方式。但仅仅个别人对内自我的要求如此，就整个民族而言，中国恰恰缺乏真正的反思和批判精神。

在西方人对西方文明的反思与批判中，哲学的反思与批判是最深刻的。哲学具有社会批判功能，西方哲学对西方文明的反思和批判，也可以看作西方哲学的自我反思和自我批判。

打破传统思维定式、创造新的传统，我们期待一种智慧、创新、包容和具有力量的文化的形成，那将意味着一种哲学的新生及建基于其上的文化自信的真正形成。

第三章

支撑国家创新战略的观念指引

任何创新的动力都最先源于观念的力量,国家创新战略的文化支撑,其中最重要的支撑就是观念的支撑。文化所形成的价值观念是文化的核心。它主导着人的行为,决定着人间的是非,也揭示着发展的规律,同时洞见和预示着未来的景象。观念对人类形成的经验,以及对未来都是一种决定基本态度和基本方法的东西。观念对创新具有决定性的意义,文化观念构筑国家创新战略的内在灵魂。因此,所谓国家创新战略的内核和实质是精神文化的创新,并集中体现在观念创新上,它所展现的是来自观念的力量。观念的创新不仅仅是风尚的演进,更是价值的流变。一个国家要保持活泼的生命力,要保持文化的辐射力,就必须有观念创新的能力,并通过观念创新,形成国家创新力的锻造和竞争力的提升。观念创新构成了国家全方位创新不可或缺的重要组成部分。

第一节 什么是全方位的创新

从根本上说,中国改革开放以来所取得的惊人经济增长和社会的快速发展,是一系列"创新"的历史结果。比如在对1978年以来的"中国经济增长之谜"进行理论破解时,人们也许有不同的角度或思路,但其中最有力的分析视角之一无疑是来自制度上的解释:"制度是理解政治与经济之间的关系以及这种相互关系对经济成长（或停滞、衰退）的关键。"① 因为事实上，没有体制或制度上的改革与创新，是根本无法解释中国改革开放以来惊人的经济增长的，如20世纪80年代初期"家庭联产承包责任制"的广泛实行，不仅标志着长期实行的人民公社制度的全面解体，而且实现了四个方面的制度创新：一是实现了所有权和经营权的分离，二是形成了家庭经营与集体经营相结合的双层经营体制，三是形成了集体所有制与个人所有制相结合的混合所有制结构，四是体现了多劳多得的按劳分配和多投多得的按生产要素分配相结合的新型分配原则。②

换言之，中国自改革开放以来所取得的辉煌成就，是包括政治、经济、社会和文化在内的一系列的变革和创新所引致的综合性结果。不过值得提及的是，这些创新是奠基于新中国成立以来所形成的完整国民经济体系、科技研发体系以及社会主义制度基础之上的，也就是说，新中国成立六十多年来，"前三十年"为"后三十年"奠定了坚实的物质生产基础和人才知识储备条件，否则改革开放所取得的成就是不可想象的。正如台湾著名政治学者朱云汉所指出的那样，探讨中国发展模式，不能忽视特殊的政治体制带来的优势：1978年之前的30年，中国建设了动员能力特别强的现代国家体制和国家意识，它可以将社会中多数人的意志力凝聚在需要最优先发展的目标上；在民族复兴的大旗帜下，中央政府享有调动全国资源集中使用的正当性。另外，中国完成了一场相当彻底的社会主义革命，它把私有财产权，尤其是最重要的土地资本与工业资本国有化或集体化。除了农村土地外，这个庞大国家的集体资产大部分是国有资产，这成为中国后来30年快速发展的资本。其他很多国家没有走这条激进的革命道路，很难复制这个历史条件。③

---

① ［美］道格拉斯·诺斯：《制度、制度变迁与经济绩效》，格致出版社、上海人民出版社2011年版，第162页。
② 王志成、史学军：《对中国改革的新制度经济学分析》，《经济评论》1999年第5期。
③ 朱云汉：《高思在云——中国兴起于全球秩序重组》，中国人民大学出版社2015年版，第125页。

然而，强调"前三十年"为"后三十年"的基础这一事实，并不否认改革开放本身对于整个国家创新体系进一步完备的深远意义。相比较而言，中国1978年以来的国家改革创新，重心在于经济和科技领域。如经济体制改革领域，在企业改革上，以增强国有企业活力为中心，借鉴农村改革成功经验，通过扩大企业自主权，推行多种形式的经济责任制，同时改革企业领导体制、劳动人事制度、分配制度；在所有制改革上，在确保国有经济主导地位的同时，积极发展集体经济、个体经济、私营经济、外资经济，形成股份制、合资、联营等各种混合经济形式；在价格改革上，主要采取价格"双轨制"的过渡形式，推动了价格改革的市场化进程；在财税体制上，通过利改税、工商税制改革以及实行分级包干的财政体制，推动了中央和地方的财税体制改革；在商品流通体制改革上，通过商业体制、物资流通体制、供销合作社体制和重要商品流通体制的改革，市场化特征日益明显；在外贸体制改革上，通过下放外贸经营权和实行外贸承包制、代理制等，促进了我国外贸的较快发展。[①] 此外，20世纪80年代早期的农村改革和其他部门的改革也催生了金融部门的改革，包括建立中央银行、重建商业银行、成立政策性银行、发展非银行金融机构和建立资本市场等。[②]

再以科技创新体系为例，前三十年主要依托国家的独立自主，不仅形成了相对完整的科技研发和工业生产体系，而且在某些高新尖领域所取得的惊人进步，同样为世界所瞩目。改革开放后，由于国家通过"以市场换技术"等战略手段，积极引进国外科技成果，同时在此基础上进行广泛的吸收和创新，使得中国不仅在高端机械装备等重工业领域紧跟世界发展潮流，比如高铁、海洋深井平台均达到了世界领先水平，而且在以白色家电为代表的轻工业领域也取得了广泛的成就。可以说，中国目前超强的工业生产能力，以及日益高端化的产业结构，是基于自身的科技发展水平的快速跃升之上

[①] 中国行政管理学会编：《新中国行政管理简史（1949—2000）》，人民出版社2002年版，第348—380页。
[②] 姚洋：《作为制度创新过程的经济改革》，格致出版社、上海人民出版社2008年版，第222—225页。

的。如据彭博社 2015 年 12 月 8 日的报道,中国已终结日本主导亚洲高科技产品出口的时代。亚洲开发银行称,中国在亚洲高科技产品(如医疗器械、飞机和电信设备)出口中所占份额,已从 2000 年的 9.4% 上升到 2014 年的 43.7%。日本 2014 年所占份额则从 2000 年的 25.5% 下滑至 7.7%。亚洲开发银行公布的《2015 年亚洲经济一体化报告》显示,2014 年低科技产品占中国出口总额的 28%,2000 年则占 41%。这一转变标志着中国在促进创新和科技成为经济主要引擎方面所取得的巨大成功。[1] 同时,在世界知识产权组织等机构近日发布的"2015 全球创新指数(GII)报告"中,中国在 141 个经济体中排名第 29 位,居发展中国家首位,虽然距美英等发达国家仍有不小差距,跨入全球创新"第一集团"尚需努力,但假以时日,中国的创新潜力和创新水平必将得到更大程度的挖掘和整体性提升。[2]

正是基于科技创新在国家创新中的巨大驱动、引领作用,中央一直将科技创新放在国家创新体系的核心战略位置予以推进。正如党的十八届五中全会通过的《中共中央关于制定国民经济和社会发展第十三个五年规划的建议》所指出的那样,要深入实施创新驱动发展战略,发挥科技创新在全面创新中的引领作用,加强基础研究,强化原始创新、集成创新和引进消化吸收再创新;推进有特色高水平大学和科研院所建设,鼓励企业开展基础性前沿性创新研究,重视颠覆性技术创新;实施一批国家重大科技项目,在重大创新领域组建一批国家实验室;积极提出并牵头组织国际大科学计划和大科学工程。

中国在科技领域取得的重大进展和巨大成功,集中体现了中国人的聪明才智和中华民族这一古老民族所焕发出的创新活力。然而,科技创新只是国家创新体系中的某一领域创新,它虽然能从整体上提升中国自身的科技发展水平并促进工业化、城市化的快速发

---

[1] 财政部亚太中心摘译:《中国超越日本成为亚洲最大高科技产品出口国》(http://afdc.mof.gov.cn/pdlb/wmkzg/201512/t20151209_1604937.html)。

[2] 许茜:《专家梳理 2015 版〈美国国家创新战略〉看点》,《科技日报》2015 年 12 月 8 日。

展，但作为单一创新，它也存在某种显而易见的不足，比如科学技术层面的突破性进展，假如缺乏相关因素的协调、共同推动，是难以带动整个国家、民族的整体性创新的。在这方面，除了2015年屠呦呦获得诺贝尔生理学或医学奖，中国迄今为止尚未在诺贝尔奖科学奖上取得更多的突破，无疑与我国的科技创新体制机制等制度层面的不足有着内在的关联。这也充分说明，我国未来的国家创新体系建设，必须从单一创新转向整体创新，在这方面，中央显然已经充分认识到整体性、全方位创新的必要性和紧迫性，如《中共中央关于制定国民经济和社会发展第十三个五年规划的建议》就指出，要将创新当作引领发展的第一动力，把创新摆在国家发展全局的核心位置，不断推进理论创新、制度创新、科技创新、文化创新等各方面创新，让创新贯穿党和国家一切工作，让创新在全社会蔚然成风。

那么，何谓"全方位的创新"？我们不妨以美国国家经济委员会（NEC）与白宫科技政策办公室（OSTP）联合发布的2015版《美国国家创新战略》为例，来进行一定的参照分析。《美国国家创新战略》首次颁布于2009年，并于2011年进行修订。相较前两版，2015新版《美国国家创新战略》涉及六个方面，包括三大创新要素和三项战略计划，三大创新要素分别是创新基石、私营部门和创新者；而创新目标则在于提升就业和拉动经济、实现优先领域突破以及建设创新型政府。

第一，投资基础创新领域，具体措施包括：加大对基础研究方面的投资；建设高质量的科学、技术、工程、数学教育；争取优秀人才移民以发展创新型经济；建设一流的现代化科研基础设施；推动先进信息通信技术的研发应用。第二，鼓励私人部门创新，具体措施包括：扩大鼓励创新的税收抵免；为创新型企业家提供便利；构建鼓励创新的市场环境；向创新者开放相关联邦数据；拓展研究成果商业化渠道；支持区域性创新发展；支持创新型企业参与国际竞争。第三，培养更多创新人才，具体措施包括：加强创新激励；通过"全民制造"运动等方式挖掘创新型人才。第四，创造高质量就业岗位和促进经济增长，具体措施包括：巩固美国先进制造业的领先地位；加大新兴产业投资；构建包容性创新型经济。第五，推动国家重点创新领域取得突破，这些重点领域包括：各行业的重大挑战；"精准医疗"计划；通过"脑计划"加速发展新型神经技术；推动卫生保健领域的突破性创新；引入先进交通工具减少事故发生；建设智慧城市，及时识别城市隐患；推动清洁能源，提高能源效率；推动教育技术革命；推动空间技术突破；发展高性能运算；到2030年，利用创新方法帮助消除全球极端贫困。第六，建设创新型政府，具体包括：采取创新措施提高公共部门运转效率；发展创新实验室，培育公共部门创新文化；完善政府电子政务系统；采取基于大数据的创新方法解决社会问题。

由此可见，美国的国家创新战略是目标导向或结果导向的，紧紧抓住创新基石（基础创新投资）、私营部门和创新者这三大创新要素，并通过提升就业和拉动经济、实现优先领域突破与建设创新型政府这三项战略计划的实施，来推动美国的全方位创新。不过，值得提及的是，由于《美国国家创新战略》的发布主体是美国国家经济委员会（NEC）与白宫科技政策办公室（OSTP），因此其核心内涵和诉求主要体现在经济和科技领域，还不足以全面反映美国整体的国家创新战略。事实上，包括美国在内的西方几百年来之所以能引领全球发展潮流，是因为在理论、制度和文化创新方面，欧美国家同样也一直走在全球的前列。换言之，创新型文化构成了国家全方位创新更为内在也更重要的组成部分。

以制度文化为例，近代工业革命以来，西方创造了高度发达的物质和精神成果，开创了一个史无前例的持续创新和经济增长过程，之所以如此，是因为西方发展出了一整套适合并驱动资本主义迅速发展的制度体系："欧洲人能创造出现代技术文明的原因就在于他们开发并贯彻了一套人类交往的规则，它抑制了机会主义和权力的滥用。这些规则被称为'制度'。它们的不断演化完全是由于欧洲各国开放了贸易、旅行、移民和思想交流。这种开放性对掌权者施加了系统的约束。并且，在统治者想要保持和吸引创造财富的商人、资本家、企业家和熟练劳动者的政区里，逐渐地演化出了私人产权、对政府垄断和私人垄断的抑制、法治，以及民主的、受限制的政府……要想确保所有公民从物质资本和劳动者的艰苦努力中受益，要想使增长过程历久不衰并伴有社会的和谐、公正和安定，制度必不可少。"①

在此其中，美国以善于进行制度创新而著称，其制度创新的源头则可追溯到从西欧到达北美大陆的102名先驱为建立清教徒式理想社会的"山巅之城"，于1662年11月11日所共同签署的《"五月花号"公约》：自愿结成民众自治团体，并保证遵守和服从将来颁布的对他们全体人"最适合、最方便的法律、法规、条令、宪章和公职"。这是美国历史上第一份重要的政治文献，虽然简短，其重大意义却足以媲美于英国《大宪章》和法国《人权宣言》。美国后来制定的《独立宣言》正是以此为基础，信仰、自愿、自治、法律……这些关键词几乎涵盖了美国立国的基本原则，奠定了美国几百年来的文化根基。

纵观历史，所有的创新型国家尤其是崛起中的大国，其国家创新战略大多不是单一化的，而是涵盖了政治、经济、科技、社会和文化等众多领域的全方位创新，否则即便在某些领域取得了领先地位，但由于难以在其他领域取得同样的创新性进展，国家衰落也将难以避免。在这方面，历史上的葡萄牙、西班牙以及荷兰等国的例子，无疑为我们提供了历史的经验教训：上述三国在15世纪以来，由于在航海、热兵器等技术领域的发明创新，先后向欧洲以外的地区进行殖民主义扩张，并相继成为海上霸主，攫取了巨大的海外财富。但由于其国家创新的单一化等原因，特别是17世纪中叶英国全面崛起，后者以其全方位的国家创新，奠定了强大的国家综合实力，最终在海上霸权中打败强大的"海上马车夫"荷兰，为英国称霸世界奠定了基础。

由此可见，无论是单一型创新，还是全方位的创新，均有赖于观念的先行。换言之，新观念的产生、形成是创新的前提或先决性条件，没有观念的转变，创新是不可想象的。从制度创新的角度说，制度之所以得以创新，或制度变迁的逻辑起点之一，就是观念

---

① 柯武刚、史漫飞：《制度经济学·中文版序言》，商务印书馆2004年版。

（包括意识形态信念）转变。诺贝尔奖获得者、美国著名经济学家道格拉斯·诺斯就从制度约束人类行为的角度，指出在回应不确定的世界时，信念和制度将扮演关键角色，而在制度变迁中，维护现状的旧意识形态往往会因其同一性而构成其中的障碍；与此不同，布罗姆利认为，由于人的行动具有目的性并关心未来的利益分配，意识形态的转变成为能动的务实主义者推进制度变迁的驱动器。[1]在这方面，彼得·豪尔等人以货币主义观念在英国的发展为例，分析了观念与具体政策产出之间的制度构造和新的政策观念的相互关系，认为观念转变是制度变迁的动力来源。[2]

第二节 新观念的形成、演化及其力量

所谓观念，从字面上理解，则"观"为看，"念"为想，有所见，有所想，对世界或事物形成比较稳定的认识，即为观念。值得指出的是，观念不是简单的观感或一般的看法，而是感性与理性的统一，是实践与思考的结果，是主客观融合而成的世界观和人生观。

回顾历史，在人类社会发展的不同时期，都会产生一些影响巨大的思想观念。其中最广为人知的是在公元前8世纪到公元前3世纪的所谓"轴心时代"，作为东西文明的重要发源地，东方古中国和西方古希腊代表了人类文明精神的重大突破。在这一观念迭出、思想繁荣的文明昌盛时期，来自东西方的伟大思想者如古希腊的苏格拉底、柏拉图、亚里士多德，古印度的释迦牟尼，中国的老子、孔子，他们所提出的许多思想原则和观念意识，以及其中的学术论辩风气和求知问学精神，既催生出影响久远的学派性存在，也推动了人类思想文明高蹈独步的发展，塑造了不同的历史文化传统，深

---

[1] 参看姚洋《作为制度创新过程的经济改革》，格致出版社、上海人民出版社2008年版，第82页。

[2] 参看凯瑟琳·西伦、斯温·斯坦默《比较政治学中的历史制度主义》，载《新制度主义政治学译文精选》，天津人民出版社2007年版，第168页。

深地影响着人类的生活。直到今天，每当人类社会面临新的危机或处于新的飞跃时，人们仍然会常常回过头去，从轴心时代思想先驱们的精神宝库中去汲取滋养，寻求答案。比如美国不列颠百科全书出版公司编辑出版了一套名为《西方世界的伟大著作》的丛书，共60卷，选取了西方哲学、文学、心理学等人文社会科学及一些自然科学的皇皇巨著，涵盖的时代自荷马起至萨缪尔·贝克特止；该丛书的前两卷为"论题集"，也被称为"西方大观念"，它包括了代表西方最主要特征的102个观念，如存在、民主、艺术等，其意在为后面各卷的伟大著作提供一个总论性的概述和主题索引，其文字并不是对该观念的详尽分析，而是勾勒出该观念的基本轮廓，指引读者去阅读支撑着该观念的一批西方伟大著作。[1] 可以说，在相当意义上，人类文明史其实就是观念的变革史，也即新观念不断超越、取代旧观念的历史。

从社会发展看，新观念的形成其实都是时代变革的产物，它的出现与发展，是社会变革中物质力量和精神力量的聚合反应，是社会历史演进和跨越的鲜明标志。

观念并非随意产生的，而是与人们的生产生活活动紧密地联系在一起的。正如马克思和恩格斯在《德意志意识形态》中所指出的那样："思想、观念、意识的生产最初是直接与人们的物质活动，与人们的物质交往，与现实生活的语言交织在一起的。观念、思维、人们的精神交往在这里还是人们物质关系的直接产物。"[2] 可以说，社会生产生活制约着观念的内容，社会生产生活的变革决定了新观念产生的必然趋势。

然而，社会生产生活的变化只是为新观念的产生提供了基础性条件，却并不等于新观念的最终达成。如在14、15世纪，地中海沿岸的佛罗伦萨、威尼斯等城市率先出现了资本主义的萌芽，并在历次的十字军东征后重新"发现"了古希腊古罗马文明，引发了文艺复兴这一思想解放运动，进而带动了欧洲文明乃至人类文明的发

---

[1] 陈嘉映：《中译本序言》，载《西方大观念》第一卷，华夏出版社2008年版。
[2] ［德］马克思、恩格斯：《德意志意识形态》，人民出版社2003年版，第72页。

展；而中国虽然在 16 世纪也出现了资本主义萌芽，但发达的手工工场和广阔的国内市场却并没有给大明朝带来思想解放运动，也没有产生主导性的新观念；而当时中国所出现的先进航海技术也支撑了郑和下西洋的前所未有的壮举，但与西欧的海洋商业冒险与拓殖不同，郑和下西洋这一航海行为主要基于政治目的，而不是出于促进新兴的海外（海洋）贸易，而错失了大航海和工业革命时代所带来的崭新的历史机遇。为什么中华民族有那么多的发明创造，到最后都无疾而终了，或者只是原地踏步，而没有演化成更强大的生产性力量？明代郑和的例子说明，其根本原因在于技术发明未能和观念创新相伴而行，而一旦离开了新观念不断的推动，科技发展往往会受到极大的限制；相反，西欧近代工业革命以来的历史则揭示出，观念倘若与科技相伴而行，则往往无坚不摧。由此可见观念的发展有着自身的规律，正如恩格斯所说："我们大家首先是把重点放在从基本经济事实中引出政治的、法的和其他意识形态的观点以及以这些观念为中介的行动，而且必须这样做。但是我们这样做的时候为了内容而忽略了形式方面，即这些观念等等是由什么样的方式和方法产生的。"[①] 也就是说，观念发展的规律不仅包括观念随着自己赖以产生之基础的发展而发展以及在与基础的相互作用中充实和检验自身，还包括历史上的思想文化对人们观念生成、更新的影响作用，以及观念之间的冲突和碰撞对观念更新的推动。观念产生的规律中离不开改革、开放、竞争、对比、危机、技术进步等关键词。

显然，新观念的产生及其对旧观念的超越和取代，是有其时间向度的。而从空间上看，它除了在个人、社会的内部产生，还形成于各个文明主体之间的交往、互动甚至碰撞、冲突之中。由于文化、文明本身是流动的，异质文明的碰撞往往会推动观念创新，进而带来文化更新。观念在流动的汇集处孕育了新文明的诞生。人类的观念不是封闭的，而是开放的。文明并不是与世隔绝、孤立自在和自我封闭的，它需要通过与其他文明的对话、接触和交流，获得

[①] 《马克思恩格斯选集》第 4 卷，人民出版社 1995 年版，第 726 页。

新的活力、焕发新的生机,才能茁壮成长、发展壮大。

那么,纵观历史,新观念的出现、发展、演化对人类历史产生了什么样的影响?我们从中又如何见出新观念本身所蕴含的巨大力量?

我们可以看到,新观念的出现引领、激发了社会变革。作为时代变革的先导和旗帜,新观念的产生和形成推动着社会变革和文化更新。英国历史学家劳伦斯·斯通就此指出,"一场革命需要观念来添加燃料——没有观念,出现的仅仅是叛乱或政变"[①]。也就是说,一场社会运动只有以先进的观念为引领,才能具有革命意义;一场革命最后在历史长河中沉淀开来,形成一段灿烂的光彩,必须以先进的观念为其内涵。

而在社会变革过程中,新观念以其先导性,集中表达了社会发展的内在要求,启迪着社会大众的觉悟,引导着社会变革的开始,开辟着社会发展的新道路。实际上,在西方,以人文主义新观念为引领的文艺复兴运动,为早期的资本主义萌芽发展奠定了深厚基础,开辟了人类文明的新道路。在近代史上,假如说文艺复兴更多地将眼光集中于文化艺术领域,并确立以人为本、重塑人的尊严而打破了教会的垄断以及绝对神圣的光环,那么启蒙运动则在文化复兴的基础之上,深入到政治、法律、社会各个重要思想和制度领域。正是由于孟德斯鸠、伏尔泰、卢梭等启蒙运动先驱孕育出的天赋人权、社会契约思想和"自由、平等、博爱"等具有普遍意义的神圣不可侵犯的理念,为法国大革命提供了思想条件,成为资产阶级革命高潮即将到来的先导,开启了近代人类的第二次思想解放,也为后来的工业革命的发生、发展奠定了思想观念基础。正如英国著名学者齐格蒙特·鲍曼所指出的那样,作为一个现代概念,"文化"曾经与"启蒙之光"联系在一起:"根据最初的概念,'文化'将会是促进改变而非保护现状的动因;或更准确地说,文化将成为导航仪,引导社会朝着普遍人类境况方向发展……'文化'之名赋予了一种劝诱归附的职责,试图教育大众、改良习俗,进而改善社

---

① 转引自 Roger Chartier, *Cultural Origins of the French Revolution*, trans. L. G. Cochrane, Durham and London: Duke University Press, 1991, p. 169。

会、提升民众。"① 在西方，文艺复兴发生于科学革命之前，很值得深思。在中国，先秦的"百家争鸣"推动了新思想新观念的繁荣，奠定了中华古文明的学术文化基础，其所推动形成的中国儒家正统思想，引领着强大统一的中华帝国的崛起；而新文化运动开辟的"思想自由、兼容并包"的思想解放新局，"五四运动"高举的"民主、科学"大旗，打破传统僵化的儒家文化束缚，唤起了现代中国反帝、反封建的民族觉醒，揭开了中国新民主主义革命的序幕。

更重要的是，观念的开放、碰撞与融合，会产生新质的更具生命力的文化。我们不妨以美国为例。美国以其自由、平等和机会所代表的"美国梦"，吸引着世界各地的移民，来到新大陆开疆拓土、改变命运、实现梦想。正是这一美国观念把不同肤色、不同宗教、不同种族、不同语言的人群聚集在一起，使美国成为文化的大熔炉。几个世纪以来，从清教徒追求的宗教自由，到奴隶期盼的人身自由，到后来的经济自由、表达自由，美国延续了法国启蒙时代的精神理念，改造了英国的政治体制和自由经济理念，以"自由""平等"等最高价值为中心，源源不断地进行着种族的融合、文化的融合、观念的融合，无论是新教徒、天主教徒，无论是白种人还是其他种族，在这些问题上都得到了统一。所以，在公平和法治观念的旗帜下，美国民族实现了真正的融合，最终形成"美国精神"这一具有普遍认同的价值观念。这就是自由、平等、法治、公正等社会观念的巨大作用，它使处于黑暗之中的人们看到了伟大光明。美国文化的包含性、探险精神、文化的流动与碰撞，以及梦想的激励，是美国走在创新前列的原因。

再看在中国发生的观念冲突与融合的变迁历史。新文化运动中产生的观念变革，就是东西方文化相互碰撞的结果，它使晚清以降的中国社会，从器物而制度的急剧变化转型，深入到思想文化层面；而且，这种碰撞一直延续到新中国成立以后，直至于20世纪

---

① [英]齐格蒙特·鲍曼：《流动世界中的文化》，江苏凤凰教育出版社2014年版，第4页。

80年代解放思想、改革开放的风起云涌。近代以来中学、西学的碰撞、论争、融合、流变,所带来的观念变革也是空前激烈、亘古所未有,进而也深刻地推动了中国文化传统的"创造性转化"。然而,这也只是中华五千年观念沿革更化的一环,只不过这一环的变革尤为深刻,影响尤为深远。

在中国观念发展史上,先秦诸子百家争鸣、观念迭出自不必说,中古以来,儒、道、释的冲撞与融合造就了中华民族的集体心理。以魏晋南北朝时期为例,"五胡乱华"之后南方士族和少数民族相互融合,两个族群之间本来有巨大的差异,其生活方式、生产方式都不同,是什么东西使他们能够融合形成统一的生生不息的、历史再无中断的民族呢?还是观念的作用。文化的核心即是观念。民族的融合就是观念的产物。共同信奉的文化理念把不同民族的人民融合在了一起。这一时期,中原大地儒、道、释三家思想并存,儒学历经了新道家思潮(玄学)和佛、道二教广泛传布的冲击而不衰。及至隋唐,国家统一,社会生活发展有序,与此相应,思想文化领域中儒、释、道"斗法"的无序状态也被以儒、释、道"互补"的有序文化格局所替代,儒释道文化成为中华传统文化的观念核心。

以观念史观之,中华民族的形成,中国最终的崛起,以及对人类文明的巨大贡献,来源于文化观念的碰撞融合。1915年开创的新文化运动,继承了中国近代史上的深重教训,从鸦片战争的举国之辱,到洋务运动的新旧振兴,包括共和制、帝制之间的制度博弈,最后终于找到了一个根源或病根就是文化,正所谓文化是中国的根源,兴也文化,败也文化。衰落是因为文化观念的落后,再次振兴也必然是因为文化观念的改造。正因为观念的落后,造成了这个民族曾经九死一生的尴尬境地,也因为观念的更替,我们开始走向光荣与梦想,使伟大降临到中国的身上。中国几千年来,虽历逢乱世,但社会的更化促进观念的迸发,也为观念的碰撞融合带来勃勃生机,推动着文化和观念的升华。

包含力与民族对学习的重视也许是中国文化中最重要的创新基因。新文化运动的意义就是我们在看到科技落后而发起的洋务运动和制度落后而开展的推翻帝制后,最终发现了文化这个根本的问题，从而诞生出崭新的时代观念而付诸实践。

第三节 新观念的产生与思想解放

回顾人类观念发展史，我们会发现人的思想观念或社会意识变化与社会存在的发展并不完全同步。一方面，先进的思想观念先于社会存在而出现，在一定程度上反映了社会存在的内在要求和发展趋势，因而具有先导性；另一方面，某种社会意识一旦形成，就会不断地强化和固化其格式、惯性，从而形成相对独立的稳定性，也即社会思维定式或观念定式。这种稳定性相对于社会存在的发展变化及其内在要求又会表现为滞后性、保守性，于是就出现了"思想禁锢""传统束缚"等问题，在强大的保守思想意识笼罩下，新生的先进思想观念开始冲击、碰撞、突破，解放思想不可避免，社会变革势在必行。

在根本上说，欧洲文艺复兴运动是一场思想观念解放运动。这种思想解放，集中体现在对古代经典和古人思想的不同关注点上：在中世纪，人们是把古人的经典和思想融合在他们自己的基督教信仰体系之中，而在文艺复兴时期的人文主义者看来，古希腊思想最吸引人的地方之一，是它以人为中心而不是以上帝为中心的。他们之所以特别尊重苏格拉底，是因为他将哲学从天上带到了地上。这也就是文艺复兴时期，与教会超越自然的"上帝模式"截然不同地看待人与宇宙的"人文主义模式"：它聚焦于"人"，以人的经验作为对自己、对上帝、对自然了解的出发点。

而这种模式的转变，既与印刷出版业的发展带动古代典籍的传播有直接关系，也与地中海沿岸（尤其是意大利）城市的兴起相关：由于商业的扩张，意大利的城市得到了迅速的发展，像佛罗伦萨、热那亚、威尼斯这样的城市，其经济在文艺复兴运动初期已居于欧洲的领导地位。在1300年左右，意大利北部和中部有23个城市的人口超过了2.8万，其居民享有高度的自治，并积极参与贸易、工业和政治活动，促进了城市文化的发展。加上大学的兴起以及接受教育人口规模的扩大,产生了受过教育的非教士阶层,也助推了文艺复兴运动的兴起和新的人文观念在欧洲的散播。

在回顾文艺复兴运动时,我们不禁要问:它为什么首先会在佛罗伦萨发起?因为佛罗伦萨有孕育新观念产生的各种现实条件。一是新经济形态的形成和发展,佛罗伦萨是当时欧洲商业、银行高利贷资本最早繁荣的地方,资本主义生产方式首先在此萌发,是新观念产生的经济基础和社会群体基础。二是新政治体制的诞生,佛罗伦萨的城市共和国政体具有比较明显的民主性,为新观念产生提供了政治和法律保障。三是新文化因素的孕育和成熟,用以反对封建神学的古典作品更多地保存在意大利,加上其地处地中海沿岸,更为便利地接收历次十字军东征后从西亚、东非带回来的古希腊思想典籍,为人文主义者反抗教会文化霸权、表达新思想新观念提供了极有利的条件。这些因素的共同根源就在于,当时的佛罗伦萨远离欧洲大陆中世纪黑暗宗教神学的长期禁锢,使其能够成为文艺复兴的发源地和主导者,用观念的号角唤醒在古堡中沉睡的欧洲,成为"文艺复兴之城"。

在《意大利文艺复兴时期的文明》一书中,伯克哈特把文艺复兴时期的社会描述为一个充满自信的、相互竞争的、一心要获得成功的追求光荣与不朽的社会。在他看来,对于人的创造能力和塑造自己生活的能力的强大信心及其所产生的对人的个性和自我意识的强调,是意大利文艺复兴的明显标志:人文主义者强调"人的尊严与优越"以及人的本性中"特殊的天赋和少有的有利条件",而不顾与基督教会完全相反的思想观念(如认为人是充满罪恶的)之间的冲突。显而易见,文艺复兴时期人文主义者掀起的思想解放,主要就体现在这样的观念层面的极大改变上。可以说,这些新观念所引起的思想解放运动,是在当时社会思想体系的核心部位和深层部位发动的根本变革,它不是肤浅的,而是深刻的;不是表面的,而是根本的,它指向的是人的习惯势力和思想痼疾,是在历史发展中长期积累的、缓慢形成而又习以为常的某些社会意识内涵的缺失和扭曲,是潜藏于人的心灵深处却又支配着人的日常行为的价值习惯程式。

第三章　支撑国家创新战略的观念指引

从欧洲的文艺复兴回到中国的改革开放，我们同样可以见出观念转变所促进的思想解放及其所蕴含的巨大历史推动力量。

"文革"结束后，经过近两年徘徊不前的局面，随着邓小平的复出特别是1978年年底党的十一届三中全会的召开，中国历史翻开了崭新的一页。这次全会之所以具有重大的历史转折意义，是因为它实现了一系列的拨乱反正：第一，在思想路线上，全会冲破了党在指导思想上教条主义和个人崇拜的严重束缚，坚决批判和否定了"两个凡是"的错误方针，高度评价了关于真理标准问题的讨论，重新确立了马克思主义实事求是的思想路线。第二，在政治路线上，果断停止使用"以阶级斗争为纲"的政治口号，做出了把工作重点转移到社会主义现代化建设上来的战略决策。第三，在组织路线上，一大批老革命家重新回到党中央领导岗位，以邓小平为核心的中央领导集体在实际上建立起来，使重新确立的正确思想路线和政治路线有了组织上的保证。

与这一系列拨乱反正同时进行的，是思想解放潮流以及各种新观念形态的出现。在这方面，假如说党的十一届三中全会是"文革"后决定我国命运的一次重要会议，那么其思想基调则是由之前召开的中央工作会议所奠定的。在中央工作会议的闭幕式上，邓小平发表了《解放思想，实事求是，团结一致向前看》的重要讲话。在这篇实际上是十一届三中全会主题报告的重要讲话中，邓小平肯定了关于实践是检验真理的唯一标准的讨论，强调了解放思想、实事求是对于破除思想僵化和教条主义的重大政治意义，分析了民主是解放思想的重要条件并重申了"三不主义"（不抓辫子，不扣帽子，不打棍子），探讨了在新形势下如何解决管理方法（克服官僚主义）、管理制度（加强责任制）和经济政策（先富带动后富）等事关未来发展的重大问题。[①]

其中，在推动思想解放和观念更新中起关键作用的，是意识形态领域的调整：十一届三中全会对"真理问题大讨论"的高度肯定打开了农村和城市通往变革的大门；1987年十三大关于"社会主义

[①] 《邓小平文选》第2卷，人民出版社1994年版，第140—153页。

初级阶段"理论和"走有中国特色的社会主义道路"则改变了在中国现阶段建设共产主义的旧有思想，形成了一种以经济建设为中心的"增长共识"，使党的意识形态有了突破性改变；1992年邓小平"南方谈话"，则不仅在思想观念上扭转了什么是社会主义、如何建设社会主义的既有观念，直接推动了1993年十四届三中全会提出建立社会主义市场经济，使党的意识形态又有了更大变化，加速了中国从以公有制为基础的计划经济向混合所有制的市场经济的转变和发展，这一改革成果还得到了政治和法律上的认可，如1999年宪法修正案明确规定私营经济是中国经济的重要组成部分，2002年十六大将"三个代表"重要思想正式写入党章。[①]

更进一步来看，对于"文革"后我国思想观念的变化，假如将眼光放得远点，实际上，波澜壮阔的新文化运动应该说到今天都没有结束，影响着我们的观念，一个是民主和科学，一个是改革和开放。从近代以来的中国历史来看，这两组观念仍然应引起我们的特别重视，第一，新文化运动"科学"和"民主"的命题与进程，一直在深入地影响着今天中国的社会，成为我们要为之奋斗努力的主要目标之一。第二，如果说新文化运动当时并没有寻求到解决中国问题的道路，即如何实现国家的现代化，那么在今天其重任就落在了改革开放身上。改革开放对创新的推动意义，就像要达到民主科学的目标一样，完全是一条正确的道路，因为改革开放这四个字里，从骨子里渗透着改革创新精神，改革就是创新，开放本身也是要通过推动思想文化的流动而达到创新的目的。

而事实上，我国改革开放以来的思想解放与观念更新，不仅仅来自理论层面的反思，更来自实践层面的驱动。这其中的典型案例，就是经济特区的设立。

经济特区的决策最早来自广东关于成立出口加工区的设想。如"文革"后担任广东省委书记的吴南生，1979年年初回到故乡汕头市调研时，他从一位境外朋友关于举办出口加工区的建议中得到启

[①] 姚洋：《作为制度创新过程的经济改革》，格致出版社、上海人民出版社2008年版，第69—80页。

发,当即向广东省委提出了通过下放权力在汕头试办出口加工区的设想。这一设想得到广东省委第一书记习仲勋的大力支持,在1979年4月中央工作会议期间,也得到了邓小平等中央高层的肯定。1979年7月,中央决定对广东和福建两省对外经济活动实行特殊优惠政策和灵活措施,赋予两省更多的自主权,同时决定筹建深圳、珠海、汕头和厦门经济特区。1980年8月26日,第五届全国人大常委会通过了国务院关于设置经济特区的议案,并批准了《广东省经济特区条例》,标志着经济特区在中国正式诞生。

在相当意义上,经济特区的最终得以设立,其实也是当时中央领导层思想转变和观念更新的产物:1978年4月,国家计委和外贸部组织了港澳经济贸易考察组,前往中国香港、澳门进行实地考察;5月,国务院副总理谷牧率领中国对外经济考察团,访问了西欧和北欧。两个考察组的考察报告不仅强烈地表达了改革开放的意向,而且把"自由贸易区""出口加工区"作为向中央领导汇报的重点。报告得到了中央高层的肯定,显示成立出口基地、对外开放等思想观念已被中央领导层接受,这也是在广东提出成立出口加工区后很快得到中央积极回应的主要原因。

然而,社会变革的目标和成效并不是一蹴而就的,往往会受到习惯势力的挑战。但社会变革中形成的新观念,为新型社会关系的建立和完善指明了方向和准则。例如,改革开放后所出现的"姓资姓社"的大争论,市场经济和计划经济孰好孰坏的大讨论,等等,均说明新观念的出现和流行,必然会与旧观念产生历史的纠缠、冲突关系,需要来自实践的证明方能确立新观念的历史地位;再如深圳经济特区在20世纪80年代提出的市场化观念,主要针对日益僵化的传统社会主义体制机制,它振聋发聩的意义不仅体现在观念层面,更体现于观念转变所直接转化出来的巨大生产力(所谓"三天一层楼"的深圳速度)。深圳特区践行的市场改革路向,除了确立起以"三资企业"为主要形式的多元化所有制结构,还率先在基建中引入招投标的市场竞争机制,开放基建市场,实行包干制,极大地提高了基建效率;灵活运用"调"与"放"策略,大胆进行价格闯关,逐步建立起以市场为基础的价格体系;逐步缩小指令性计划管理范围，使国家计划与外向型市场经济相衔接；打破传统财政体制的束缚，大胆采用由政府财政担保、向银行贷款、以财政举债投资的方式，将银行信贷资金用于特区基本设施的建设；引进竞争机制、风险机制，变单一的固定工制为合同工、固定工、临时工并存的多种形式的用工制度；突破了统一的工资标准和调资制度，实行企业工资总额与经济效益挂钩，职工个人工资与劳动生产率结合，具体分配方式由企业自行决定，极大地提高了多方的积极性。上述改革冲破了传统社会主义计划经济体制的束缚，初步形成了以市场调节为主、计划调节为辅的管理体制和运行机制，引发经济领域的重大变革，为后来社会主义市场经济体制的建立提供了经验、创造了条件。在此过程中，新的市场观念对社会变革所发挥的巨大的推动作用和完善功能，也逐步显现出来，并最终在全国得到认同和普及。

实际上，只需要剖析当年设立的四个经济特区中为什么深圳一枝独秀，就可以看出观念的力量。流动的文化在这里汇聚、碰撞，加上与香港毗邻的优势、移民的梦想，从根本上锻造出一种新的文化，深圳十大观念只是这种新文化的集中表现。

第四节　高科技与文化创意为何垂青深圳

作为国家全方位创新的先导，观念的创新不仅仅是风尚的演变，更是价值的流变。一个国家要保持活泼的生命力，要保持文化的辐射力，就必须有观念创新的能力，并通过观念创新，形成国家创新力的锻造和竞争力的提升。法国在世界近现代史上之所以特别重要，是因为它作为欧洲乃至世界思想文化的中心，是启蒙运动和人文精神的历史重镇，伏尔泰、卢梭以及百科全书派等思想家所阐发的思想理念，以及《拿破仑法典》所展现的现代民主法制精神，成为全人类的共同文化遗产。同样，创新、开放、包容的价值观念，构成了美国文化精神的内核，促进了美国在短短一百多年时间内崛起为全球第一强国，形成了美国超强的国际竞争力、可持续发展能力和全球影响力。而作为中华民族伟大复兴的战略举措，改革开放本身是与时俱进、思想解放的产物，它所高扬的变革旗帜对国人的思想激荡及其所引起的连锁反应，为后来取得的伟大成就奠定了思想基础。

深圳经济特区作为国家创新和大国崛起、民族复兴的旗帜之一，它之所以能在改革开放中异军突起、大放异彩，原因固然有很多，但敢闯敢干、杀出一条血路等极具创新意义的价值观念无疑是其中的根本。

在深圳经济特区成立30周年时，由网民倡导发起，组织开展了"深圳十大观念"评选活动。评选活动缘起于深圳新闻网论坛的一篇帖文：《来深十八年，再回忆那些曾令我热血沸腾的口号》，发帖的网友呼吁将30年来根植于深圳土壤所产生的口号进行收集、总结，让更多喜欢、热爱深圳的人可以借此总结过去，展望未来。这篇帖文的跟帖和点击量很高，引起了媒体的注意。随后，由深圳报业集团主办的评选活动渐次展开，前后经历了网络征集200余条观念、评选出103条候选观念、"103进30"、"十大观念评选"四个阶段。最后由学术界、文化界、媒体代表、网民代表等组成评委会，结合市民投票权重和专家投票权重，最终评选出"时间就是金钱，效率就是生命""空谈误国，实干兴邦""敢为天下先""改革创新是深圳的根，深圳的魂""鼓励创新、宽容失败""深圳，与世界没有距离""让城市因热爱读书而受人尊重""实现市民文化权利""送人玫瑰，手留余香""来了，就是深圳人"十条最具影响力的观念。"深圳十大观念"评选，不仅引起广泛的关注，而且获得了极高的社会参与度，其原因就在于，深圳这座特区城市是观念改变的受益者，深圳广大市民同样是受益者。

深圳的观念的勃兴，不能否认得之于改革开放的伟大社会变革和社会实践，而深圳作为改革开放的"窗口"，得风气之先，受外来文化影响较深也是其中的重要原因。深圳之所以能够产生新观念，是因为这座移民城市的传统观念相对淡薄，是因为这座前沿城市的文化具有开放多元的特征。我们说，深圳是解放思想的产儿，深圳经济特区就是在冲破种种思想藩篱中横空出世的；深圳又是思想解放的闯将,"敢为天下先",源自西方的创新精神、平等观念、创造价值等在此更容易被人们所普遍接受。30多年来,深圳正是以大无畏的气概,想常人所不敢想,行常人所未敢行,"闯"入一个个传统观念的禁区雷区,引起一个个振聋发聩的思想观念大爆炸:关于特区姓"社"姓"资"问题的争论、关于"时间就是金钱,效率就是生命"的大讨论、关于特区是否继续"特"的分歧和争辩……这些先进的观念成为当时中国思想界最受关注的前沿突破,吸引了成千上万的新移民来到深圳这块陌生的土地上开发创业,开辟了特区改革发展的新路径,开拓了新思想新观念的发展空间,推动了深圳经济的超速发展和社会的全面进步,这正是观念所产生的影响力和感召力。

正是这种观念所产生的影响力和感召力,恰好解释了深圳自成立经济特区以来超常规的快速经济增长,也解释了高科技和文化创意等新兴产业对深圳的垂青及其对推动深圳崛起的历史作用。

以高新技术产业为例,众所周知,深圳的工业化进程是从20世纪80年代初"三来一补"等代工业起步的,而这些代工企业的90%是劳动密集型的,工业技术含量低,这迫使深圳启动"弃低从高"的产业升级战略,在1992年因房地产、股市和贸易滑坡的经济低迷后,深圳做出了城市产业转型的果断抉择,将目光投向了日新月异的高新技术产业。如今,高新技术产业已成为深圳第一大支柱产业,2015年全市高新技术产业实现产值1.73万亿元,同比增长11.2%,高新技术企业已经达到5524家,累计建成国家、省、市重点实验室和工程实验室等创新载体1283家,稳固确立起其作为全国高新技术产业重镇的地位。预计到2020年,深圳国家自主创新示范区全社会研发投入占GDP比重将达到4.5%,科技进步贡献率达到70%以上;高新技术产业产值达到2.5万亿元,增加值占全市生产总值的比重达到35%,战略性新兴产业增加值占全市生产总值比重达到45%。

再以深圳文化创意产业为例,经过30多年的快速发展,深圳遇到了越来越大的挑战与障碍,这就是因土地、资源、人口、环境问题而带来的四个"难以为继"。这种资源禀赋上的制约倒逼深圳率先实践科学发展、转变增长方式，以实现新的城市转型和战略转移。在此背景下，进入21世纪，深圳继20世纪90年代发展高新技术产业后又果断地做出了大力发展文化产业的重大战略决策。2003年，深圳确立"文化立市"战略，提出把深圳建设成为高品位文化和生态城市；2005年深圳提出把文化产业打造为继高新技术产业、现代金融业、现代物流业之后的第四大支柱产业；2011年提出把文化创意产业列为战略性新兴产业。2011年至2015年深圳文化创意产业年均增速达到19.3%，成为深圳六大战略性新兴产业中发展最快的产业之一，增加值从2010年的726亿元增长到2015年的1757.14亿元，占GDP的比重由2010年的7.6%上升为2015年的10%，同时初步形成了现代文化产业体系，创意设计、文化软件、动漫游戏、新媒体及文化信息服务、数字出版、影视演艺、文化旅游、非物质文化遗产开发、高端印刷、高端工艺美术十大重点产业发展良好，产业支持体系也不断优化。可以说，进军文化产业，实现从生产型城市向创意城市的转型是深圳向纵深跨越的关键一步。

以高新技术产业和文化创意产业为代表，深圳不管是产业结构，还是产业竞争力，都走在全国的前列，甚至成为中国参与全球经济竞争的典范城市，比如在高新技术产业领域，深圳不仅产值高，而且涌现了一大批全球知名科技企业，包括华为、中兴、腾讯、比亚迪、中集、大疆科技等。那么，如何解释深圳高新技术产业和文化创意产业在深圳的兴起？

众所周知，深圳历史上就是一个边陲之地，资源极为匮乏。成立经济特区后，由于底子薄弱，尤其是文化底蕴积淀太少，缺乏北京、上海等大城市的高等院校、科研机构及相应的人才培养能力……然而，就是在这样的几乎是一片空白之地，30多年来深圳秉承"敢闯敢试，敢为天下先"的改革精神，逐步形成了"鼓励创新、宽容失败、脚踏实地、追求卓越"的城市精神，取得迅猛的发展。在深圳，改革创新已成为企业的生命、先进生产力的源泉。深圳已完成了从"深圳加工"到"深圳制造"的转变，正在实现从"深圳制造"到"深圳创造""深圳创意"的蜕变。这不仅证明了观念的优势比大学等因素更重要，而且正是由于深圳以高度的开放精神沟通中西，以全新的视野、知识和技术，实现了从"制造"到"创造"的跃升。

之所以如此，是因为深圳在观念上的包容、创新，本身对各类移民以及各类创业、创新、创意人才，包括风险投资集聚深圳，极具吸引力和感召力。在这方面，2010年评选出来的"深圳十大观念"，其实也是深圳的十面旗帜，其中人们最为推崇的"时间就是金钱，效率就是生命""空谈误国，实干兴邦""敢为天下先""改革创新是深圳的根，深圳的魂"这四大观念，就是效率、实干、敢闯、争先、改革、创新，昭示着人的热情、胆识、勇气、冒险、牺牲和力量，这一切正是改革开放最需要的精神特质。这些观念回应了时代的召唤，以最明白、最真切的话语给时代精神以精确的阐释。这不仅是个人的认知，同时也反映出社会思潮和精神气质。

同时，十大观念也反映了深圳从保障经济权利、社会权利一步步向保障文化权利的演进。"时间就是金钱，效率就是生命"之所以石破天惊，是因为人的"经济权利"意识的觉醒与解放，就是要建立市场经济的秩序，通过发展经济，改善人民生活，使人们免予物质的匮乏；"实现市民文化权利"之所以振聋发聩，是因为随着社会的发展，人的"文化权利"受到普遍的关注，人们要参与文化的创造，享受文化的成果；"送人玫瑰，手留余香"之所以散发芬芳，是因为评价人生的模式发生了转折，人生的意义不只是金钱和物质，爱心给人生带来尊严和高贵，人们要建立内在的精神秩序；"鼓励创新、宽容失败"之所以让人感念，是因为移民城市的宽容如此温暖，陌生人一个会心的微笑，一个关切的眼神，窗台上一束不知名的野花，纵然无言，那份淡淡的爱和馨香也沁人心脾。这些文化价值观，说到底是彰显了"以人为本"的本质要求。从实现人的经济权利、政治权利到实现人的文化权利，从强调工具理性到强调价值理性，从崇尚物质消费到崇尚创新、智慧和力量，从抓经济建设到倡导人文精神，这都是以人为本的观念，是以人为本的文化，是深圳"十大观念"所具有的价值底蕴。

更重要的是，"十大观念"折射出的价值坐标系，是以人的创造性为宗旨的。深圳作为移民城市，勇于接纳，张扬个性，不惧失败，给了人们创造最需要的空间和自由，打破一切陈腐观念和条条框框；提倡创新，赏识创意，尊重人性，尊重人的自由表达，这是人在文化上的主体性的表现。我们每个人，不管是户籍人口，还是非户籍人口，在这个城市中，都应该发出自己的声音，都应该提出自己的创意，都应该进行自己的创造。创新、创意、创造，是开启这个城市文化和这个城市自由富强的大门钥匙。这表达出深圳创新型文化的特质。从深圳制造到深圳创造，从创新到创意，是深圳创新观念的延续，也是城市活力的象征。深圳每年举办"创意十二月"活动，集思广益发展文化创意产业，将创意设计文化融入城市的呼吸，融入了市民的生活，这既是对创新文化表现出的极大尊重，也雄辩地说明一个城市发展到一定程度，它的文化、它的知识、它的创造性和原创精神，是一个城市持续发展的强大推动力。

假如说"观念"浓缩了人的追求与梦想，那么"深圳观念"则蕴含了深圳创业者和建设者的"深圳梦"。30多年的改革开放，创造了"深圳奇迹"，也引发了人们对深圳奇迹的思考、研究和解读。人们在此其中，更多地将目光投向深圳速度、GDP等深圳创造的物质财富上，这些无疑都是正确的，但我们更应看到隐藏在这些物质表象背后的真正原因是深圳观念。深圳之所以能领风气之先，勇立潮头，正在于深圳观念支撑了深圳的发展，成为深圳人的生活态度和人生价值。正是这座城市创造的城市观念，让我们深切感受到深圳和她所创造的深圳观念所展现的神奇力量，清晰领略到深圳乃至全国的发展脉动，使得深圳观念成为一个崭新时代的精神文化坐标。

总之，优秀的价值观，文化观念总是鼓励奇思妙想，打破陈规戒律，它总是把奇思妙想捧在手中，奉献给高贵的灵魂和狂野的热情。它总是鼓励创新的，总是能洞察到变化的每一个机遇，并撬开僵化的岩石。总是看重人的尊严、智慧和爱的力量，在梦想中挑战边界。边界看上去是神圣和庄严的，是不可逾越的，但在未来人类的发展中它要不断地接受挑战，这种挑战可能会失败，但优秀的文化观念总是会引导人们在创新的道路上永远勇往直前。

第四章

支撑国家创新战略的创新自觉、创新自信、创新自强

纵观全球，创新的产生条件都会包括：文化生态、文化观念等方面的多元、开放及宽容，特别是文化的流动。在新的技术范式下，创新国家一定是文化高度流动的国家。正是因为文化的流动，创新的自觉、自信和自强才得以建立。

第一节 文化流动与创新

流动性是今天的世界与以往最大的不同之一。这里我们所论及的流动性，是指包括资本、信息、人口、族群，乃至于文化等在内的全球性流动。这种流动已发展成为全方位的互动、扩展与传播。文化流动必然带来不断变化的理念、信息、文化的多样性和包容性，这些都是创新不可或缺的因素。

流动性是文化的本质属性。美国著名文化学者哈佛大学教授斯蒂芬·格林布拉特在《文化流动性》一书中指出：文化表面上的不变性和稳定性，用蒙田的话来说，"不过是一种更缓慢的流动"。即使是在那些第一眼看上去更加具有同质化和停滞特征而不是多元和变化特点的地方，促进文化流动的电路都在工作。格林布拉特认为，尽管人们对文化的本质进行了深刻的反省，但仍让人觉得有所不足；进而他提出对文化流动的五个看法：（1）文化流动性很大程度上要从字面意义理解；（2）文化流动研究不仅帮助我们理解那些

显见的文化流动过程,还包括那些隐性的文化流动过程;(3)文化流动研究必须定义并分析那些发生文化产品交换的"接触地带";(4)文化流动研究必须以新的方式解释个体能动性与结构约束之间的紧张状态;(5)文化流动研究必须分析那些关于稳定性的认知。格林布拉特看待文化流动的五个视角,实际上是试图将文化流动性与在地性进行辨析,揭示两者之间的张力。

美国人类学家、社会学家阿尔君·阿帕杜莱在《消散的现代性:全球化的文化维度》一书中指出:文化互动成为当今世界文化进程中的核心问题。即文化同质化与异质化之间的张力,它是文化流动所产生的最直接表象。崭新的全球文化、经济应被视为一种复杂的、相互交叠的、散裂的秩序。它已不能用传统的中心—边缘模型去理解。阿帕杜莱提出了一个初步的框架来探索这些散裂(disjunctive),从全球文化流动的五个维度——族群景观(ethno scapes)、媒体景观(media scapes)、技术景观(techno scapes)、金融景观(finance scapes)和意识形态景观(ideo scapes)入手,研究它们之间的关系,并认为这五个维度构成了其所谓的"想象世界"的基石。全球文化流动发生的条件,即全球文化流动发生在族群景观、技术景观、媒体景观以及意识形态景观之间日益扩大的散裂中,同时也通过这些散裂而进行。

除了以上理论视角,联合国教科文组织的研究文献也在探讨文化流动问题。譬如,世界文化与发展委员会报告《我们创造力的多样性》(1996)明确提出"所有文化都处在内力和外力作用下的不断的流动之中"的观点;联合国教科文组织在全球众多专家和组织相关研究成果基础上完成的《世界报告:着力文化多样性与文化间对话》(2010)中指出,"一切文化间对话应当依据的前提是,所有文化都是——而且始终都是——处于不断演变之中,而且是整个历史上外部和内部多重影响的结果",将文化的流动性视为文化之间可以对话的依据,该报告还总结出三种主要的文化互动形式,即文化借鉴、文化交流和文化强加。

到底何谓文化流动?从宏观上看,文化流动是指文化在时间维度和空间维度上的流动,包括不同文化的交流、碰撞、融合、冲突、对话、创新；并特别指当今时空压缩时代，文化在传统与现代、全球与地方、中心与边缘、单一与多样、同质化与异质化之间的互动及新文化的创造与发生。从微观上来看，文化流动是文化在创造和生产、传播和发布、接受和消费过程中所呈现的动态。尽管文化表面上呈现出积累的形态，但文化必须变得更有动态性、更注重未来取向才能发挥对创新的动力作用。文化流动的过程即是文化创新的过程，文化流动是我们观察、评价、推动文化发展的基本理论和方法，与传统方法是不同的。

文化流动反映的是人类文明的进程。世界进入大规模互动时代已达数世纪之久。尽管在过去，文化流动通常是缓慢的，有时受地理空间的阻碍，有时受地域文化的抵制，有时受各类技术的限制。然而，伴随着商品的长途贩运、形形色色的旅行者和探险家的活动，跨区域文化流动仍在持久进行。早期为此付出的代价也是极其高昂的。

我们来回顾下海上丝绸之路及陆路丝绸之路。历史上中转性港口、丝绸之路沿途的城市均为当时繁荣之地。从公元3世纪30年代起，广州即成为海上丝绸之路的主港。唐宋时期，更是成为中国第一大港，是世界著名的东方港市，居住这里从事经商的阿拉伯人多达12万人，至今广州仍保存着可见证这段历史的怀圣寺与光塔，当时是盛极一时的"蕃坊"所在地。由广州经南海、印度洋，到达波斯湾各国的航线，是当时世界上最长的远洋航线。宋末至元代时，泉州超越广州，并与埃及的亚历山大港并称为"世界第一大港"。一方面，以中国瓷器、丝绸、漆器、金银器、笔墨纸砚等为代表的高技术、融实用型与欣赏型为一体的物质形态的文化，通过海上丝绸之路远播四海。另一方面，以宗教为代表的精神文化，在这里汇聚，慢慢发展起来，对人们的思想理念、社会结构、生活习惯等都产生了深远影响。三大宗教的传入，使当地人们的信仰空间获得进一步扩大，满足了人们的精神需求，同时也促进了人们包容品格的形成。多元文化在泉州自由发展，相互吸收、融合与渗透，形成一番和睦繁荣的景象。①

可见,无论是物质文化还是精神文化,流动性为这些区域节点交流思想提供了便捷与自由。城市的繁荣离不开知识传播,离不开产生新思想的能力,不同文化间的交流互动正是思想创新生发的触媒。一个处于不断流动状态中的社会,其隐含的思想绝不可能是僵滞不变的,观念的变化对于生活乃至于整个文化的变迁具有至关重要的意义。

1500年之后西方航海精神的扩张,以及后来全球殖民的拓展,人们跨越巨大空间获取资源的能力在增强。文化流动也随之快速发展,其进程正是文化创新不断迸发的阶段。我们可以看到:任何阶段的文化流动都不是一个平静的过程,其间会发生冲突、发生碰撞、发生内化、发生融合,不管呈现出什么样的形式,最终是在突破传统思维惯性或是思维定式后才能促进创新。简言之,流动首先引发了碰撞,然后发生了选择,选择的过程其实就是创新的过程,创新后产生了升华以及多元融合与合作的系列结果。什么是文化创新?文化创新是指在与经济、技术、社会的多维互动中文化创造活力的激发,观念的变迁,文化取向或文化类型的转换,新文化的产生等。透过文化流动看文化创新的产生,这里最典型的例子就是美国。

美国文化发展过程中有一种持续的、充满活力的文化精神。这一精神的形成充满曲折,它是在文化流动中经过激烈的碰撞、理性的选择,在不同文化交融与合作中逐步升华而产生的。刘易斯·芒福德在对美国文化做历史分析时,曾指出:

> 漂洋过海移民来到大西洋彼岸定居下来,这一举动,其实是一个漫长过程的登峰造极;它包括中世纪文化的解体和结束,同时,也包含着另一种新文化的孕育和开端。假如说,中世纪文化的解体过程是在美国达到了最彻底限度,那么,新文化的这一更新过程,在接连到来的几个时间段内,也都在这个

---

① 吴培植:《泉州海上丝绸之路与中外文化交流》,《丝绸之路》2015年第7期。

新兴国家表现得最活跃、最明显；所以说，人类到美洲冒险的最大意义，不在于对物质财富永不停歇的求索，而在于开创一种真正新型的人类文化。①

19世纪30至60年代，是形成美国精神财富的黄金时代。美国新大陆同欧洲历史"藕断丝连的分裂，让美国人能够继续探索前进"，这一极富想象力的发展阶段赋予了美国新的个性，"美国人开始生机勃勃地生活在各种新经验当中"，"正如美国移民后来能够容纳来自世界各地的民族成员，所以美国的历史才能敞开心怀，包容西方和东方的文化，锤炼出一个共同的内核"。② 美国在这段黄金时代毫不畏惧地迎接世界上各种新生力量，成功解决了物质与精神、科学与艺术之间的根本冲突，实现了物质主义的创造性转化。其中关键的品质无疑是创造、创新、开放和包容。

当今美国如何保持不竭的创新动力？法国社会学家、记者弗雷德里克·马特尔历时4年走遍美国35个州110个城市，进行了700多次访谈，为了解答这样的问题：美国的文化为何能影响全球？为此他完成了《主流——谁将打赢全球文化战争》及《论美国的文化：在本土与全球之间双向运行的文化体制》两部著作。马特尔认为，美国一个世纪以来对各种文化的吸收和消化能力极强，建立了一种在本土与全球之间双向运行的文化体制，并持续地产生最大化的效能，使美国国内诸多艺术奖项如"奥斯卡""格莱美""托尼"等成为国际大奖，并确立了以美国为中心的文化艺术评价标准。相当多国家和地区文化领域从业者和决策者又自觉、不自觉地按此标准进行文化艺术产品的创作和生产，从而又加强了美国文化体制快速而高效的双向运行机制，在全球辐射其文化影响力。③ 跳出内部文化体制，从外部环境氛围来看，文化流动为美国带来文化的多样

---

① ［美］唐纳德·L. 米勒编：《刘易斯·芒福德著作精萃》，宋俊岭、宋一然译，中国建筑工业出版社2010年版，第320页。
② 同上书，第342、345—346页。
③ ［法］弗雷德里克·马特尔：《论美国的文化：在本土与全球之间双向运行的文化体制》，周莽译，商务印书馆2013年版，第4—5页。

性。它在吸引创意人才以及支持高科技产业发展和城市经济增长等方面，具有关键作用。经济学家很早就注意到，多样性可以提高一个地区养育创意人才的能力。一个具有文化多样性的地区，在吸引创意人才和人力资本中具有截然不同的优势，从而可以孕育、滋养创新创意阶层。而能留住这些创意群体的地方，可以产生更多的创新，从而实现良性循环。美国的经验告诉我们，文化流动带来创新能力的成长是多方面的，譬如：文化价值创新能力、文化制度创新能力、科技创新能力、适应世界变化的创新能力等。

21世纪，经济全球化与信息技术加速了国际上各种要素的流动，从而使得城市在全球经济中所扮演的角色显得越来越重要。对于全球极具影响力的城市，卡斯特尔等学者从全球流动空间的角度，视其为世界范围内"最具有直接影响力"的节点以及中心。[1] 文化流动改变了对社会、历史、传统等文化资源持沉淀论的固化理解，在文化资源的世界性流通与再生产过程中，催生出效益倍增的新生力量。弗里德曼也曾指出，以前的战略优势主要来自于对一套已有的知识存量进行保护，并从中获取价值；然而这个储备目前正在加速贬值，当今世界价值创造在于对知识的流动的把握和有效参与。[2] 从某种意义上看，新兴城市的产生正是这种变化的结果。

班加罗尔等新兴城市的成功并非仅局限于国际智力合作上，这些城市形成了一个吸引高素质人力资本集聚的环境。城市的规模与大量本地雇主为员工的流动提供了方便，在富有企业家精神的行业里，雇员往往是通过跳槽取得成功的。企业精英的高度集中也鼓励了相关产业的发展，比如创新基地附近工作的风险资本家。在印度所有的城市中，为什么班加罗尔可以获得今天的地位？其优势主要来自于它的技术。班加罗尔的工程技术人才吸引了像Infosys这样的公司，然后大量的潜在雇员吸引雇主，大量的潜在雇主吸引雇员，在相互吸引下人才纷纷集中到班加罗尔。Infosys公司成

---

[1] ［美］曼纽尔·卡斯特尔：《网络社会的崛起》，夏铸九、王志弘等译，社会科学文献出版社2001年版。

[2] ［美］托马斯·L.弗里德曼：《中国会成为下一个安然吗（2）》，《纽约时报》2010年1月19日。

立于1981年，业务涉及软件、金融服务和咨询。公司正在全球各地以闪电般的速度出售智力，但它的总部仍然设在班加罗尔。通过将大量专业人才集中在一起，班加罗尔为外国企业家与印度企业家之间的合作提供了方便，无论这些外国企业家来自何方，距离已不再是什么问题。[1]

与班加罗尔相似，硅谷依靠斯坦福大学对创新、创业教育的重视而获得崛起。硅谷的迅速崛起，同时也为斯坦福带来源源不断的智力资源和生气勃勃的发展活力。爱德华·格莱泽认为城市创新发展不仅需要吸引精英人才集聚，还必须让他们建立起彼此之间的联系。[2] 在流动中，集聚与关联是生发创新的关键点。在硅谷，沃克开办的马车轮酒吧发挥了传奇性的作用，从事不同行业的企业精英们纷纷来到这里交流思想。创意由此源源不断地向外输出，并转化成各类创新型企业。从本质上来看，创新与好奇心、想象力、创意、发明等密切相关，其核心特质包括：以开放的思维解决问题的能力；勇于承担智识风险、尝试以新的方式探讨问题、具有实验的精神；具有自我反思与不断学习的能力。[3] 其根本在于反思能力和批判精神。这往往是一个历史颠覆的过程。这从某种程度上解释了为什么西方教育更容易培养出创新人才。

第二节 创新自觉、自信、自强形成的文化机制

美国经济学家泰勒·考恩认为文化交流的黄金时代通常产生在处于严重不平衡状态的动荡背景之中，而不是那些平静的波澜不惊的时代。当今全球经济迅猛发展，文化也在加速流动中更为活跃。

---

[1] [美]爱德华·格莱泽：《城市的胜利：城市如何让我们变得更加富有、智慧、绿色、健康和幸福》，刘润泉译，上海社会科学院出版社2012年版，第23—25页。

[2] 同上书，第30页。

[3] 王京生：《我们需要什么样的文化繁荣》，社会科学文献出版社2014年版，第91页。

而文化流动中,移民、经济、文化产业、技术和城市五个要素是最为关键的,它们与文化流动相互作用,为创新的生发提供了所需的文化机制和社会机制。

1. 移民

人是文化的基本载体,无论是处于流动中的,还是已经发生移居的人口,他们都是文化流动的具体承载者。我们可以看到世界文化中心往往都是具有吸引力的移民城市,来自不同文化背景的移民造就了多种族、多宗教、多元文化、多阶层的包容性社会,移民为文化的发展提供了内在的丰富性和生长力。尽管移民现象在世界各地自古就有,但是规模空前的移民浪潮则出现在近代商业革命和工业革命发生之后。如今,积极、主动、自愿与欢愉更是成为当代移民的主体,他们主动从传统迈向现代、从乡村到城市、从地方到世界,这一过程不可避免地与全球化进程相重合。因此,伴随着移民的全球流动,它正在改变着许多国家或地区社会的经济、贸易和政策体系,并在一种文化旅行中创造着新的文化和文明形态。

移民的大量聚集使移民文化得以产生。移民文化往往表现出鲜明的商业意识、勤劳务实的性格、重效率快节奏的作风和兼容并蓄的心态。从四面八方涌入的移民,在创业安家的过程中,以追求个人成功、幸福生活为奋斗目标,独立进取、积极竞争,在强烈的个体观念和自我意识基础上形成了渐趋一致的价值取向,即开拓创新、奋发有为的移民文化价值观。移民文化从精神上讲就是以理性主义为指向的,是对生活中别处和未来的向往,是对新的生活和梦想的追求和创造。许多移民个体都有对过去不满、对未来憧憬,他们满怀创业激情和创新欲望。许多移民个体汇聚起来,就形成了巨大的创新力量。[①] 移民文化对新兴城市创新发展的影响,我们从近代上海、中国香港及当代深圳的现代化进程中可见一斑。

樊卫国在《晚清沪地移民社会与海派文化的发轫》一文中,探

---

① 吴忠、王为理等:《城市文化论》,海天出版社2014年版,第72—73、84—85页。

讨了上海移民社会与海派文化形成的关系，认为，海派文化是在西方文化浸淫下传统艺术与文化的一种歧变，它具有明显的上海区域文化的个性。与资本主义发展同时生长起来的晚清上海移民社会，其激烈的生存竞争、侈靡的世风、炽盛的娱乐文化为这种变革提供了适宜的社会氛围和生长环境，同时又给其以深深的浸染。海派文化的核心是开新脱旧，从某种意义上说，见异思迁、较少因袭的移民是海派文化滋生的"天然土壤"。海派文化也如多棱镜似的折射出沪地移民的社会习性和文化性格。[1]

成千上万的外来移民，不仅是深港文化的创造主体，也是其现实载体。从移民主体的视角切入，并且结合对移民社会生成和移民主体构成的分析，就可以在更深的层次上探讨深港文化的发展脉络、内在机制、根本特性以及蕴含其中的文化精神。我们认为，深港移民社会的特征，既有"熔炉"的一面，也有"多元"的一面。"熔炉"即呈现出融合的、动态的、碰撞的状态，而正是在此基础上，新的文化整合才得以完成，并产生力量。[2]

移民带来的不全都是积极的一面。澳大利亚学者斯蒂芬·卡斯尔斯在《全球化与移民：若干紧迫的矛盾》一文中认为，随着当代移民的迅速增长，移民不可避免地在民族国家或地区内部形成文化多样化，改变身份认同，模糊传统的界限。移民问题，尤其国际移民成为绝大多数国家社会转型过程中非常关键的因素。因此，社会转型需要处理好接纳和排斥的矛盾、市场与国家的矛盾、财富增加与贫困化的矛盾、网络和个人的矛盾、全球与地方的矛盾、经济与环境的矛盾、现代性与后现代性的矛盾、作为国家公民和作为全球公民的矛盾，以及自上而下的全球化和自下而上的全球化的矛盾。移民引发的社会问题具有普遍性，如何将矛盾化解，吸纳其中的积极力量，对于国家或地区均尤为重要。[3]

---

[1] 樊卫国：《晚清沪地移民社会与海派文化的发轫》，《上海社会科学院学术季刊》1992年第4期。

[2] 王京生、尹昌龙：《移民主体与深港文化》，《学术研究》1998年第10期。

[3] ［澳］斯蒂芬·卡斯尔斯：《全球化与移民：若干紧迫的矛盾》，《国际社会科学杂志》(中文版) 1999年第2期。

譬如，科技人才及其掌握的经验知识的流动，是当今衡量创新系统知识流动量的一个重要指标，它对当前创新与技术导向的经济成长也越发显得重要。而美国自建国以来，一直通过借助移民和科技人才流动政策，来推动美国的经济繁荣与科技发展。尤其二战后，美国政府依据国内国际形势的变化，对移民政策进行了多次调整和改革，通过移民法的不断修正来吸引他们所需的科技人才和各类专业精英，充分利用人才所携带的技术、智慧和资本来加快美国经济和科技发展。[①] 好莱坞许多大腕也都是通过宽松的人才政策引入美国的，比如卓别林、希区柯克、施特罗海姆和我们非常熟悉的华裔著名导演李安等。来自不同国家的人才贡献给美国的不仅是其本人的才华，而且还带去了风格各异的文化。这些都给美国文化繁荣发展输送了巨大的创造力和生命力。

2. 经济

全球化突出了世界体系和全球经济的相互依赖性。加拿大学者保罗·谢弗指出在20世纪六七十年代可能被限定为国家和地区的事件，如今类似的事件每天都在持续不断地影响着全世界所有的人民和国家。这种状况主要归因于国际贸易和金融、货币和银行业、商业、信息和信息技术、大众传播媒体、全球化、计算机化的巨大进步，归因于一个高度互动的世界的形成。[②] 其中文化与经济的互动是当今世界不可忽视的重要特征。20世纪90年代，西方发达国家开始步入后工业社会，以知识为核心的创意经济和信息科技的发展，是全球经济形态转型的动因，它们加速催生了新的生产系统和地方经济架构上的变革。

理论界早期的讨论在经济发展中逐步呈现，如熊彼特（Joseph A. Schumpeter）的长波理论以及他将技术革新看成是资本主义发展的核心推动力的理论，对美国及欧盟许多经济政策的制定有着重要

[①] 肖志鹏：《美国科技人才流动政策的演变及其启示》，《科技管理研究》2004年第2期。

[②] ［加］D. 保罗·谢弗：《经济革命还是文化复兴》，社会科学文献出版社2006年版，第183页。

影响。贝尔（Daniel Bell）的后工业理论，也指出经济发展的动力已经不再是有形的资本，而是以科学知识为表现形式的人力资本。以罗默（Paul Romer）和卢卡斯（Robert Lucas）为代表的"新经济增长理论"，进一步强调知识的积累、技术的进步对于经济增长所具有的决定性作用。可见，社会增长模式所依从的资源发生了巨大的改变——价值增值不再是来自传统的物质改造的生产活动，而是来自技术创新和国家知识资本的提升。

在这样的背景下，一些国家公共政策开始把文化视作创新来源，并等同于民族的创造力，关注的重点是其为国家带来的经济竞争优势。文化政策议题转向于更多地关注于文化实用性和功能性生产形式的经济活动，并在市场领域中从群体文化走向更为强调个体"创造性"的文化。将文化作为一个生产要素的政策导向，迅速影响全球。对于地方来说，这个领域受到历史、地方内生潜力、城市对全球商务和旅行的吸引力、文化消费者的价值观以及文化生产者基于个人的创意才能等因素影响。[①] 因此，地方多样的创意经济始终处于流动性资源支配下，不仅具有全球共性特征，而且也具有许多差异化的地方要素。

当前创意经济的发展有赖于文化资本的保护和文化资产资源的孵化、转换。同时，未来产业的基础资源也不再仅仅局限于文化资产资源，技术导向型创新、软创新、艺术创意及信息与通信技术（ICT）支持等，对产业未来创意资本的形成将显得尤为重要。促进相关领域的研发、技术设备的建设及文化艺术创造力的培育，成为政策战略重要的基础性工作。其中"文化生态多样性"及"公共文化生活"是文化经济领域发展尤为重要的外部环境，需要政府在文化公共领域的投资。公共文化服务体系建设、文化艺术发展、文化遗产传承及保护以及地区文化氛围的整体营造等，都应该被视为鼓励和支持文化经济发展战略的重要组成部分。一个地区文化生态的繁荣、发达，公民素质的提高，必然引领整个社会文化消费水平的

---

① 唐燕、[德]克劳斯·昆兹曼等：《创意城市实践：欧洲和亚洲的视角》，清华大学出版社2013年版，第3页。

提升，同时也带动行业领域创意人才核心竞争力的增强。这是一个相辅相成的过程。

3. 文化产业

20世纪70年代，阿多诺（Theodor Adorno）和本雅明（Walter Benjamin）关于"文化工业"的观点差异及其引起的对大众文化的激烈争论，已经在理论和实践上被超越。以文化产业强国美国为例。20年代广播业、电影业等开始萌芽并迅速成长起来，到第二次世界大战前后，美国文化产业各个主要分支都基本在一种自发、独立状态下形成并发展壮大。二战后，新兴技术，如计算机、通信卫星、微电子、光纤通信、激光、数码等的出现，更是为文化产业的发展提供了巨大动力，文化贸易也逐步全球扩张。80年代中晚期，文化产业才真正在全球范围内获得重视。被阿多诺赋予否定性色彩的"文化产业"开始获得新的、积极的意义。联合国教科文组织对文化产业做出这样的定义："将无形的具有文化本质的内容的创作、生产与商品化过程相结合。这些内容通常受著作权法保护并可以采用产品或服务的方式。"[1]

文化产业的发展使文化资源的力量凸显。区域文化资源包括历史、产业及艺术遗产，而代表性资产有建筑、城市景观或地标等。此外，还有符号、公共生活、节庆、仪式，或是故事、嗜好与热情，以及呈现在手工艺、制造与服务上的种种地方特色产物和固有传统。[2] 它不仅体现在民族的历史、习俗与传统知识中，更是与现代知识、科技融合在一起，并通过将构想化为实际可行的方案来发挥其经济价值。文化产品经济价值的实现过程，伴随着跨地区贸易的扩张与流动，文化产品承载的价值观及生活方式越来越影响各个地方的文化生产能力。人们不禁质疑这样的流动是促进了地方文化的创造活力，还是减弱了世界文化的多样性？美国经济学家泰勒·

---

[1] 联合国贸发会议（UNCTAD）主编：《2010创意经济报告》，中国社会科学院文化研究中心（RCCP）译，三辰影库音像出版社2011年版，第5页。

[2] [英]查尔斯·兰德利：《创意城市：如何打造都市创意生活圈》，杨幼兰译，清华大学出版社2009年版，第11页。

考恩指出，所有成功的文化都带有综合的特点，只有不断与外界保持吸收、交流的状态，文化才能持久更新，而不致走向自我封闭。文化的活力来源于广纳四海，博取众家之长。割裂文明与外界的关系，一味坚守"伟大的传统"，最终只能伤害文明自身。[①] 因此，如何将这种"创造性破坏"转换成一种积极的力量，不断丰富、繁荣文化显得更为重要。

不可否认，在文化间的交流碰撞中，相对弱势的文化可能需要面临更多的调整和转化。当今文化产业所代表的文化制造能力和传播能力，影响着文化的流向，并将决定一个民族或国家在世界上的影响能力。如何发展我国的文化产业，增强中国文化在国际文化贸易市场上的竞争力，成为必须探讨并亟待解决的重要问题。推动中华文化通过商业渠道即市场开拓走出去，是未来扩大中华文化全球影响力的重要发展方向。中国有丰富的文化资源，但从文化资源转化成高附加值的文化生产力，还有很大的距离。需要我们的相关政策在投资和创业技能、技术升级、基础设施、机制和法律框架等方面予以加强。当前中国文化产品的国际传播效果和影响力也是不容乐观的，如何将我们的文化通过易认知、易接受的表达方式来讲好故事，做好产品和传播，亟待我们加强研究。其中，"文化+"是当今文化产业发展的基本路径，这本身就是一个不断创新的过程。

4. 技术

对技术与文化之间关系的研究有久远的历史。现代研究中刘易斯·芒福德的《技术与文明》（1934）是研究技术与文明互动关系的开山之作，对历次科技发生重大突破中的文化资源和道德后果问题进行了相对悲观的研究。曼纽尔·卡斯特在其著作《网络社会的崛起》（2000）中将"技术"定义为"物质文化"，并从积极的一面探讨技术对文明发展的作用。他认为使用信息技术的能力以及在某种程度上包括生产信息技术的能力，已经成为一项发展过程中所

---

① ［美］泰勒·考恩：《创造性破坏：全球化与文化多样性》，王志毅译，上海人民出版社2007年版，第6页。

第四章 支撑国家创新战略的创新自觉、创新自信、创新自强　93

需要的基本工具。正是这类技术工具创造了当今世界的"网络社会"和"流动空间",使文化的流动比以往任何时候都要更加便利和快捷,文化的流量也获得爆发性增长。同时,新的技术带来不断变化的文化生产和消费模式;数字融合促进文化流动新模式的产生;技术进步实现的时空压缩,使世界变得越来越小。我们可以看到技术进步正在矫正文化流动中地方与全球、边缘与中心之间的不平衡,也有可能改变发达国家、发达地区在文化流动中的主导格局。处在传统文化版图边缘的国家或地区,有可能在文化的极速流动中成为新生力量、新兴节点,甚至新的中心。

联合国教科文组织在《世界报告:着力文化多样性与文化间对话》(2010)中指出,技术进步和文化流动的大趋势推动了新媒体的发展,并正在创造一个更加复杂、流动性更强的全球媒体市场,使全球媒体版图不断变化,认为这种变化具有三大特点:互通性、互动性、融合性。这种看似微观的视点,实际上反映了任何一次大的技术进步对文化的革命性影响,文化的发展面临又一次新的机遇和挑战。新兴城市如何利用技术给文化流动带来的革新,曼纽尔·卡斯特认为:

> 从根本上说,如果作为文化特色之源的城市要在一种新的技术范式中生存下去,它就必须变成能超级沟通的城市,通过各种各样的交流渠道(符号的、虚拟的、物质的),既能进行局部交流也能进行全球交流,然后在这些渠道之间架起桥梁。信息时代的城市文化将地方身份和全球网络聚到一起以恢复权力和体验、功能和意义、技术与文化之间的相互作用。①

技术可以促进知识流动,进而生发创新。上海图书馆馆长吴建中认为,要让知识流动并增值,第一,要利用技术让它们从各自分散和独立的状态下释放出来,利用现代资源描述方式,增加与其他

---

① [美]曼纽尔·卡斯特:《信息时代的城市文化》,载汪民安等编《城市文化读本》,北京大学出版社2008年版,第360页。

资源之间的关联，使之处于可检索、可获取、可利用的有序状态，为开放和共享知识创造条件。第二，要保持知识流动的通畅性，不仅要无障碍地开放和共享，而且其发布和传播形态也应呈现流畅性。第三，要创造合适的交流环境，使空间、技术和人三者处于和谐状态。第四，要促进知识交流与共享。把握好知识分享和知识产权保护之间的尺度有利于科技创新和经济发展。第五，要推动知识最大限度地开放。开放也是一种资源和红利，只有不断从外部吸收物质与能量，与外界开展频繁交流，才能更有活力和竞争力。[1] 吴建中主要从信息通信技术角度探讨知识是如何流动的，知识的流动是创新产生的关键要素。

借助技术的力量，文化流动的速度、规模乃至质量都有持续不断的提升，并引起了文化流动一系列新的变化。文化流动在以前主要依靠人的流动，但随着文化传播的载体和媒介的变化，使得新技术、新媒体的作用和人的作用一样重要，甚至更加重要。我们可以看到新一代消费者开始使用网络、移动电话、数字媒体等媒介；文化体验范围不断扩大，也将消费者从文化信息的被动接受者变成文化内容的积极创造者。今天，任何一个人都可能成为"产销者"，即交互式文化内容的生产者和消费者的结合。"产销者"的出现进一步激励了文化的交流和互动。技术融合、媒体融合和路径融合的数字融合，为发展新的生产和经销体系打开了机遇之门，这些新体系可能促进文化生产中的民主和多样性的真正扩张，并创造新的流动模式和机遇。[2] 因此，科学技术的发展一方面可以使文化更快、更广泛地传播，另一方面又以自己的创新成果不断更新乃至颠覆人们的观念，丰富文化的内容，解放人们的思想。

5. 城市

5000年前的城市只不过是少数人聚集之所，是"神灵的家园"；当今时代，城市已成为大多数人生活的地方，并成为"人类

---

[1] 吴建中：《知识是流动的》，上海远东出版社2015年版，第2—4页。
[2] 王京生：《文化是流动的》，人民出版社2013年版，第114—115页。

改造自身的场所"。联合国人口专家说,到2025年,地球上近三分之二的人口将在城市中居住。自21世纪起,城市所扮演的角色显得越来越重要。对于全球极具影响力的城市,卡斯特等学者从全球流动空间的角度,视其为世界范围内"最具有直接影响力"的节点以及中心。"Global Reach, Local Touch",强调的即是一个城市作为全球枢纽的同时,也必须将本地资源与全球资源联结并调动起来,尤其是将周边区域带动起来。

文化既让生活在城市中的人们感受到生活意义所在,同时又是一种发展性资源。我们可以看到,许多城市都把文化战略作为发展的着力点予以加强。新加坡借助"心件"建设,加强社会和谐、政治稳定、市民合作精神、价值观和人生态度等重塑;亚特兰大则利用"城市再生"计划,唤起对人本身的关注的文化理念等。刘易斯·芒福德在《城市文化》一书中认为:

> 仅仅从城市的经济基础层面是没有办法去发现城市的本质的。因为,城市更主要是一种社会意义上的新事物。城市的标志物是它那目的性很鲜明的、无比丰富的社会构造。城市体现了自然环境人化以及人文遗产自然化的最大限度的可能性;城市赋予前者(自然环境)以人文形态,而又以永恒的、集体形态使得后者(人文遗产)物化或者外化。[1]

从这个意义上,芒福德认为,"城市是文化的容器"。而且,"这容器所承载的生活比容器自身更重要"。城市的文化运行产生出人类文明,因而城市是文明社会的孕育所;文化则是城市和新人类间的介质。城市根本功能在于文化积累,文化创新,在于留传文化,教育人民。查尔斯·兰德利在《创意城市:如何打造都市创意生活圈》(2000)一书中提出城市要创造性地进行自我开发、找到自身独特的发展潜能、开发文化资产,提出"以文化为创意行动的

---

[1] [美] 刘易斯·芒福德:《城市文化》,宋俊岭、李翔宁、周鸣浩译,中国建筑工业出版社2009年版,第5页。

平台"等观点。他还提出，文化的生命力和活力是与一个城市和其市民赖以存在的东西的维护、尊重和庆祝有关，包括身份认同、记忆、传统、社区庆典，以及能够表现城市不同特色的产品、工艺品与象征等的生产、分配和消费。查尔斯·兰德利的观点具有开创性，将创意城市打造与文化创新结合，为新兴城市的发展提供了一条新路。

对于现代城市来说，人口流动现象极为普遍，城市文化通过多元化的再现与综合，有了更多创新的可能性，获得一种更有实效性的统一体。但如果处理不好，其文化的疏离性也很明显。因为在人口的迁徙和变化中，地域的亲密联系丧失了。崭新的城市文化亟须建立一种活跃的日常联系，和面对面交流基础上的亲密性。同时，人的归属感等精神层面对于城市凝聚力显得极为重要。它可以使居民对他们的城市产生深深的眷念，产生有别于其他地方的独特感情。这种具有共享性的认同意识可以把城市各个阶层的居民凝聚在一起，其中包括来自公共部门、私营企业、非营利性团体等各种性质的机构和市民个体。

第三节 文化积淀论反思

两千多年前，"文化"还保留了与"耕耘"相关的原初含义。中世纪和文艺复兴时代仍然没有独立或明晰的"文化"概念，当时的文化与主宰文艺、美术、音乐的希腊女神缪斯密切相关。17世纪到18世纪，"文化"的含义演进为"心灵、艺术、文明的教化"，扩大成对人类的教化。18世纪的启蒙思想家和哲学家在探讨文化时，主要思考的是文化与自然、文明与野蛮的关系问题，并没有涉及某种具体的"文化"。而将"文化"对象化的过程在19世纪达到高峰，并持续影响至今。

英国学者爱德华·伯内特·泰勒在《文化的起源》中指出："文化，或文明，就其广泛的民族学意义来说，是包括全部的知识、信仰、艺术、道德、法律、风俗以及作为社会成员的人所掌握和接

第四章　支撑国家创新战略的创新自觉、创新自信、创新自强　　97

受的任何其他的才能和习惯的复合体。"① 此定义对文化的理解产生了深刻的影响。它不仅对有关文化的性质、范围、意义和实质的当代观念有强大的冲击，而且它还在文化的观念和定义的历史演变中形成了一种理解文化的根深蒂固的传统。

　　从19世纪到20世纪上半叶，不同的文化学派层出不穷，但文化的流动性没有受到足够的关注。尽管不乏对不同文化之间相互影响的观察，但对文化的理解所形成的传统，最实质之处在于一个共同的看法：文化是一个特定群体的意义、价值与生活方式，文化因而是一个独立存在的实体。② 然而，文化作为一个有限、独立自主的实体，这样的概念已不能让我们了解全球化的流动性特质。许多西方学者开始反思其中的局限性。罗宾斯·K. 在《世界正在发生什么》一文中指出了全球化的"日常生活"特性，隐含着对把文化当作一个界限分明的实体的传统理解的修正。在全球流动性格局中，我们的日常生活与思考方式已被结构在一个更广泛的影响之内，它超越了语言、领土的界线，也超越了特定社群、社会、国家的信念的界限。③ 苏珊·谢区和珍·哈吉斯在《文化与发展》中也认识到将文化视为独立存在的实体的片面性，提出当代文化发展中呈现的流动性及多样化的特质：

　　　　全球文化之流所具有的流动特质，逐渐侵蚀了把文化视为独立自主的、有范限的实体这样的概念——无论是"地方的""区域的""国家的""全球的"等这样的范畴界定都已失去了效力。"文化"现在被较为准确地理解为是一种复杂的、多向度的文化互动与互连，其将地方与全球同时编织进形色万千的形态与结构之中。现代性，已变得具有流动性与多样化的气

---

　　① [英] E. B. 泰勒：《原始文化》，连树声译，上海文艺出版社1992年版，第1页。
　　② 王京生：《文化是流动的》，人民出版社2013年版，第10—13页。
　　③ Robinson K., "What in the world's going on?", In P. du Gay（ed.）, *Production of Culture/Cultures of Production*, London: Sage/Open University Press, p. 12.

质，而非是一个内涵一致、单一的终结点。①

由此可见，在全球化语境中，理解文化的传统方式已经丧失了应答和解释当代文化问题的效力。我们需要启发理解文化流动内涵的新范式，认识到文化在时间上不仅仅是被继承的，更是被创造的。《21世纪文化议程》是第一部着眼于全球的文献，确立了各城市承诺支持文化发展的基本原则。在这其中就有个要点明确指出：文化既是传统价值的中心，也是通过特殊表达来实现创新的中心。如何实现文化引领创新，需要我们重新思考文化积淀及文化流动在当前的价值影响。

法国里尔市曾获得过2004年欧洲文化之都，当时负责文化事务的副市长卡特琳·居朗女士公开表示："可持续发展，首先是人们行为的改变，即文化的改变。这要求我们在个人福利和集体未来的整合观念中，去重新审视遗产、财富和资源等概念。文化创建了一座城市全部组成部分之间的联系，这就是文化的重要性。"② 南非学者内维尔·亚历山大在2007年提交给联合国文化多样性世界报告专家咨询委员会第二次会议的论文——《文化反思：传统与现代相结合》中也曾指出：

> 最重要的问题是避免沿着从名词转变为动词的语法连续体，把抽象概念具体化。这种把概念具体化的"问题"在于，它一般会巩固某种既有的现实，而掩盖了它正在变成什么。③

尽管对文化的理解开始发生变化，但我们仍看到：在中国乃至全世界，文化积淀论仍主导着人们对各种文化现象、文化成果的判

---

① ［澳］苏珊·谢区、珍·哈吉斯：《文化与发展：批判性导论》，沈台训译，台北：巨流图书公司2003年版，第101—102页。

② 唐燕、［德］克劳斯·昆兹曼等：《创意城市实践：欧洲和亚洲的视角》，清华大学出版社2013年版，第44页。

③ Alexander, N., "Rethinking culture, linking tradition and modernity", Paper presented at the second meeting of the Advisory Committee of Experts, Venice, 2-3 April, 2007.

断。如何避免文化积淀论对创新自觉、自信、自强的压制和错误指向？这需要我们能辩证地看待文化积淀论的作用和缺陷。

文化流动理论属于基础理论方面的一些探索和创新。原来指导着我们文化工作的基础理论，是长期以来从"学院"到民间都已形成作为共识的文化积淀论。众所周知，凡是中国人都以自己的文化为自豪，我们有五千年的文明史，中华文明是世界上唯一没有中断的文化，其实质就是指我们的文化积淀是最充分的。

同时，我们在平时谈论、评价一个地方的文化时，总是把有没有文化作为一个标准。这个标准就是时间刻度，一看到古老的城市就认为有文化，文化大有可为，如西安、北京、洛阳、开封等。而当看到新兴城市，特别像深圳时，就认为其没文化，称其为"文化沙漠"，因为其没有文化积淀，没有文化传承。

谈到文化自觉、文化自信、文化自强，如果没有文化，哪来的自觉、自信、自强？所以，必须找到有文化的根据。认真思考上面所谓的文化积淀论，便看出问题来了，那就是所谓有文化的地方，有些文化真是让人看不上；而所谓没文化的地方，往往爆发出今天所展现出来的巨大能量。因此文化积淀论既有作用，又有缺陷，不是指导一切文化工作的基础理论。

1. 文化积淀的重要性是无与伦比、不可替代的

主要体现在五个方面：

（1）文明是靠文化积淀形成的，文化积淀就是文明。学界一直在争论文化和文明的区别，其实从本质上看，文化积淀下来的东西就变成了文明，文化凝固起来就是文明，这是文化积淀最重要的作用。我们说五千年的文明，就是因为我们有五千年文化的积淀。

（2）文化传统和文化遗产是靠文化积淀传承的，文化积淀是文化传承的基本方式。只有积淀下来，文化才有东西能够传承、续接并弘扬，文化传统是通过一代一代的传承下来，如果没有积淀，文化就会成为无源之水、无本之木。

（3）民族和国家是靠文化积淀凝聚的，文化积淀是民族和国家的根本凝聚力。说我们都是中国人、中华民族，不仅仅是因为黑头发黑眼睛黄皮肤，根本的是因为有共同的文化，站在共同的文化积淀之上，有一致认同的文化价值观和形成的文化传统、文化习惯、文化风俗，这是打断骨头连着筋、深入血脉的东西，是中华民族生生不息的根本凝聚力。这就是文化积淀的重要作用。

（4）个人是受文化积淀长久的潜移默化影响的。每个人一生下来就在特定的文化氛围里，首先是中华文化的氛围，其次是所在地的文化风俗、文化习惯，还有父母身上的文化教养、文化品质，直至走上社会受到的影响都是文化积淀所营造的氛围。

（5）文化积淀也是一种稀缺资源。美国学者戴维·哈维指出城市寻求垄断地租是建立在对历史的叙述、集体记忆的解释和意义，以及重要的文化实践等基础之上的。独创性、真实性、特殊性和一种特定文化的审美观是获得垄断地租的基础，因此历史积淀下来的文化等"集体符号资本"最能获得垄断地租。[①] 在创意城市理论之父查尔斯·兰德利的城市发展策略中，我们也可以看到文化积淀形成的文化遗产，在创意时代同样具有不可替代的作用。

可见，文化积淀的作用是无与伦比的。但正因为无与伦比，往往容易被夸张得绝对化，认为文化积淀无所不能，成为衡量文化能不能发展的唯一标准。这就是所谓的真理往前再跨一步就进入了谬论。

2. 文化积淀论存在六大误区

实际上，文化积淀更重要的作用是文化的历史性作用和文化资源作用，而对现实文化而言，存在六个方面的缺陷：

（1）它没有认识到文化积淀也能够窒息一切生动、活泼的文化行为和经济行为，变成沉重的历史负担；文化的革新恰恰来自文化积淀的沉重包袱的解脱。一些历史上发达的城市，现在让它变革起来，特别是在观念和制度方面创新就相当困难。因为文化积淀本身形成了永远不可磨灭的文明成果，但同时也造成了历史的局限性，

---

① ［美］戴维·哈维：《叛逆的城市：从城市权利到城市革命》，商务印书馆2014年版，第100—107页。

压制新思想、新观念的产生,对创新产生了很大的负面作用。

如我们在享受五千年文明古国的时候,也要承受五千年来变革之中的艰难。中国的历史和现实如此,从古代到近代的变革为什么那么难,源于观念、源于体制,其背后的根本原因就在于文化积淀。中国的文化基因很好,君子以自强不息,一直在追求着强健、发展、运动和光明的目标。但由于几千年来一层层的文化积淀,造成了既成的格局、既成的观念,因此,中国历史上的变革艰难,很难树立起崭新的观念。

(2)它不懂得文化是活的,文化处在不断变化过程之中,文化的发展和进步就是要不断挑战传统的界限,而不是对传统的坚守和对积淀的膜拜。任何时候,文化也要与时俱进,因为空间在变、时间在变,人们的社会生活方式、生产方式在变,文化也必须要变。而文化积淀看不到这种活的变化的东西,忽视甚至歧视这种活的文化。

(3)它过分倚重文化存量,漠视文化流动带来的增量。一说起文化,就是有多少年的历史,出过什么文化名人,有多少古代建筑,而对于文化增量不去挖掘,处在一种盲目的自满和乐观之中。而文化流动论认为,文化发展不仅取决于存量,更取决于增量,文化增量必须靠流动得来,这是文化流动理论一个非常重要的内容和关键点。

(4)它看不到文化的发生和进步并不是线性的,而是具有多彩的形式和丰富的可能。文化因为多样性而显得更加生机勃勃,而积淀的结果,造成本来丰富的文化,在积淀以后也变得凝固和单一了。

(5)文化积淀所形成的文化成就,并非像树木那样,植根在那里,就在那里一直繁茂地生长。如某种文化是一个城市所创造出来的,所以这个城市永远享受这种文化的优先权,根本不是这回事。佛教产生于印度,今天大兴的是中国,反而在印度乏善可陈。在中国产生的很多好东西,今天被韩国和日本所借鉴,相反在中国却有些被忽视和不起作用。因此,并不是文化积淀所在地产生的东西一定就是长久的,并且起着决定性作用。

(6)它无法解释为什么那么多文化积淀相对落后的城市或地区能够后来居上。如"文化沙漠"不仅指以前的深圳,在20世纪20

年代，上海也被认为是"文化沙漠"；到了六七十年代，香港还被认为是"文化沙漠"；就连纽约立市一百年时，欧洲人甚至认为它是"文化沙漠"，尽管纽约已有了一种庞大的城市发展气势，有了庞大的产业基础。一个共同规律，凡是新兴城市都曾经被戴过"文化沙漠"的帽子。

文化积淀论最主要的问题，就是阻碍着新观念、新方法，使我们自得其乐而不求发展。批评文化积淀论，主张文化流动论，实际上是为了新的文化观念、文化事物、文化发展，为了创新开放和文化的多样化。要推动文化的加速流动和聚合，创造刚健、可持续的文化，这是今天文化能够走向繁荣的重要途径和环节。一个没有历史文化的地方陡然兴起，甚至成为文化重镇、文化中心，只有一个原因，那就是文化向这里流动。

第四节 文化流动对创新推动及文化根脉守护的重要性

21世纪是文化的时代，联合国教科文组织从大量的调查研究中发现，成功的经济效益并不一定会使得文化转换到基于个人主义和竞争的西方式价值观上。在日本，武士礼仪准则和怀德堂教育机构在一个以集团责任、公司忠诚、人际信任和默认契约为基础的经济中发挥了作用。在韩国，企业行为中利用了儒家传统、其他具有社会特征而非商业贸易概念的文化传统。越来越多的声音开始质疑把发展等同于利益最大化和物质积聚的做法。[1] 这一视角仍是从经济层面看待发展问题，社会发展的模式一定不是单一的，西方的发展道路不是人类唯一的选择。在全球化时代任何地方经验，既要受本地文化传统影响，又会直接面临各种流动资源所带来的文化冲击。事实上，跨文化交流也不是一种新现象，而是世界文化发展的常态。文化流动为多种文化艺术观念并存提供了动力，创造出我们正

---

[1] 王京生：《文化是流动的》，人民出版社2013年版，第94页。

在经历的这个文化繁荣的时代。所以，正视文化流动的积极作用，在发展道路上固守传统精华并顺应时代选择是推动创新发展、延续文化身份必须坚持的方向。

我们倡导文化流动绝不是要否定传统文化或在地文化，它并不是一个文化同质化的故事。美国印度裔学者阿尔君·阿帕杜莱（Arjun Appadurai）认为，文化这一概念最有价值的特征就是差异的概念，它是事物间对比的而非自身的特质。这里不是将文化视为个体或群体的特质，而是将文化更多地当作一种启发性的工具，讨论境遇化的、具体化的差异。[①] 以此观察全球文化流动，我们可以发现不同社会对全球化影响下的现代性材料的运用各不相同，对外来文化的借鉴与学习，特定区域仍然基于自己的历史经验之上进行创新。全球文化流动正在被地方实践涵化或以和合共生的模式发生作用。这一过程并不是全球化的产物，早在文化发生交流之时就已开始，可见地方文化本身绝不仅仅是地方的，它也是一种历史发展的产物。在经济全球化与信息化加速发展的时代，地方文化的形塑最终又会受全球性的动力影响。拒绝文化流动，排斥其他文化与载体，必将故步自封，本质上这也是与世界潮流逆行。

如何看待文化流动与文化积淀两个不同论点？我们要认识到两者并不是"有你无我""我对你错"的关系，两者是观察文化本质和文化作用的两个角度。文化流动论强调文化横向和纵向流动的本质，强调文化发展不仅仅取决于存量，更取决于增量的本质，强调文化流动带来的广泛的经济和社会意义，强调文化流动对挑战边界，推动创新的重要作用。在国家创新战略中，一方面要强调文化流动的意义，在各种文化乃至信息的流动、碰撞、交流中去获得创新的推动力和无限灵感；另一方面，也要避免传统文化被急剧的城市化进程以及高度的流动性冲散，学习外来文化的同时，也要光大五千年文明古国的文化积淀，守住中华民族的根脉。

文化流动对创新的推动，主要体现在：其一，文化流动可以塑

---

① [美] 阿尔君·阿帕杜莱：《消散的现代性：全球化的文化维度》，刘冉译，上海三联书店 2012 年版，第 17—18 页。

造价值创新能力。一种文化要想保持活泼的生命力,要保持观念的辐射力,就必须要有一种价值创新的能力,通过价值创新,形成文化发展的领先优势。其二,文化流动可以促进制度创新能力。文化的中观层就是制度层面,制度包含了一种文化处理人和人、人和事、人和自然等关系的基本能力。制度文化最能反映一种文化自我管理、自我调整的能力。其三,文化流动可以增强适应时代变化的应变能力。当前经济社会变化快,而意识形态和文化的变化相对迟缓。因此,要推动文化发展,必须要在文化对时代的适应和表现能力方面有所创新。与时俱进的文化可找到更大的生长空间,有无限的生机和活力。其四,文化流动可以加速科技的创新能力。现代文化生产已经在相当程度上依赖于科技的开发和高新技术成果的运用,因此,科技创新能力的强弱将直接影响到现代文化生产的质量水平与传播效果。其五,文化流动可以提高传播与沟通能力。我们需要看到流动性带来了资源的汇集,但同时携带的文化异质性可能会阻隔人与人之间的沟通,阻碍人际交往与协助。因此,我们需要思考如何着眼于人本身,在流动中建构亲密关系、编织社群网络,这样,文化流动不但不会削弱沟通,反而会达到联结、交融进而获得共享。

　　文化流动与守护文化根脉看似矛盾,且往往也有人批评流动性所带来的全球市场对传统文化的破坏,减弱了世界文化的多样性。质疑当经济选择的自由扩展到全球之后,会对文化创造力产生消极影响,然而事实也并非想象中那么糟。熊彼特曾将资本主义生产譬喻为一种"创造性破坏",流动性在文化领域也正发生着类似的效果。文化流动也是一种充满活力的"创造性破坏",为多种艺术观念并存提供了动力,催生了大量令人满意的现代作品。我们应该以更为积极的态度看待,文化流动可以使传统的继承与发扬更具有创新性、时代性。我们还需要认识到文化创新的基本精神是批判精神。批判精神的实质就是对传统和现实说"不",任何一种新文化的产生都意味着对传统和现存理论或方法的解构和再诠释,新文化的产生往往是一个颠覆过程。建构新的文化因而需要足够的理论勇气和创新精神,要敢于挑战权威,敢于提出新的理念,敢于创造新的方法。因批判而发生的文化创新,也是文化流动的一种生动体现。传统文化也需要在批判中保留精粹,剔除糟粕,获得更为强大的生命力,即我们通常所言的:活的文化、新的传统,在现代生活中得以继承和发展。

全球创意城市网络(Creative Cities Network),是联合国教科文组织于 2004 年推出的一个项目。该项目对应的是联合国《保护和促进文化表现形式多样性公约》,该公约和《保护非物质文化遗产公约》《保护世界文化和自然遗产公约》共同构成了保护物质和非物质文化遗产、保护世界文化多样性的国际法体系。入选城市在处理文化传统与文化创新关系方面都有其独特的发展经验。我们从以下两个创意城市案例中可以看到:推动创新发展与固守文化根脉是可以并行不悖的,只有处理好两者的关系,城市才能获得可持续发展的动力。值得注意的是,文化一旦产生便立即扩散,而在流动中,好的东西并非一定在原产地开花结果,往往在异乡生根壮大。中国的四大发明是典型的例子,实际上这种现象在不同地域之间、国家之间经常发生。

法国里昂在历史上属于工业城,由于传统纺织产业衰落,里昂也在不断经历产业变迁与城市变革。里昂市内保存有罗马时期、文艺复兴时期的遗迹,因此也入选为联合国教科文组织世界文化遗产。然而,促使里昂在国际舞台上大放异彩的却是媒体艺术——2008 年里昂获选为联合国教科文组织创意城市之媒体艺术城市。里昂如何突破局限获得重新崛起?尽管里昂的辉煌历史不再被世人所注目,然而里昂市民与市政府却不甘被遗忘,他们选择了勇敢地转化过去的成就,积极拥抱先进科技、开发新的经济模式。过去,这个城市因卢米埃尔兄弟开创的电影产业而在世界舞台上崭露头角;现在,里昂正汇集各种资源与力量,吸引国际企业及国际人才进驻,积极整合电影、多媒体、灯光与旅游等领域,致力于成为世界瞩目的创新与多媒体都市。[①]里昂的城市发展策略告诉我们:传统

[①] 林月云等:《魅力城市:七大世界创意之都的智慧与人文力量》,台北:时报文化出版企业股份有限公司 2014 年版,第 99—106 页。

不一定是负担，如果能将城市发展史上的各种亮点、资源充分利用，运用新兴科技达成创新，可以串接成城市独特的风貌和资源。

日本金泽的手工艺在历史上就有很高的发展水平，今日金泽以能乐为中心，并以漆、陶、茶、染等工艺作为向外发展的元素，造就了其作为联合国教科文组织创意城市——工艺之都的国际地位。四百多年来，金泽人代代相传的偃息武备、提倡文教的精神成为全民的共识，更为可贵的是他们用创新来守护传统文化，赋予城市新的未来。金泽以高附加值作为生产及服务的目标，整合技能及艺匠，并且在生产过程中导入高科技设备，同时结合区域内与产业结构相关的公司，使之成为紧密联结的产业网络。金泽集聚创意人力资源、吸引观光、刺激新的文化需求与消费，其文化生产模式与文化消费系统被视为顺应时代变迁而进行的创新性复兴与再造。这种创新能力也被认为是该创意城市最独特之处，借由工艺、创意与科技的互补结合，创造出金泽的城市创意经济。[①]

联合国教科文组织的"创意城市网络"强调的是"实现文化多样性的使命"，被列入全球创意城市网络，意味着对该城市在国际化中保持和发扬自身文化特色的努力予以承认，并对那些致力于促进区域社会、经济和文化协调、创新发展的城市给予认可。我国已经有多个城市加入"创意城市网络"，如民间手工艺之都：杭州、苏州、景德镇；设计之都：深圳、上海、北京；美食之都：成都、顺德。这些城市均在文化流动中平衡了创新发展与传承文脉的关系，将两者置于相互促进的格局中。

---

① 林月云等：《魅力城市：七大世界创意之都的智慧与人文力量》，台北：时报文化出版企业股份有限公司 2014 年版，第 37—43 页。

第五章

锻造国家创新战略所需要的企业家精神

创新,是国家兴旺发达的不竭动力和根本标志。世界近现代史表明,不同国家的沉浮消长,关键在于其能否开拓创新。坚持国家创新战略,是保证中国特色社会主义始终充满生机活力的基本前提。国家创新的基础是企业创新。一个国家的创新战略能否成功实现,关键看企业家群体的作用,甚至可以说政府官员的功能、科学家的数量、创新创意阶层的发展等都还要居其次,因为这些都是在企业家影响和带动之下而形成的一些附加条件,而最重要的是企业家群体和企业家精神。企业家精神体现着整体国民素质的水平,体现着一个国家的政治制度、文化特点,也体现着一个国家生产力的发展水平,它是一个综合性的反映,应该是国家创新战略最重要的支撑之一。

企业家精神是企业的人格化,对企业的运作和发展有着重要的提升和导向作用。国家之间的经济竞争、企业之间的市场竞争,表面上看是产品、科技、劳务、资源等物质要素之间的竞争,但实质却是企业家及其精神力量之间的比拼。因为企业家是企业竞争的指挥者,企业家精神是企业竞争的灵魂。只有优秀的企业家精神才能引领企业持续不断地发展强大。

第一节 创新的中坚力量

作为概念的企业家精神,大致是西方发展到19世纪时产生的。

企业家精神被概括为企业家具有的某些特质,在英文表述上,企业家精神(Entrepreneurship)是企业家(Entrepreneur)的抽象化,两者在用法上常可以互换。20世纪后,企业家精神的影响日益广泛深刻,特别是二战后,日本和德国经济的崛起、美国经济的发展进一步显示了企业家精神的重要价值。与此相适应,企业家精神在学术定义上日益延伸拓展到了行为学、心理学、文化学、社会学等领域。

一个国家要实现创新战略,其最重要的社会文化支撑是企业家和企业家精神。二战以后,德国和日本都遭到空前打击,当时日本国民心理受到打击不说,其实际人均收入还不如中国,整个经济彻底崩溃,但是,可以看到,这两个国家战后又迅速崛起,靠的是什么?是它长期形成的企业家精神。德国二百多年来形成的以工匠精神为底蕴的企业家精神是其战后迅速发展起来的一个支撑,而日本企业家在战后所体现出来的创新、进取、合作精神对日本经济的发展起到了至关重要的作用。

企业家精神对国家兴旺如此重要,关键在于其创新和开拓。在人类历史上,企业家是一个创新型群体。纵观近现代工商业发展史,大凡成功的企业家,无不充满创新精神和创新实践。企业家精神的英文"entrepreneurship"其本身意思就是从事某种行业,通过开办工厂和创新实现自身目标,并满足社会的需求。[①] 仅从字义上看,企业家精神与创新就是密不可分的。正如熊彼特指出的那样,企业家的职能是实现创新。熊彼特认为,所谓创新就是建立一种新的生产函数,把一种从来没有过的关于生产要素和生产条件的新组合引入生产体系。整个资本主义社会的经济发展就是不断地实现这种新组合,资本主义自身就是这种"经济变动的一种形式或方法",即所谓"不断地从内部革新经济结构"的"一种创造性的破坏过程"。[②] 这就是说,创新实际上贯穿了资本主义发展的全过程,是企

[①] 赵薇、[澳]杰弗瑞·德登:《企业家创新精神原动力研究》,《山东社会科学》2010年第7期。

[②] [美]约瑟夫·熊彼特:《经济发展理论》,何畏等译,商务印书馆1990年版,第73—74页。

业存在和发展的常态。

但是，创新也并非只限于企业家，有一些社会群体，如科学家、艺术家、思想家、改革家乃至革命家等，也都是创新的佼佼者，那么，企业家的创新有什么特殊意义？

概括地说，企业家的意义，就在于企业家在社会生产方式中的地位和作用。企业家是近现代工商业发展的产物，是社会生产的代表，也是社会需求的代表；企业家是社会需求与社会供给的连接者，是供需市场的组织者，是生产、分配、流通、消费的指挥者、引导者，是市场的轴心和杠杆。企业家的创新就是通过高效的市场运作和优化的资源配置，集中应对解决一定历史条件下的社会需求问题，不断提高人的生产生活水平，这是近现代工商业才有资格提出和担当的使命（自然经济是不可能提出的），体现了企业家活动的基本特色，是深刻理解企业家独特性的关键所在。试想，企业家究竟有什么特殊、有什么过人之处呢？在科学研究方面，企业家远比不上科学家的水平，他们一般都不是科学家或学术权威；在技术上，企业家也比不上技术尖端人才；在社会关系上，企业家无法与政界人士相比；在财力上，企业家在创业之初大多捉襟见肘，他们一般不是依靠财产继承；在审美方面，企业家不如艺术家；在精神境界方面，企业家不如思想家，如此等等。但是，反过来讲也是一样的道理，科学家也好，技术工匠也好，政界人员、大款大富、艺术家、思想家也好，几乎都无法单独做成企业家的事业，尤其是成功的创新型企业家的事业，而不管他自己是多么希望做成。企业家就是这样的一个群体，看似处处不如人，但实际上却有神奇之处，其可贵之处、神奇之处就在于其定位，就在于其活动的综合性、营利性、创新性。

企业家的创新是其他社会群体不可比拟的。科学家的创新因其超常性、尖端性而远离大众生活，有的甚至变得似乎并非眼下所必需；艺术家的创新因其主观性、新异性而难以替代物质生活，也不可能成为人们的日用消费；思想家的创新因其理想性、批判性而受到一些阶级或群体的制约和抵制，也难以为社会普遍接受。相比之下，企业家的创新把需求与供给有效结合起来，把人类的普遍愿望与当时的技术、资源、条件有机结合起来，在性质上因其必需性、营利性而最为实在，在范围上因其普适性而最为广泛，在时间上因其持续性而最为恒常，在形式上因其无限性而最为丰富。从这个意义上说，企业家的创新植根于全人类的社会需求，把市场的价值与科学的成果、技术的精湛、艺术的美感、思想的境界有机联结和统一起来，是满足和发展人类需求的集中体现，是人类各种创新成果的编织、转化和利用。更何况，在现实中有不少企业家具有专家的素质，有些即是科学家、发明家。

企业家的这种地位、使命和本质特征，决定了企业家群体（阶层）与众不同的能力特征。企业家按市场运作和市场规则生长和发展，在市场里摸爬滚打，与市场同呼吸共命运，锻造出了其特有的市场生活本能和职业能力特色，成为市场的人格化体现；企业家的（价值）发现能力、（产业）引领能力、（综合）集成能力、（供求）拓展能力，是市场运作的基本要求和天然元素，是创新素质和创新能力的基本构成；引领能力标注了企业家创新的高度，集成能力凝聚了企业家创新的能量，拓展能力展示了企业家创新的跨越。企业家的这种创新能力，与市场作用一样无所不在，与市场力量一样无与伦比。

1. 价值发现能力

如果说，发现能力是人类探索前进的触角，那么，市场价值的发现能力则是企业家创新发展的起点。市场价值首先来自社会需求，因此，发现和利用社会需求，乃是价值发现和企业家创新的关键一步。

社会需求是创新活动的原动力。社会需求一旦产生，相应的创新活动也就会不断受到鼓励和推进。恩格斯有一句名言："社会一旦有技术上的需要，则这种需要会比十所大学更能把科学推向前进。"[1] 说明了社会需要对科技创新的巨大推动作用。与此同理，社会需求也激励着企业创新发展，引动着企业家创新的方向，开拓着

---

[1]《马克思恩格斯全集》第4卷，人民出版社1972年版，第505页。

企业家创新的内涵和外延,是企业家创新的向导和航标。企业家视域中的社会需求,不是抽象的、任意的、无条件的需求,而是具体的、现实的、市场发展中的需求。在市场经济条件下,社会需求通过价格机制转化市场需求,转化为优化资源配置的竞争力,并进而转化为创新的现实动力。

由于社会需求的普遍存在,市场价值也是普遍存在的,这也是企业家抱定价值发现理念的客观依据。真正的企业家,并不把市场价值看作极其稀有或难以寻觅的,而是把各种事物都看作有市场价值的,关键是要有一个发现价值、利用价值的适当视角和巧妙路径。美的东西有价值,丑的东西也有价值;稀缺资源有价值,废弃之物也同样有价值;中心地带有价值,偏远地带也有价值。在企业家的成功实践中,价值发现可以来自各行各业,有的是高科技产业,有的是服务行业,有的是传统的农业、手工业,有的甚至是回收废物的行业,不胜枚举。

但是,价值发现也不是轻而易举、随随便便的,而是需要艰辛的努力,需要在提质转化中创造新的供需市场的接口,推动社会需求不断拓展和超越。发现各种现实问题和新的社会需求空间,是企业家价值发现的重要标志。大凡成功的企业家,无不具有强烈的问题发现偏好和问题价值意识,并以此为依据形成创新思维、创新实践。企业家并不把问题看作一种消极因素而怨天尤人,也不把造成问题的原因简单地归咎于这方面那方面,而是赋予问题以积极意义,把问题看作机遇、看作财富、看作创新的起点。企业家的最大忌讳是找不到问题、没有问题;没有问题本身就是最大问题。因为没有问题就没有创新,就不可能有企业的发展。从这个意义上说,所谓企业家的创新精神,首先来自于问题意识。

强烈的问题意识往往推动企业家去闯荡、冒险和投机。富有问题意识和冒险投机精神的 J. P. 摩根就具有卓越的价值发现能力。他与洛克菲勒和卡内基一样,希望发现和引领一个革命性的新兴产业,打造出自己的帝国。为此,他瞄准了发明大王爱迪生,通过投资与爱迪生的公司合作,使价值发现与科技发明高度地统一起来。摩根的价值发现,体现于他与爱迪生的合作。他们共同开辟了人类广泛使用电灯和电力的时代，开创了巨大的需求市场，解放和发展了社会生产力。他们的联手是金融与科技的融合，是市场高效运作、资源优化配置、企业创新发展的典范。

2. 产业引领能力

产业引领是价值发现的继续，主要指企业家对新产业、新业态生成和发展的主导作用，集中体现于技术创新和商业模式创新。

技术创新是企业家引领产业的关键因素。技术创新却对企业家的科学素质和技术能力提出了越来越高的要求，尤其是高科技企业，其经营者一般都是技术专家。企业创新与科技创新的融合越来越紧密，企业家在科技创新方面的作用越来越明显。由于企业家处于供需市场的第一线，能够深切地感受到原有技术手段的极限、局限和不足，能够执着地探求原技术缺陷的机理及其解决方案，能够敏锐地意识到新技术诞生的意义以及对企业发展的重要影响，因此企业家对技术创新的关注，比其他人更急切、更深入、更务实。企业的技术创新特别是重大技术创新，会通过提供新功能、新效率打开社会需求的新空间，在应用和扩张过程中催生一系列新型的生产和服务，不断发展为有纵深度的新业态。例如，微软在计算机技术领域的研发创新、快速发展和广泛应用，推动了以互联网产业为核心的新兴业态的形成，深刻引领和改变着人类的生产生活方式。

商业模式创新是企业家引领产业的另一个重要内容。科学技术的发展不断推升着社会分工的专业化、细密化程度，与此相适应，企业家在竞争中不断使企业的产品和服务变得越来越精致、高效、节约、亲近客户，形成产业链价值链的裂变、细分和整合，改变着企业的运营、管理或服务模式。比如，从产品的供应商向PSF（Professional Service Firm，专业服务公司）转变，就是一个重要的商业模式创新。PSF的最大特点是以无形资产为公司的主要资产，通过脑力、知识、经验为客户提供专业化服务。尽管PSF在整个企业群体中占有的比例不大，但却代表了产业结构的优化升级，是市场化、专业化的引领力量。再比如，随着自动化技术的发展和互联网技术的广泛应用，生产制造业发生着深刻变化，手工作业逐步被计算机、人工智能所代替，传统的交易模式迅速转变为线上线下相结合的交易模式，企业的"软化"趋势越来越明显，体力劳动者群体在不断萎缩，研发、设计、分析、创造等越来越具有市场竞争力。越来越多的企业也随机开始改变其传统的"大而全"的经营模式，只把核心技术握在手中，把其他不具有显著竞争力的部分外包出去。苹果公司把软件设计作为核心业务，而把流水线生产、组装等业务外包出去；医药研发外包（CRO）也是一个重要现象，由于专业公司研发的新药更具有市场竞争力，医药研发这个环节就从价值链中凸显出来，形成新的精细化分工；西门子是人们印象中电器产品的制造商，但也发展成了目前世界上最大的医疗应用程序服务的开发供应商。生产经营模式的创新体现了经济结构的转型升级，是企业家催生和引领新业态的重要标志。

可以看出，企业家在价值发现的基础上，既创造了产业潮流，也引领着经济发展方向。企业家对新产业、新业态的引领作用，不仅提升了企业的行业地位，保证企业利润增加，而且对企业文化、人的生活方式都会产生重要影响。

3. 综合集成能力

综合集成能力是企业家充分运用市场使优质资源为我所用的重要本领。所谓集成，包括两种：一是生产要素的集成；一是生产条件的集成。这两种集成是必需的，因为用熊彼特的话来说，创新是把生产要素和生产条件的新组合引入生产体系。这种新组合就是综合、集成、重组。

这种综合集成的创新，只有在自由、开放、公平、畅达的市场体系中才能实现，只有在经济形态相对自由运行的过程中才能实现。一般来说，创新需要自由的空间，需要秩序的许可、包容或"漏洞"。创新程度与自由空间成正比；自由空间越大，创新的选择领域就越大；包容性越强，创新的阻力就越小。正如陈丹青先生所讲的，真正的创新取决于自由。

迄今为止，市场依然是人类自由与平等规则有效结合的高级形式。市场经济又称为自由企业经济，企业产品和服务的生产及销售完全由自由市场的自由价格机制引导。尽管人们对市场经济的自由空间有质疑和议论，但从世界范围看，由于市场经济的契约性质，它依然是资源配置范围最广阔、配置方式最自由、配置标准最公平的开放体系——无所不包的市场类型、公开公平的市场竞争、自主决定的交易选择、现实利益的激励引导、平等制衡的规则保护、追新求异的冒险偏好等，都表明市场经济具有系统化的全开放性，为企业家的综合、集成、重组、创新提供了巨大的自由空间。可以说，企业家的集成创新是市场化运作的极致表现，是个性化、社会化、系统化的高度统一。

企业家的集成创新受到众多市场的支撑：（1）信息情报市场的发展为企业的集成创新提供了窗口和机遇；（2）金融市场、资本市场的发展为企业家的集成创新提供了资金运作的保障；（3）人才市场、专利市场和科研服务市场的发展为企业的集成创新提供了生力军和先进成果；（4）生产生活资料市场的发展为企业的创新提供了物质基础。企业家的综合集成能力在市场的自由空间中可以得到尽情发挥，从而在市场的开放系统中获得广阔的选择空间和资源支撑，不断激发企业家的创新精神和创新实践。

因此，可以说，在市场经济运行比较好的地方，企业家的综合集成能力就表现得比较突出。自改革开放以来，深圳涌现出了一大批叱咤风云乃至驰骋全球的创新型企业，如在高科技产业有华为、腾讯、中兴、比亚迪、华大基因，在金融界有平安保险、招商银行，在地产业有万科，在文化产业有华侨城、华强科技等，那么，为什么这些中国一流企业会诞生于深圳？这些企业大多是20世纪90年代或21世纪初开始创业发展的，那时的深圳关键是缺少人才支撑、技术支撑，没有资金，没有自己的名牌大学，那么，主要靠什么？一是靠市场的力量，而市场的力量锻造的首先是企业家阶层，其代表包括任正非、马化腾、马蔚华、王石等；另一个是靠文化，靠深圳文化的创新性、多样性、流动性，造成了丰富多彩的文化资源和思想资源，使企业在开放活跃的环境中获得了创新发展动力。深圳正是依靠这种开放市场和流动文化的叠加作用，形成了企业创新的孵化型城市，使天下英才为我所用、天下资源为我所选，天下市场任我开拓，从而探索解决了发明成果转化能力这个历史性课题。目前，深圳的科技成果转化转化率高达80%，达到了全国的最高水平，赶上了发达国家水平。

4. 市场拓展能力

企业家具有不断挑战边际、拓展领域的天性，人们认为是边际的东西或者习以为常的东西，在企业家眼里则恰恰是需要挑战的地方。企业家的拓展能力，集中体现为两个方面，一是对市场的开拓，二是资本扩张。企业家首先是在竞争中开发乃至垄断国内市场，进而角逐和抢占国际市场，并围绕市场展开全方位的开拓，包括政治资源、人脉资源等的挖掘和利用。正如《共产党宣言》中指出的："不断扩大产品销路的需要，驱使资产阶级奔走于全球各地。它必须到处落户，到处开发，到处建立联系。"如果说当年的资产阶级与现代的企业家还有什么相同点的话，那么，市场拓展能力应算作比较突出的一个。

资本扩张伴随市场开拓而行，是企业家拓展能力的财务表现。资本扩张是企业家在市场中生存发展的需要，通过兼并、收购、战略联盟等形式，提升企业的竞争力、行业地位和盈利能力，推进企业便捷地进入新领域，增加客户资源和市场空间，实现资本快速繁殖。在激烈的市场竞争中，许多商品市场处于饱和状态，并形成一定的入场门槛和相对的市场壁垒。要筹建一个新企业挤进市场"分一杯羹"，谈何容易？但通过兼并、收购企业，可以大大降低进入新市场的成本和风险，实现企业新的盈利预期。在信息时代，实行并购是推进企业规模化、集团化、国际化的必然要求，能够有效地使企业迅速集中资源和积聚资本，短期内实现规模经济，占据行业竞争的有利地位。正如美国经济学家、诺贝尔经济学奖获得者乔治·J. 斯蒂格勒所说，"一个企业通过兼并其竞争对手的途径成为巨型企业是现代经济史上的一个突出现象。没有一个美国大公司不是通过某种程序、某种方式的兼并而成长起来的，几乎没有一家大公司主要是靠内部扩张成长起来的"①。

约翰·D.洛克菲勒就是这方面的典型。1870年,标准石油公司成立,初期仅有5个人,洛克菲勒任总裁,资产100万美元,此后不到两年的时间,他就吞并了该地区20多家炼油厂,控制该州90%炼油业、全部主要输油管及宾夕法尼亚铁路的全部油车。又接管新泽西一铁路公司的终点设施,迫使纽约、匹兹堡、费城的石油资本家纷纷拜倒在其脚下。接着,为控制全国石油工业,他操纵纽约中央铁路公司和伊利公司同宾夕法尼亚公司开展铁路运费方面的竞争。结果,在8年内,美孚石油公司炼油能力从占全美4%猛增到95%。美孚公司几乎控制了美国全部工业和几条大铁路干线。1882年,它成为美国历史上第一个托拉斯。洛克菲勒财团又形成由花旗银行、大通曼哈顿银行等四家大银行和三家保险公司组成的金融核心机构,这七大企业控制全国银行资产的12%和全国保险业资产的26%,洛氏家族通过它们影响工业企业决策。洛克菲勒财团创办基金会,向教育(芝加哥大学、洛克菲勒大学)文化、医疗卫生和其他社会团体赠款,扩大影响和势力。洛克菲勒财团还支持亲信人物担任政府要职,如曾任国务卿的杜勒斯、腊斯克都担任过洛氏基金会董事长的职务;基辛格出任国务卿之前,曾担任纳尔逊·洛克菲勒(老洛克菲勒之孙)的外交政策私人顾问。该家族的成员也活跃于政治舞台,左右内政和外交政策,如纳尔逊·洛克菲勒就曾担任1974—1977年美国副总统。②

第二节 创新企业家的特征

企业不仅是生产组织,而且也是精神载体。在现代社会中,企

---

① [美]乔治·J.斯蒂格勒:《通向寡占和垄断之路——兼并》,载高德步、王钰编著《世界经济史》,中国人民大学出版社2001年版,第136页。转引自孙梅《美国在线时代华纳公司的并购历程及整合启示》,硕士学位论文,东北师范大学,2007年。

② http：//baike.baidu.com/link?url=kDMUGQrQQnlddyoLyOSqJUcJegDe8OC8ouZFW4svwKJ_hycOMf3V2AUlkCo-Nb6FFdwP784-aDEy271jpGgUTK。

业家的创新活动常常面临各种矛盾和挑战，经历着渴望、探求、曲折、失败、奋起、成功的人生颠簸和大开大合。企业家个人的愿望、信心、毅力、勇气、智慧和热情，在社会需要和市场需求的激励和刺激下迸发出来，在实践中形成了独特的群体性精神特征。这种群体性精神日益显示出其广泛的价值和意义，成为社会经济文化发展的一种可贵资源。

一个国家要实现创新战略，最重要的文化支撑是企业家精神。企业家是市场经济和社会化生产的产物，企业家精神是市场和企业的人格化。一般认为，企业家精神的核心是创新。"创新是企业的生命，是企业家成功的基础。美国、日本都是市场经济高度发达的国家，面对成熟的市场、激烈的竞争，美、日企业家十分注重企业创新以增强发展活力，保持竞争优势。据报载，美国商业协会公司中，有四分之三宣称独特的产品与经营企业的方法给公司带来了成功；在日本，有84%的企业称他们是经常的创新者。"[1]而熊彼特更是把企业与创新等同起来，把以实现新组合为基本职能的人们称为企业家，他认为企业家的职能就是实现创新，就是进行"创造性的破坏"。熊彼特认为："典型的企业家，比起其它类型的人来，是更加以自我为中心的，因为他比起其它类型的人来，不那么依靠传统和社会关系；因为他的独特任务——从理论上讲以及从历史上讲——恰恰在于打破旧传统，创造新传统。"[2]熊彼特认为"企业家精神"包括："首先，存在有一种梦想和意志，要去找到一个私人王国，常常也是（虽然不一定是）一个王朝。"[3]"其次，存在有征服的意志：战斗的冲动，证明自己比别人优越的冲动，求得成功不是为了成功的果实，而是为了成功本身。"[4]"最后，存在有创造的欢乐，把事情办成的欢乐，或者只是施展人的能力和智谋的欢乐。这类似于一个无所不在的动机……寻找困难，为改革而改革，

---

[1] 晓红：《否定自我推陈出新》，《中国技术监督杂志》1997年第7期，第36页。
[2] [美]约瑟夫·熊彼特：《经济发展理论》，何畏、易家详等译，商务印书馆1991年版，第102页。
[3] 同上书，第103页。
[4] 同上书，第104页。

以冒险为乐事。"①

　　熊彼特对企业家创新精神的上述分析，至少给我们带来这样一个启示：企业家的创新精神是同企业家的价值观、理想追求相联系的，或者说，它本身就是企业家人生哲学的一部分。如果离开了企业家的价值观、人生观而孤立地谈论创新，显然是肤浅的、细枝末节的，因为创新不同于花里胡哨，不同于异想天开，更不是朝秦暮楚。在许多情况下，创新型企业家并不是时髦的潮人，也不是哗众取宠的走秀，甚至并不把"创新"挂在嘴上。如同其他杰出人物的修为一样，企业家的创新来自于价值的追求、人生的向往、个人的禀赋，来自于他们的整体素养和思想品质。许多世界上著名的创新型企业，都始终把企业的价值观作为保证企业长盛不衰的根本动力。这些企业的价值观并不限于经商、赚钱、投机等狭隘目的，而是把经商、做事、做人、报效社会融为一体，强调服务社会的基本精神。松下幸之助是著名的创新型企业家，他指出："企业经营不能单纯考虑利害关系和企业的发展，其根基还是必须树立正确的经营理念。而且，这个经营理念必须深深扎根于正确的人生观、社会观、历史观上。从这里才能产生真正正确的经营理念。因此，作为经营者，在日常生活中培养自己正确的人生观、社会观和世界观是非常必要的。进一步来说，正确的人生观、社会观和世界观必须符合真理，也就是说符合社会的发展规律和自然规律。如果违背它，那就不可能说是正确的人生观、社会观和世界观，而由此产生的经营理念，也会欠妥当的。"② 这就是说，企业家的经营管理与企业家的价值观是一致的，企业家的创新精神与企业家的思想情怀、品行素养是分不开的。

　　创新是品质的砥砺和绽放。创新精神是人的综合素质的演展和升华，随实践而变化，因实际而多彩，具有鲜明的开放性特征；即使是创新者自己也很难给创新精神设一个框、画一条线。创新精神

---

① ［美］约瑟夫·熊彼特：《经济发展理论》，何畏、易家详等译，商务印书馆1991年版，第104页。

② ［日］松下幸之助：《实践经营哲学》，滕颖译，中国社会科学出版社1989年版，第4页。

并不是一个封闭的逻辑问题,也不是一个可以预定的推理程序或理论证明;创新者一开始往往并不自恃为创新者,甚至并没有意识到自己的工作就是创新,他们更关心的是企业的生存和发展,是为了生存、发展而不得不进行创新,而不是为了创新而故意摆设创新精神,因为创新的过程是异常艰辛的,企业家不会花大力气去做没有价值的"面子工程"。创新不是企业的直接目的,而是企业发展的伴生物。而且,创新精神也不是一个狭隘的偏执的范畴,不应简单等同于冒险偏好、投机主义等。企业家的创新精神,只有在有血有肉的生活化表现中,才能呈现出其真谛和意味。

如果说创新是以大量探索实践为基础的,那么,企业家的创新精神则是以基础性的品质为主要支撑的。这些深藏于企业家精神根底的基础性品质,是企业家创新精神取之不尽的力量源泉。这里,不妨通过一些企业家的材料描述,简略说明个人品质性格在创新精神中的丰富意蕴和鲜活表现。

1. 勇于竞争的拼劲和斗志

创新是有志者的事业。创新者的竞争意识、比拼意识是创新精神的基本元素。企业的生存法则就是竞争;企业家的生活旋律就是竞争的进行和展开。竞争的结果是优胜劣汰、适者生存,这就要求企业家必须具备强烈的竞争意识。企业家是否具有竞争意识,是企业能否奋发图强、取得业绩的关键。不敢竞争的人或者在竞争中不能取胜的人是没法当企业家的,企业家的首要资格就是敢于竞争。"所谓企业家的竞争意识,是指作为企业家,必须具备基本的适应市场竞争的创造性思维方式和心理品质,树立竞争观念,认清竞争形势,讲究竞争策略,从而引领企业不断创造竞争优势,使企业从成功走向更大的成功。"[1]

只有竞争才能带来机遇,带来生存发展空间。海尔集团首席执行官张瑞敏是这样谈挑战的:"挑战与机遇并存没有错,问题是你必须能应对挑战,而且要能在挑战中发展,在挑战中寻求机遇。如

---

[1] 李碧:《论企业家的竞争意识》《湛江海洋大学学报》2004年第5期,第46页。

果你不敢面对和应对挑战,那就没有机遇可言。……比如说中国进入 WTO 之后,我们不走向国际市场会有什么危害?只在家里坐等会有什么危害?走出去是一种挑战,如果我们坐等机遇,就没有机遇,机遇只属于敢于主动应对挑战的人。因此,只有到国际市场上面对跨国大公司的挑战,这才有机遇可言。"①

只有竞争才能正确审视自我、发现不足,奋起创新。实践证明,一个成功的创新型企业家,首先要放开眼界,敢于拼搏,在潜力市场中瞄准少数国际寡头垄断的专利技术,组织力量进行研发和比拼,然后不断突破,跻身国际竞争的行列,分享国际市场的盛宴,这几乎成为企业家创新实践的共同格式。海尔集团首席执行官张瑞敏在介绍技术创新的经验时指出:"我们的做法是'第一台引进,第二台国产,第三台出口,第四台是当地生产'。也就是对先进技术的消化吸收,在此基础上创新产品出口到海外,最后在当地生产。"② 这样的精神就是开放竞争的典型。

2. 舍得付出的创新决心

随着知识经济的兴起和知识产权保护制度的完善,核心技术已成为企业的命根子;企业靠这个竞争,靠这个赢利,靠这个生存发展。核心技术只能靠自主研发,不可能靠合资引进。企业的自主研发能力和精神,决定了企业的创新前进步伐。增强企业研发能力和创新精神,一是需要投入,二是需要激励。而华为公司是这些方面的典型。

"连续多年对研发的高投入是华为保持竞争力的基础。2015 年,华为研发投入 596 亿元人民币,占销售收入 15%。过去十年,华为研发投入累计超过 2400 亿元人民币。"③ 在 2015 年,即使按照全球上市公司研发经费排名,未上市的华为也已进入其前十,超过了苹果公司,而在全球没有上市的公司排名中无疑应是第一。凭着强大的研发能力,在 2015 年,华为在终端领域取得显著成就,不仅坐实了国产智能手机厂商的老大位子,而且提升了华为手机的国际竞

---

① 《独家专访海尔集团 CEO 张瑞敏》,《国际市场》2001 年第 10 期,第 7 页。
② 《企业家创新感言》,《企业管理》2006 年第 3 期,第 23 页。
③ http://cnews.chinadaily.com.cn/2016-04/01/content_ 24240773.htm。

争力。根据联合国机构世界知识产权组织公布的报告，华为以3442件的申请数超越日本松下公司，成为2014年申请专利最多的公司。①

在激励方面，华为的举措可谓大名鼎鼎。在任正非看来，华为不仅效率高、压力高，而且工资高、奖金高、待遇高。他相信，重赏之下必有勇夫。通过激励机制保持和提升企业的效率和攻关能力，是华为创新的一条重要经验。"华为公司一直贯彻构建适应知识经济的人力资源管理模式，致力于建立一支宏大的高素质、高境界和高度团结的队伍，创造一种自我激励、自我约束和促进优秀人才脱颖而出的机制。"②

华为对员工的奖励不仅看得见、摸得着，而且慷慨大方、富有冲击力。2012年，当整个电信行业业绩惨淡时，华为交了一份不错的成绩单。据了解，华为2012年净利润为154亿元人民币，它高调宣布拿出125亿元给员工们发年终奖。有人算了一笔账，按照华为全球约15万员工测算，人均年终奖可以高达8万元，这个特级红包让大部分IT企业员工都红了眼。③

"为了形成企业的长效激励，华为首创了全员参股制，2011年12月，任正非在华为内部论坛发布了《一江春水向东流》这篇文章，揭开了一个华为崛起的重大秘密：人人股份制。

"在华为的股份中，任正非只持股不到1%。其他股份都由员工持股会代表员工持有。如果你离职，你的股份该得多少，马上数票子给你。哪怕是几千万元的现金，任正非眼睛也不眨一下，但是你离开公司，就不能再继续持有华为股份。华为股份只给那些现在还在为华为效力的人。这样一种体制的设计，是全球没有的。

"任正非透露，设计这个制度受了父母不自私、节俭、忍耐与慈爱的影响。"④

---

① http://news.xinhuanet.com/tech/2015-03/25/c_127619753.htm。
② 刘希娟、梅芳：《华为人力资源管理浅谈》，《企业技术开发》2011年第12期，第26页。
③ 参见《"寂寞王者"任正非》，《商周刊》2013年第3期，第68页。
④ 《任正非：军人总裁缔造"狼性华为"》，《领导文萃》2014年第6期，第64页。

3. 勇猛无畏的寂寞坚守

业务的专精是以人生的孤独寂寞为前提的。无论技术的突破、课题的专研还是事业的执着，都需要心神的专一刻苦，需要牺牲大量的人际应酬和攀附，需要禁得住各种诱惑和短视行为。耐得住寂寞、坐冷板凳，是技术创新、企业创新的一个基本功，是创新型企业家在长期奋斗中养成的生活习惯。

2016年3月5日，任正非在接受新华社记者专访时说："华为坚定不移28年只对准通讯领域这个'城墙口'冲锋。我们成长起来后，坚持只做一件事，在一个方面做大。密集炮火，饱和攻击。每年1000多亿元的'弹药量'炮轰这个'城墙口'，研发近600亿元，市场服务500亿到600亿元……"[1] 他对华为企业文化的概括是："傻，要总结的话就是傻，不把钱看成中心。中心是理想，理想就是要坚守'上甘岭'。钱不是最重要的。"华为"没炒过股票，没做过房地产。那时，公司楼下有个交易所，买股票的人是里三层外三层包围着。我们楼上则平静得像水一样，都在干活。我们只专注做一件事，攻击'城墙口'"[2]。这种没有硝烟的"上甘岭"上的无畏坚守，是华为精神中最惊世骇俗的地方。

一位身处华为十余年的前《华为人报》主编是这样描述任正非的一个剪影的："我辞职那年的一天，确切地说是2005年1月6日中午，我去华为坂田基地的食堂吃饭，路上正好碰到刚从食堂出来的任正非，他身穿一件深色西装上衣，裤子是浅色的，手里提着一个白塑料袋，里面装有一二十个包子和馒头。他提着塑料袋，一个人走着，一副顾家男人的样子，也不与别人打招呼。迎面经过的人当然也不会和他打招呼。三三两两的员工们只是在经过时看着他，待他走过，相互间偷偷地笑。有的员工还转过头来，脸上带着一种好玩的笑意，再看一眼老板提着馒头的背影。这就是很多人眼中最好的中国企业家的形象，像一个平凡人一样走在他一手缔造的'王

---

[1]《28年只对准通讯领域这个"城墙口"冲锋》：《新华每日电讯》2015年5月10日第4版。

[2] 同上。

国'里,旁若无人,别人当他不存在,他也满不在乎。他实在是没有什么企业家形象。"①

这就是"通讯王国"里的"寂寞王者"!他是这样表白的:"我个人与任何政府官员没有任何私交关系,没有密切的工作伙伴;与中国任何企业家我没有往来,除了联想的柳传志、万科的王石,在 20 年中有过两次交往外;也没有与任何媒体任何记者有交往。我个人的私人生活很痛苦,非常寂寞,找不到人一起玩。和基层员工离得更远一些,为了公司能够平衡,我得忍受这种寂寞,忍受这种孤独。"②

无独有偶。海信集团董事长周厚健也强调"自主创新要耐得住寂寞",他说:"……五年的时间,这个团队在做一件什么事情呢?他们在做一件可能没有任何工作成果,结果很可能是失败的事情,但是他们认准了这种做法的意义,因此他们耐住了寂寞,不仅仅耐住了专业上的寂寞,也耐住了社会上的各种诱惑,社会上各种利益、娱乐的诱惑。最后他们踏踏实实地做了五年,这个芯片做出来了。我认为,他们面临的挑战首先是和寂寞挑战,甚至是极度的寂寞,极度的枯燥。"③ 可见,为了理想不畏寂寞孤独、顽强奋斗,乃是创新者的必备素质,在这一点上,成功的企业家们可谓是英雄所见略同。

4. 压不垮的韧性和犟劲

企业的创新发展一般属于跨越发展、超常发展、快速发展,其所面临的困难和挑战也是非同寻常的,这就需要创新型企业家必须具有百折不挠的精神、坚韧不拔的意志和勇往直前的信念。企业家精神与工匠精神的坚韧、追求卓越是一致的,因为凡是伟大的企业家,总是在不断地面临新问题,他要不断诉诸理想的实现,就必须得有坚韧的态度,被称为"铿锵玫瑰"的格力电器总裁董

---

① 周君藏:《任正非这个人》,《领导文萃》2011 年第 19 期,第 61—62 页。
② 该刊编辑部整理:《"寂寞王者"任正非》,《商周刊》2013 年第 3 期,第 70 页。
③ 《企业家创新感言》,《企业管理》2006 年第 3 期,第 22—23 页。

明珠女士，就是凭着一股敢于叫板的犟劲为格力公司打开了一片广阔天地。

按年龄而论，在当时黑压压的南下打工人群中，董明珠还真称不上"打工妹"。正式迈出离家外出务工步伐的那一年，董明珠已经36岁，而且还是一个带有8岁孩子的母亲。

30岁的时候，丈夫因病突然离世让董明珠经历了犹如晴天霹雳式的打击，……征得了公公、婆婆的同意后，董明珠决定南下打工。在当时看来，这可能是一个女人能够撑起一家所需的最现实也是最无奈的方式。不过，考虑到儿子只有两岁，董明珠并没有马上启程，而是一直等到孩子长到8岁时才沉重而又十分留念地迈开了南下的步伐……

董明珠进入格力电器得到的第一份工作是跑销售——一个被该企业员工普遍看成是累人苦人的活儿。尽管如此，在没有弄清何为营销的前提下，董明珠就领命北上，前往被格力销售人员称为"硬骨头"的安徽市场。……来合肥之前，公司经营部的领导就已经向董明珠安排好最重要的工作——向合肥一经销商追讨42万元的拖欠货款，而且这笔款项先前已是屡讨不回。同样，当董明珠找到该经销商，不是遭遇白眼，就是吃闭门羹。被激怒的董明珠索性坐在了经销商的店门前，而且只要一见到老板就穷追不舍。就这样，经过40多天的斗智斗勇和死缠烂打，董明珠硬是讨回了42万元的债款。此举成为了营销界茶余饭后的经典故事。

拿下了最难啃的"骨头"，董明珠的信心也增强了很多。不久，芜湖、铜陵、安庆等淮南市场也被董明珠打开，而且仅仅是董明珠来到安徽的第二年，其负责的销售额就突破1600万元，一个人的销售量占整个公司的1/8。

……也许是为了考验董明珠，公司随后将其调往几乎没有一丝市场裂缝的南京。令人不可思议的是，即便是在隆冬季节，董明珠也神话般签下了一张200万元的空调单子，一年之内，她的个人销售额上蹿至1.6个亿，占到整个公司总销售额的 1/4。①

"我从来就没有失误过，我永远是对的！"何等的自信？下海 22 年，这一直是董明珠的信条。她叫板行规、叫板权威、叫板不符合自己价值观的一切，倔强地坚守自我……她认为，一个人最重要的是把人生价值追求定位在哪里，是为钱而奋斗，还是为别人带来幸福，这样一个价值取向问题。董明珠认为，自己的成功是因为有搏命精神。"其实我们成功背后都是付出，没有付出是不能成功的。所以投机取巧的、走捷径的人不可能持续成功，在某一个时间段，可能是成功的，但是不会永久性的。要想可持续地成功，就要坚持自己的信念。"②

5. 光环中的冷静和忧患

改革开放以来，许多显赫一时的企业家如走马灯一样纷纷登台、瞬息即逝。固然，他们的衰落有各种各样的原因，但有一句警言却在他们身上屡试不爽，那就是"生于忧患，死于安乐"。相比之下，创新型企业家，对社会经济法律的突破更多，因创新造成的问题也更多，因而也更需要冷静、警觉和忧患。

　　……马云在清华大学演讲时毫不避讳地表达了自己一直在担心：创业时天天担心能不能活下来，之后担心公司会不会长大，到今天担心公司会不会倒下，且现在的担心比以前更多。这 30 多年来，他天天在担心，担心自己不够努力，担心没看清楚。……

　　马云不仅在很多场合表达过内心的担忧，甚至曾经多次把这个问题抛给向阿里巴巴学习的创新企业：未来最大的灾难在哪里？应该怎么办？预测灾难可以让企业提前有所准备，有了准备才会更好地度过冬天。冬天并不可怕，可怕的是没有准备

---

① 张锐：《董明珠：家电王国的"铁娘子"》，《对外经贸实务》2014 年第 3 期，第 12—13 页。
② 张沉：《董明珠：倔强地坚守自我》，《中国市场》2012 年第 43 期，第 19—22 页。

的冬天。当前，日立、松下、索尼等老牌日本企业都在积极谋求转型，正是预知到了忧患。

当然，忧患意识不等于整天愁眉苦脸。阿里巴巴频频在各业务领域收购、玩大数据应用、互联网金融创新乃至全球范围内 IPO，正是马云在忧患意识中不断鞭策自己，改变自己，改变行业作出的解读。

马云说自己 30 多年来一直有三大坚持：一是坚持理想主义，相信未来，相信别人超过相信自己；二是坚持担当精神，在阿里金融遭受巨大非议时，其认为只要对中国金融改革有激活、有创新，如果有人要付出代价，他来；三是坚持乐观的正能量，这才让阿里巴巴熬过了前 15 年内至少 100 多次灭顶之灾。

与忧患意识同行的还需要坚定的信心。马云说今天很残酷，明天更残酷，后天很美好，但是很多人死在了明天晚上。他奉行的哲学是：社会竞争激烈，能够在残酷的竞争中脱颖而出、占得一席之地的人固然是英雄，然而能够在成功中居安思危的人更是英雄中的英雄。

当下，互联网行业抱怨 BAT 垄断了行业，让众多企业只能在三座"大山"的挤压下求生存。而马云却现身说法，在他开始创业时，行业也埋怨机会都被 IBM、思科、微软占据了。而如今，有机构预估在科技类上市公司中，阿里巴巴将仅次于国际巨头苹果、谷歌、微软，有望冲刺 IBM、Facebook、亚马逊等市值，与其比肩。

忧患意识下更不能消极，而是更为积极主动去把握机遇。马云归结为没有变革就不会有阿里巴巴，阿里巴巴和马云有今天就是因为前 30 多年中国的变革。未来 30 年，他想跟随年轻人去改变世界，年轻人会把握这个机会。而纠结、变革都是年轻人的机遇，也是这个时代的机遇。[①]

---

① 《马云的忧患哲学》，《中国经济与信息化》2014 年第 7 期，第 4 页。

6. 放长眼光的妥协与合作

在市场经济中，任何企业家的成功都是市场上多种力量合作的结果。没有合作、妥协、开放包容精神，就没有市场发展的通道和空间，因此，任何创新都需要市场或合作者的支持，都需要企业家对合作者负责，甚至对竞争对手负责。这种负责任的企业家形象，往往会成为市场上巨大的无形资产，为企业带来源源不断的利益。

> 1977年，李嘉诚为抓住中环、金钟地铁车站上盖地产发展机会，不仅满足地铁公司急需现金的需求，提供现金做建筑费；而且打破对半开的惯例，将中环站上盖商厦建成后全部出售的利益按地铁公司占51%、长江实业占49%分享。不仅地铁公司对与李嘉诚的合作非常满意，而且吸引了汇丰银行的关注，确定长实为重建华人行综合商业大厦的合作伙伴。为1979年李嘉诚借汇丰之力收购和记黄埔奠定了基础。李嘉诚认为"合作，最重要的是首先得顾及对方的利益，不可为自己斤斤计较。对方无利，自己也就无利。要舍得让利，使对方得利。这样，最终会为自己带来较大的利益"。[①]

再比如，李嘉诚也为曾经的竞争对手排忧解难。

> 1973年，因中东战争引发的石油危机席卷全球，香港的塑胶原料全部依赖进口，价格由年初的每磅0.65元暴涨到秋后的每磅4—5元。不少塑胶制造业厂家因未储备原料，被迫停产，濒临倒闭。李嘉诚的经营重点已转移到地产，收益颇丰，塑胶原料危机，对他整个事业，影响并不大；出于公心和义务，倡导和组织数百家塑胶厂家，入股组建联合塑胶原料公

[①] 陈万思：《从李嘉诚看企业家的社会责任》，《上海企业》2015年第12期，第13页。

司，直接由国外进口塑胶原料，克服因购货量太小难以达成交易的困难。此外，还从自己公司的库存原料中，匀出 12.43 万磅，以低于市价一半的价格救援停工待料的会员厂家；并把本身的配额——20 万磅硬胶原胶，以原价转让给需求量大的厂家。此次受李嘉诚帮助的厂家达几百家之多，不仅使李嘉诚在同业中声誉日隆，而且赢得其他行业的好口碑。①

7. 永相伴随的善良心灵

办企业应该是人世间的一桩善举，固然一个企业家为自己的企业发展而殚精竭虑无疑是正当的、必需的，但并不是为了攫取社会财富于私人，而是通过发展企业进而增长社会的便利和幸福。一个企业家总是造福人类的，因为企业家所创造的与他所获得的以及使用的是不成比例的。因此，企业家对世间的事物一定具有仁善的愿望，具有一种宽厚而博大的情怀。

当然，正如马云所言，企业家不是道德模范，但是一个企业家如果能怀有松下所讲的"素直之心"，那自然是一大幸事，无论对自己、对他人还是对社会。松下强调："一个有道德的人，不应该把自己的行为和目标定位于只是为了得到自己利益的满足，应该体现在对人、对社会的责任感上。"②

享受国务院特殊津贴的浙江省特级专家、浙江金盾控股集团总裁、第三届"科技新浙商"马夏康曾讲了这样一段话：

> 希望大家不忘初心——你内心深处觉得做这个事情是出于善良，是能够放到桌面上的……让自己的内心永远保持一份善良。
>
> 其实人生很多东西是无形的，只是我们没有发现。人需要性格，不同的人有不同的性格，但是有一点，要善良，这非常重要。你内心深处觉得做这个事情是出于善良，是能够放到桌

---

① 陈万思：《从李嘉诚看企业家的社会责任》，《上海企业》2015 年第 12 期，第 13 页。

② [日] 松下幸之助：《经营者 365 金言》，军事译文出版社 1987 年版，第 97 页。

面上的，不复杂的，所以善良是能够召唤成功的，我希望我们从一开始要抱定这个宗旨，让自己的内心永远保持一份善良。其次，领导者的魅力和品格，决定你企业的高度。我们必须坚持终身学习，我们要不断地鞭策自己，努力是不断进步的一个基础。我们要谦卑，永远要怀着一颗谦卑之心，要感谢、感恩。再次，作为领导，作为创业者，随着财富的增长和地位的转变，会有很多机会，但是你必须要自律，哪些事情可以做，哪些事情不能做，对家庭也好，对社会也好，对同学也好，对老师也好，对你的合作伙伴也好，对社会关联方也好，只有这样我们才能听从你的召唤，愿意跟你合作。同时当你自己成功的时候，你要通过合理的方式跟大家分享，跟你的供应商，跟你的管理团队，跟你的另外的投资者，跟你的员工，跟你的用户，跟你社会关联方，包括你企业背后的老百姓，通过另外一些积极的方式回报社会，分享给大家，这个财富才是有价值的。[①]

第三节 对创新企业家的支持和引导

从国家和社会层面讲，培育企业家精神、发挥企业家作用是经济社会充满活力的核心要素，需要体制机制的改革和完善，需要文化环境的建构和优化，需要顶层设计的心胸、眼量和智慧。

1. 保证市场秩序开放公平

我们只有了解了企业家精神产生的渊源，才能把握企业家精神成长的条件和环境，从而有效地培育和弘扬企业家精神。从渊源关系上讲，第一，企业家精神是市场锻造的结果，是经过市场竞争的反复锻造才形成的；第二，是文化涵养的结果，一个国家的文化价

[①] 马夏康：《创业，要让内心永远保持一份善良》，《今日科技》2016年第2期，第11页。

值观对企业家精神形成具有至关重要的意义；第三，是需求催生的结果，企业家是解决经济上的具体问题，改善着人类的生活质量；第四，是企业家综合能力的升华和写照；第五，是时事造就的结果，一代一代的企业家所产生的东西以及质量不同，他们所体现的精神具有时代烙印。

这里尤其要着重谈两个问题：一是市场的锻造；二是文化的涵养。这就市场而言，尽管改革开放塑造了市场经济，也为更多的企业家脱颖而出创造了条件，一大批企业家就是在这短短的二三十年来成长起来了，但同时我们也要看到，在市场方面仍然有诸多问题束缚着企业家的成长，其中一个比较突出的问题是政府的作用过于强大和绝对化。

近年来，中央政府不断强调简政放权，但这项工作并非那么简单，有些就是放不下去，就是在不断地进行审批，而在审批过程中无数企业家只能被动等待。2016年上半年调查的民营资本为什么突然投资减弱？在审批这条线刚刚被打破或者将被打破的时候，突然又出现了新的不足，仍然体现了政府对市场的强烈干预，这种干预造成事与愿违，本来是想帮助企业家做事，现在却增添了企业的麻烦。

在市场运行过程中，政府要以法治框架为基础，形成对各类企业的信任、一视同仁。比如，国际上注册公司本来就是很简单的手续，我们经过商事登记改革，这个审批现在被打破了，但再融资的时候又要重新审核和批准，而中国香港就不存在这样的问题，再融资的手续也是非常简单的，当然都在监管之下。因此，我们对企业家首先要信任，这种信任不是私人之间的信任，而是制度自信基础之上的国家信任。如果我们对企业家首先是不信任，先用怀疑的眼光看他，他就变成了被审查的对象。当然，一个企业家必须得遵守有关的制度，如果不遵守要付出相应的代价。

真正的群众路线首先要相信群众，你要想培植企业家至少要相信他、信任他，信任都没有何来的扶持？政府的简政放权，相对在管理上能不能做到有所不为，绝对无为的政府在世界上是没有的，但有所不为的政府、简便型的政府却是现代社会发展的一个重要标志。所谓有所不为，就是一切正常的、常规的市场运行活动可以由市场主导去实现，政府对之可以零审批，这样会使社会感到简便而不烦琐，会产生政府与企业之间的距离美感，这不是弱化政府，而是更有利于政府切实办好分内的事。

国企要进一步深化改革，真正的强大不表现为摊子大、垄断性，真正的强大应该表现为人才竞争力上。那么，用什么方式去扶持和支撑企业家阶层？最重要的是人力资源开发和管理上的改革，能不能在国企中逐步推进经理人市场制度？国企是不可替代的，有它的优势。我们现在进行国家重点经济领域的突破乃至重大科技领域的创新，关键可能还要依赖于国企，它是中坚力量。但在市场化的竞争活力上，民企优势可能更多一些。

近来闹得沸沸扬扬的宝万之争这件事，反映了市场秩序的一些问题，反映了建立企业制度过程中的国企和民企的关系，尤其是市场规则和企业独立发展之间的一些关系。证监会对万科与宝能都表示谴责，明确指出，没有看到万科相关股东、管理层采取有诚意、有效的措施消除分歧，相反还通过各种方式激化矛盾，视资本市场稳定、公司发展、广大中小股东利益于不顾。证监会希望他们拿出切实行动，协商解决问题，促进公司健康发展，维护市场公平秩序，更好地维护市场参与各方特别是广大中小投资者的合法权益。这件事说明我们的企业文化还不成熟，企业家群体还不够成熟，不够大气，多少带有一些农民或小市民纠纷的习气，规则意识、社会责任意识比较淡薄，有许多地方确实需要向发达国家企业家学习借鉴。

2. 倡导文化包容

如上所述，企业家精神是文化涵养的结果。中国的企业家精神是改革开放以来逐步培育和发展起来的，近现代中国也很难说有很完善或很强盛的企业家精神，原因何在呢？就在于近现代的中国社会处于急剧变化的阶段，文化并不成熟，并没有定型。改革开放之后，为什么会迅速形成一个企业家群体？一是市场的作用，一是中西文化的交流所释放出巨大的能量对企业家的影响。

中国的传统文化孕育了灿烂辉煌的中国古代文明，这说明是中国人的创造发明能力并不弱，说明传统文化中所倡导的一些价值观如读书、思辨、践行、实事求是等，对增强中国人的创造力是有促进作用的，但是耐人寻味的是中国这么多的发明长期停滞在原来阶段，这些创造发明成果很少转化成大规模的生产，很少在研究的基础上产生质的提升和变化，即所谓在发明基础上的产业转化和普遍推广应用。正如鲁迅先生就中国的四大发明与应用所讲的那样，外国用火药制造子弹御敌，中国却用它做爆竹敬神；外国用罗盘针航海，中国却用它看风水；外国用鸦片医病，中国却拿来当饭吃。

那么，为什么陶瓷会越来越精美、陶瓷业会发展很快呢？很简单，因为皇帝总是要把玩那些最新的、最精致的东西，朝廷对它的要求越来越高。在封建专制制度下，不博得皇家贵族的欢心和兴趣，任何发明都不会得到国家支持，都不会蓬勃发展。但是，一旦开始西方的社会化大生产，一切都发生了根本性的变化，不管皇家喜不喜欢，市场说了算，市场需求引导着产业发展，引导着企业家阵营的发展壮大。

中国传统文化虽然历史悠久，但是对文化多样性和各种文化的活跃并不持一种鼓励的态度，而是压制的态度，真正的大的思想的文化的撞击除了游牧民族和佛教的传入以外，大部分都是故步自封的东西，而这些东西都压制创造力的发展。历史证明，当一种思想完全控制社会、排斥任何其他思想的时候，哪怕它再先进，也会造成禁锢、束缚乃至停滞倒退。儒家思想汉代的时候是很先进的，对人格的理想化、对人生的追求即使在今天都是很先进的，但是儒家在汉代以来的王朝被定义的时候就代表着故步自封，一旦故步自封再先进的东西都会落后。

这种文化的涵养在企业家精神里面尽管在原理上是一致的，但是在各国企业家当中也体现出不同的特性。在美国休斯敦宇航中心，一进去就有一个顶天立地的标语：只要我们想到的，我们就可以做到。这就是美国文化，充满理想主义的色彩，又充满不断创新、战胜各种困难的意志和勇气。这些东西恰恰是和美国建国时候的民族精神相一致的。美国精神有两点对企业家贡献是很大的,第一个是冒险意识,以冒险为乐趣,作为人生常态去看待;第二个是规则意识,因为是移民国家,有各种各样的宗教、各色各样的人种,各种各样的语言,所以要强调规则。美国企业家精神里最值得我们尊重的就是冒险和规则。

相比之下,德国精神比较严谨,其企业家也特别重视产品质量;法国精神比较浪漫,其企业也特别重视创新创意;而日本企业家是东方型的,松下幸之助深受东方传统文化影响,强调道德和责任,这是纯粹的东方智慧。

企业家精神是人类精神的一束鲜花,与一个国家的文化环境有密切联系。任何文化环境都有自己的个性特征,既有优势,也有不足。培育企业家精神,应注意营造适应企业家成长的文化环境,勇于敞开心胸、扬长避短、拿来我用。

要适应文化开放、流动、包容的时代新特征,积极汲取各民族文化的精华,不断塑造生机勃勃的民族精神,推动企业家精神的健康发展。文化的开放和流动可以弥补文化时空的凹凸,汇聚五光十色的文化潮流,吸纳多元文化的营养和特色,刺激文化需求和文化生产,催生文化元素的分解和融合,产生出文化的新内涵、新样式、新生命。文化的生命在于流动;流动是文化的重要属性,文化的开放流动与文化的创新创造是同一个过程;任何充满流动文化的开放地方一定是充满文化创造活力的先进地方,而这样的地方也应该是企业家的乐园。

3. 倡导"鼓励创新、宽容失败"

强调"鼓励创新",是大家普遍认同的;但要"宽容失败",却并非所有人能接受。2006年3月,《深圳经济特区改革创新促进条例》在深圳市四届人大常委会第五次会议上高票通过,率先体现"鼓励创新、宽容失败"观念。对"宽容失败"一说,各地各界反应不一,争议颇大,但随着实践的发展,人们越来越意识到"宽容失败"在中国新一轮改革创新和社会文明进步中的特殊意义。

在信息时代,创新与失败互为条件、互为因果、相互渗透、不分彼此,凡是创新的成功者无一不是曾经的失败者。众所周知,"阿里巴巴在美国上市,最大的获利者不是马云,而是韩裔的日本企业家孙正义。孙正义经营的软银公司14年前以区区2000万美元投资阿里巴巴,而今获得了580亿美元的投资回报,创造了互联网时代'芝麻开门'的经济神话。为什么中国人创办的公司,却让外国人成为最大获利者?表面原因是我国金融业发展的滞后,深层原因却是创新文化的缺失。

收集、处理和开发信息的创新能力取代资本,成为信息时代最关键的生产要素。与土地、资本等生产要素不同,创新始终与风险如影随形。首先是巨大的市场风险,即率先推出的商品(或服务)能否得到用户的认可。……孙正义的软银热衷于互联网项目投资,既有不少成功的案例,也经历了许多失败,特别是本世纪初互联网泡沫破裂,使其蒙受巨大损失。……在信息时代,信息的快速传递和技术进步的日新月异,使市场风险和技术风险显著加大,远远超过工业时代。面对如影随形的创新风险,形成创新文化的关键不是如何激励成功,而是如何宽容失败。形成宽容失败的创新文化,关键是通过深化改革,为其提供必要的制度保证"[1]。

宽容、包容,是一种心态,是一种文化。笔者曾在一篇文章中这样写道:"一方面,开放的观念,开放的社会,开放的资源、要素、人才市场可以不断凝聚文化的能量;另一方面,开放的城市品格和良好的开放心态,可以为观念、文化、技术的交流提供自由的空间。开放的思想加上开放的市场和开放的社会,可以使一个国家或一个城市保持始终胜人一筹的智慧。""只有真正具有开放心态,一个国家或一个城市才能形成多元并存的文化格局,才能影响和塑造出具有宽容意识的国民或市民。"[2]

---

[1] 漆先望:《鼓励创新 宽容失败》,《四川日报》2014年11月27日第9版。
[2] 王京生:《包容型文化支撑包容性发展》,《深圳特区报》2015年1月13日第C01版。

第六章

培育国家创新战略所依赖的创新创意阶层

创新创意阶层是国家创新战略的骨干力量，国家创新战略所提出的目标，没有骨干力量的支撑是达不到的，创新创意阶层与企业家一起共同实现创新目标。在一定意义上，企业家可能比创新创意阶层更重要，因为他们是创新创意的组织者，也是创新资源配置和创新要素的重要提供者。但是，充满生机的文化孕育和培养强大、优秀的创新创意阶层，波澜壮阔的"文化+"与"互联网+"实践，发达的创新文化，丰富的文化多样性，让创新创意阶层成为国家创新战略最富活力的实施人。

第一节 创新创意阶层的内涵

近年来，创新创意成为热门的研究领域，一系列的概念如管理创新、体制创新、自主创新、企业创新以及创意产业、创意城市、创意设计、创意园区等层出不穷。那么作为创新创意主体的实施者——创新创意阶层到底是怎样构成的呢？

所谓创新阶层，主要是指以科技为核心，也包括制度创新，理论创新的从事各个领域的创新人才。创新，特别强调科技创新，因为科技创新是国家创新战略非常主要的一个方面。科技，原本作为文化的副产品，渗透到我们生活和思想的方方面面，① 当前在"大众创业，万众创新"的大环境下，社会为科技创新的发展提供了一个良好的空间环境和时间环境，为"文化+"的发展提供了良好的基础，创新阶层得以日益发展与壮大。

当然，我们也要注意到，虽然我国在推动创新阶层发展方面，尤其是科技创新领域的政策好，取得很大成绩，但当前对于创新阶层的发展也存在一定的不足，如中国传统文化相对保守，缺乏创新基因，创新动能相对较弱。如何才能确保创新创意阶层的快速发展？以创新相对突出的以色列为例，近些年，随着以色列科研公司的不断崛起，作为弹丸之地，建国不足70年的以色列快速崛起。以色列的创业公司和投资的数量众多，投资密集，专注技术，快进快出。根据网络数据显示，以色列目前约有5000家高科技初创公司。最近5年，每年的平均增长数量为927家，年均增长率为10%。对于人口只有800万的小国，平均每天就有2到3家创业公司成立。根据以色列 IVC 咨询公司的数据，以色列到了 2014 年，与创业公司相关的风险投资进入了突破性的一年，全年共有688家创业公司获得本土以及全球范围的融资，总额达到了34亿美元。与全球创业最活跃的美国相比，美国 2014 年高科技创业公司投资额达到470亿美元，但是以色列国土面积仅为美国的0.5%，人口为美国的2.7%，以色列高科技创业公司吸引到的风险资金却超过了美国的7%。

以色列之所以在创新领域取得巨大成就，是因为犹太文化中鼓励"特立独行"，所以年轻人不愿墨守成规，有创新的思路，善于创造与众不同的新事物。也因为民族的历史遭遇，使得犹太人明白成功的不易，因此允许失败的存在，全社会形成了一种宽容失败的氛围，社会对于个人的失败也不会进行批判。因此在这种情境下，年轻人能够以轻松的心态去尝试新的事物，对于失败也相对平和并保持相对乐观的态度。除了历史和民族文化的因素外，人才的汇集

---

① ［美］凯文·凯利:《新经济新规则——网络经济的十种策略》，刘仲涛、康欣叶、侯煜译，电子工业出版社2014年版，封面。

也是以色列能够快速崛起的重要原因之一。为了在全球吸引优秀人才，以色列专门设立了移民吸收部，吸引国际创新人才。以色列人是曾经分散流居在世界各地的犹太后裔，这些犹太后裔在开创新国家之前，就已经在商业与科技创新领域取得杰出的成绩。

所谓创意阶层，是指以文化为核心的各领域的创意人才，涉及各个领域，包括但不限于音乐、文学、电影、艺术、设计等方面相关的人才。从哲学的角度分析，创新是人类对于发现的再创造过程中形成的新的物质形态，是人类特有的认识能力和实践能力，是人类主观能动性的高级表现形式，是对原有方式的升级与突破，是推动民族进步和社会发展的不竭动力。而创意是创新的特定形态，是使用意念思维，创造新价值，启发新颖性、特殊性和创造性的想法和做法，是挑战传统的自由释放。① 相对于创新来说，创意是创新的升华与深化，是创新的更高层次的表达，创意更有广度、更有深度。如果把创新的外延扩大化，一切创新，都是基于发展再创造的创新，是植根于泛文化的创新，一切创意，都是创新的深化，是基于文化的升华。

随着社会的发展和时代的进步，人们对创新创意的认知处于逐步深化的过程，世界各国的学者纷纷就创新创意提出自己的见解，其中影响最大的当数加拿大多伦多大学教授理查德·佛罗里达，他认为创意阶层是新经济条件下，经济发展对于创意的渴求，从而衍生出来的一个新的阶层。他所说的创意阶层，其实就是我们所说的创新创意阶层，该阶层涉及制造新理念、新科技、新内容；包括了所有从事工程、科学、建筑、设计、教育、音乐、文学艺术以及娱乐等行业的工作者。这些人具有创新精神，注重工作独创性、个人意愿的表达以及对不断创新的渴求。与文化艺术、科技、经济各方面的事物，都有着不可分割的关系。创新创意阶层是文化、观念、思想等"软实力"的缔造者，传统的文化、艺术、设计、媒体、广告、电影娱乐等人文学科产业，还有商业管理、金融、法律等知识

---

① 何小台、范扬松、黄丙喜、解仑：《创意人一定要懂的 7 堂 EMBA 课》，电子工业出版社 2015 年版，第 4 页。

服务经济，都是以创意阶层为核心的产业，还包括从事研究、咨询等社会工作的群体，包括像笔者这样从事政策研究的智库学者。创意产业的直接产品不是衣服、食品，不是石油、煤炭，也不是计算机等高科技产品，而是人的大脑所产生的知识、技术、想法、经验，通过激发人的创造力和想象力来推动经济发展。对于创新和创意来说，它们是两个紧密联系的统一体。两者都是以新思维、新文化、新发明和新描述等为特征的一种概念化过程，在经济、文化、技术等领域有着举足轻重的地位。另外，在创意产业之外，即使是传统产业包括制造业，创意环节也是具有重要附加价值的部分，这意味着创意阶层的崛起，对于整体经济的发展也具有重要的驱动力。

从世界范围看，创新创意阶层的发展经历了从稳定发展到快速发展的时期。作为全球创新中心的美国，是创新型国家的典型代表，以美国的创新创意阶层为例，超级创意核心和专业创意人士有将近4000万之众，占全美就业人口的30%（核心11.7%，专家18.3%），"执行"他们"创造"的劳工阶层为26.1%、服务阶层为43.4%。创意阶层1999年达到30%，3830万人。美国文化产品之所以风靡全球，固然有美国依托其超强的国家实力推销其文化产品和价值观念的因素，但美国本身的科技发展水平、金融创新能力及其与文化创意的高度融合，无疑是美国文化产品极具全球竞争力的重要原因。英国的情况也类似，以伦敦为核心的创意城市，吸引了大量的创新创意人才投身于创意产业。

中国创新创意阶层相对于美国、英国等发达国家存在一定的差异。中国创新创意产业起步相对较晚，创新创意人才比例相对偏低，创新创意产业主要集中在大中城市，并且大中城市创新创意人才所占的比例也不高。以深圳从事文化创意领域的人才为例，大概是35万到40万，有8000到10000家的创意设计方面的企业。

我们在讨论创新创意阶层的时候，还需要理解和把握创新与创业的差异。创业也是创新，是创新的一种特定形式，但创业更多的是一种有组织的经济活动。DCCI互联网数据中心创始人胡延平认为创业、创新、创造往往紧密联系在一起，只有真正的创新，创造才会带来创业的成功。① 当前创业已经逐渐成为一种趋势。我们不能因为创业艰难、创业失败而放弃创业，无论是在东方还是西方，创业已经成了这个时代年轻人追捧的事业。虽然创新工场董事长兼首席执行官李开复认为创业往往是艰难的，② 但是随着创业正成为一种潮流，很多新兴的创业区域开始崛起，并取得了耀眼的成绩。从微观的角度分析，当前以大学生创业比例为例，虽然大学生创业人数不多，但比例不断上升。根据深圳大学提供的数据，深大本科毕业生自主创业比例也呈现上升趋势。2013届自主创业人数为21人、占0.34%，2014届68人、占1.16%，2015届71人、占1.24%。

李克强总理在2016年的政府工作报告中也强调了创新创业的重要性，他指出，"调动全社会创业创新积极性，汇聚成推动发展的磅礴力量"。国务院常务会议多次对"双创"进行部署，国务院层面出台至少7份相关文件促进创业创新。强调发展众创空间建设新型创业创新平台，促进众创空间专业化发展，为实施创新驱动发展战略、推进大众创业万众创新提供低成本、全方位、专业化服务。新设5个国家自主创新示范区并决定建一批双创示范基地，建设一批高水平、有特色的双创示范基地，构筑完备的创业创新服务链，促进科技与经济融合发展，推动大众创业、万众创新向更大范围、更高层次、更深程度发展。新中国成立将近70年，我们在重大领域的创新，特别是科技在重大领域的创新基本是国家主导的，取得不菲的成绩，最有代表性的是"两弹一星"，其他的包括南京长江大桥、三峡工程、863计划、航空发动机、量子通信、智能制造、机器人产业等都是国家的重大项目，这些重大项目都是科技创新的典范，是我们的拳头，而且是综合国力的一种集中体现。可以说，我们70年走过的道路，重大领域的科技创新发展迅速。在民生需求的全方位领域的创新也取得了巨大成就，但相对于国家层面的大型创新，民生领域的创新相对影响力度稍小，相关的创新乏善可陈。随着"大众创业，万众创新"的提出与实施，成为我国在实

---

① 梁海燕：《创业时，他们在读什么》，浙江大学出版社2015年版，封底。
② 同上。

践中培育国家创新阶层的一个重要的实验和步骤。

从世界范围看,除了世界全球的创新的中心——硅谷之外,有硅谷第二之称的以色列也是全球知名的创业创新中心。以色列民族的主体——犹太人中的创业者由于民族文化、发展历程等,造就了他们热爱创业、勇于拼搏的共同特点。犹太民族的基因里就流淌着创业创新的传统。在历史上,由于战争等原因,犹太人被迫离开自己的国家,分散到世界各地,其身份都是"外来移民"。他们需要生存,有挣钱养家的需要,这种创业被称为"生存型创业"。无论是早期流散在外的犹太后裔,还是以色列建国后的犹太移民,创业是能够让他们"绝处逢生"的机会。以色列"连续创业者"的比例达到10%。同时,政府政策上的巨大扶持和帮助也推动了以色列创业者群体的发展。以色列于2011年颁布相关法律,鼓励早期的投资行为。符合资格的投资者,如果投资于本土的高科技企业,就能减免相应额度的税款。同时针对符合相应要求的高科技公司,政府将资助1/2的研发经费,而针对创业公司,政府将资助2/3的经费。此外,以色列政府成立了数十家孵化器,对创业公司可提供85%的研发费用。以色列的这些政策,无疑推动了以色列创业者的发展,推动了创新创意产业和创新创意阶层的发展。

总之,从世界范围看,创新创意成为时代的主旋律,对于中国而言,创新创意成为推动国家经济社会转型的重要抓手,我国通过大力发展"文化+"产业,正在极力培育一个具备一定规模的创新创意群体,来突破当前经济发展困境,推动新经济发展模式的转型和经济发展质量的提高。

第二节 创新创意阶层的战略地位

创新创意阶层作为新兴的阶层,代表着先进的生产力和未来社会发展的方向,在经济社会中具有重要的战略地位,可以说,当今经济的未来属于创新创意经济,创新创意是最根本的经济资源,当前,我国在经济转型全面改革时期发展以创意产业为基础的创意城市，以及以创新推动区域发展具有重要的指导意义，创新创意阶层对于当前的培育与发展具有重大战略意义。

1. 从国家层面来说，国家非常重视创新创意产业及阶层的地位

从世界范围来看，创新是一个民族进步的灵魂，是一个国家兴旺发达的不竭源泉。中国文化中的创新基因，曾经长时期被遮蔽和压制，我们经常看到的不是创新，而是复制，大到制度、思想，小到具体的产品。虽然传统能够给我们新的启示，历史上也不乏看前面的东西产生了今天变革愿望的东西，但更多的是阻止我们的眼光更长远和面对未来世界的积极对策，阻碍了创新的发扬。

改革开放以来，情况发生了变化。我国在经济社会发展领域取得了巨大成就，这与我国大力提倡创新分不开。近年来，我国经济发展速度逐渐下降，2016年第二季度GDP增速为6.7%，比前几年有较大幅度下降，经济进入调整期，经济发展的不确定因素增加。然而，当前也是创新创意的好时期。恰恰是经济最困难时期，往往最有可能出现创新，经济特别好的时候，因循守旧的动力更强，第二次工业革命中的英国由于拥有广阔的殖民地，因循守旧，不思创新，逐渐被其他国家超越就是典型例子。

2015年大众创新万众创业提出以来，我国处于逆境中求生存和发展，从资源驱动、资本驱动向创新驱动转变的好时期，创新创意的速度和规模将不断提升。进入21世纪以来，我国创新创意产业迅速发展，特别是沿海经济发达、交通方便的城市，比如深圳，到2015年，创意产业的产值已经占GDP的百分之十左右，这与国家大力支持创新创意直接相关。可以说，当前我们处于一个非常适合创新创意的时代，在开放的大背景下，中西文化在不断碰撞，是全方位的融合与碰撞，在平静与理性的状态下进行。如果只有西方文化的涌入，没有对中国传统文化的再认识，或者只有对中国文化的认识，没有对西方文化的理解，都不能达到这个最佳状态。

西方人的一个最大特点，是喜欢标新立异，刻意追求与别人不同的独特想法。① 因此西方人在创新领域走在前列。为了追赶西方创新的步伐，我国领导层十分重视创新在经济社会中的地位和作用。在习总书记的执政思路中，"创新"始终占据着重要位置。2014 年中国科学院第十七次院士大会、中国工程院第十二次院士大会上，习总书记强调，我国科技发展的方向就是创新、创新、再创新。十八届五中全会提出："坚持创新发展，必须把创新摆在国家发展全局的核心位置，不断推进理论创新、制度创新、科技创新、文化创新等各方面创新，让创新贯穿党和国家一切工作，让创新在全社会蔚然成风。"

作为党和国家领导人，习总书记在多个场合强调创新的重要性。他认为抓住了创新，就抓住了牵动经济社会发展全局的"牛鼻子"。② 科技创新是提高社会生产力和综合国力的战略支撑，必须摆在发展全局的核心位置。实施创新驱动发展战略决定着中华民族的前途命运。全党全社会都要充分认识科技创新的巨大作用，敏锐把握世界科技创新发展趋势。我国经济发展要突破瓶颈、解决深层次矛盾和问题，根本出路在于创新，关键是要靠科技力量。创新是一个民族进步的灵魂，是一个国家兴旺发达的不竭源泉，也是中华民族最鲜明的民族禀赋。要坚定不移走中国特色自主创新道路，坚持自主创新、重点跨越、支撑发展、引领未来的方针，加快创新型国家建设步伐。面对科技创新发展新趋势，我们必须迎头赶上、奋起直追、力争超越。历史的机遇往往稍纵即逝，我们正面对着推进科技创新的重要历史机遇，机不可失，失不再来，必须紧紧抓住。自力更生是中华民族自立于世界民族之林的奋斗基点，自主创新是我们攀登世界科技高峰的必由之路。实施创新驱动发展战略是一个系统工程。要深化科技体制改革，破除一切制约科技创新的思想障碍和制度藩篱，处理好政府和市场的关系，推动科技和经济社会发展深度融合，打通从科技强到产业强、经济强、国家强的通道，以改革释放创新活力，加快建立健全国家创新体系，让一切创新源泉充

---

① 何正斌：《经济学 300 年》第三版（上），湖南科学技术出版社 2010 年版，前言第 1 页。

② 《习近平总书记系列重要讲话读本》，学习出版社、人民出版社 2016 年版，第 133 页。

分涌流。

国务院总理李克强也很重视创新。2016年7月20日他主持召开国务院常务会议，通过"十三五"国家科技创新专项规划，以创新型国家建设引领和支撑升级发展。会议指出，创新是引领发展的第一动力。为进一步落实全国科技创新大会精神，依据国家"十三五"规划纲要，对未来五年科技创新进行系统谋划和前瞻布局，是实施创新驱动发展战略、建设创新型国家的重大举措，对于提升国家科技创新综合实力，发展新经济，促进经济迈向中高端，实现全面建成小康社会目标，具有重要意义。会议通过的"十三五"国家科技创新专项规划确定了以下主要任务：一是增强原始创新能力，加强基础和前沿技术研究，整合优化资源配置，瞄准引领未来发展的战略领域，布局建设一批重大科技设施、国家科研与技术创新基地等。扩大创新型人才规模、提高质量，强化区域和国际创新合作，使国家综合创新能力世界排名明显提升。二是构筑先发优势，用好比较优势，聚焦国家战略和民生改善需求，在量子通信、精准医疗等重点领域启动一批新的重大科技项目，强化种业、煤炭清洁高效利用、第五代移动通信、智能机器人等重大产业技术开发，推进颠覆性技术创新，培育新动能，带动传统产业改造升级，使科技进步贡献率达到60%，提高人民群众生活品质。三是依托大众创业、万众创新平台，强化企业在科技创新中的主导作用，打造高效协同的创新生态链。完善科技创新服务和众创空间等创业孵化体系，建设统一开放的技术交易市场，引导更多资源向创新汇聚。四是加快科技体制机制改革步伐，充分调动科技人员积极性。尽快落实改进科研经费管理使用、科技成果权益分配等政策措施，破除束缚创新和成果转化的制度障碍，提高科研资金使用效益，促进形成崇尚创新的社会氛围。

可以说，党和国家把创新置于经济社会发展全局的重要位置，突出创新的重大价值，实际上需要创新创意阶层规模的扩大与发展，为了促进创新创意阶层的发展，需要在创新创意人才培养领域取得突破。

2. 从群体角度来说，国家非常重视创新创意人才群体的培养

中央关于"十三五"规划的建议，把创新置于未来发展的五大关键词之首，上升为国家发展战略的核心，具有重大意义。如果说改革开放是决定当代中国命运的关键一招，那么，创新就是中华民族走向复兴的必由之路。没有持续的创新，就没有持续的发展，也就难以实现民族伟大复兴的梦想。没有持续的创新创意人才的培养和创新创意群体的发展壮大，也就没有未来的发展之地。创新创意阶层是当前国家经济社会发展的骨干力量。他们与企业家一同实现创新目标，企业家可能比创新创意阶层更重要，是创新创意的组织者和整个资源配置和要素的提供者，但也离不开创新创意人才群体的发展。可以说创新创意阶层对于我国创新体系建设的意义极其深远。

我们处于一个非常适合创新创意的时代，在大开放的环境下，各级各类文化在我们国家碰撞，是全方位的融合与碰撞，在平静与理性的状态下进行。如果只有西方文化的涌入，没有对中国传统文化的再认识，或者只有对中国文化的认识，没有对西方文化的理解，都不能达到这个最佳状态。但由于当前我国的创新意识还太薄弱，创新力度有待加大，创意能力有待提高，促进创新创意的政策还不到位，提升国家创新力势在必行。像中兴、华为那样的创新企业，城市环境好，就能吸引人才。

国家层面，习总书记指出，创新的事业呼唤创新的人才。知识就是力量，人才就是未来。我国要在科技创新方面走在世界前列，必须在创新实践中发现人才、在创新活动中培育人才、在创新事业中凝聚人才，必须大力培养造就规模宏大、结构合理、素质优良的创新型科技人才。要把人才资源开发放在科技创新最优先的位置，改革人才培养、引进、使用等机制，努力造就一批世界水平的科学家、科技领军人才、工程师和高水平创新团队，注重培养一线创新人才和青年科技人才。

2015年两会期间，习总书记再次强调了创新创意人才的重要意义。他指出人才是创新的根基，创新驱动实质上是人才驱动，谁拥有一流的创新人才，谁就拥有了科技创新的优势和主导权。对于创新创意人才的培养，他要求立体化地培育人才，特别是对高端的尖子人才更要爱护。有了源源不断的人才优势，中华民族伟大复兴指日可待。在当今国与国之间、区域与区域之间的竞争，归根结底是人才的竞争，谁拥有大批高层次人才，谁就拥有竞争的主动权。在人才竞争日益激烈的今天，要吸引和集聚大批创新创意人才，就必须根据其发展的需要，着力优化创新创意环境，把握该阶层创新创业的趋势和潮流，集聚创新创业所需各种要素和资源，为他们营造鼓励创新、包容失败的工作环境，不断改善他们的工作生活条件，使高层次人才能够在优越的创新创业环境中尽情发挥聪明才智。在变化不拘的时代里面，创新创意人才规模的扩大，主要依赖两个领域。一个是自己培养，内部就是"大众创业，万众创新"，包括国家的"长江计划"。另外一个方面是海外创新创意人才的吸引领域。

"大众创新，万众创业"对整个国家创新创业人才的培养，特别是在重大项目和一般民生项目的结合上有它的意义。如果说原来的重大项目国家一直关照的话，则"大众创业，万众创新"弥补了一般民生领域的创新创意的短板。

我国人力资源十分丰富，我国有9亿多劳动力，其中技能人才近1.6亿人，大专以上文化程度的人数也有1亿多。就业十分重要，没有就业就难有社会的稳定。[①] 劳动力的创新能力，随着文化素质的提高而增强，中国的就业人口进入到比较高的平台里，当今就业人员的文化素质，相对10多年前有很大提高，从大学毕业生的数量来看，2001年大学毕业生人数为114万，而到了2016年，大学毕业生的人数达到756万。大学生创业比例也处于逐步上升状态。2014届大学毕业生自主创业比例为2.9%，比2013届（2.3%）高0.6个百分点，比2012届（2.0%）高0.9个百分点。其中，本科毕业生创业比例为2.0%，比上届（1.2%）高了0.8个百分点；高职高专毕业生创业比例为3.8%，比上届（3.3%）高了0.5个百分点。大量大学毕业生的存在与大学生创业比例的提升，

[①]《2015年中国大众创新万众创业发展报告》，人民出版社2016年版，序言第1页。

为创新创意提供了人才和知识基础。

以创新创意阶层规模较大的北京和深圳为例。北京将制定实施北京市积分落户管理办法,研究设立创新创业指标,对获得一定规模创业投资的创业人才及其核心团队、投资资金达到一定规模且市场贡献突出的投资管理运营人才及其核心团队、高新技术企业以及文化创意领军企业骨干、创新创业中介服务人才及其核心团队等优先办理引进。对于社会贡献突出且确有用人需要的单位,建立人才引进的绿色通道。

深圳市委、深圳市人民政府2016年出台了《关于促进科技创新的若干措施》《关于支持企业提升竞争力的若干措施》《关于促进人才优先发展的若干措施》,在推动科技创新、提升企业竞争力、促进人才优先发展的政策和资源供给上"三箭齐发",集中推出了一批具有创新性、突破性的举措,以深化供给侧结构性改革增创新优势、激发新动力,努力实现"十三五"良好开局。紧紧围绕"加快建设国际科技、产业创新中心"这个战略任务,抓住科技创新这个核心,深化供给侧结构性改革,瞄准关键领域、重点环节,主动谋划、持续发力,推动创新跨越发展;必须进一步深刻认识新常态、适应新常态、引领新常态,克服经济保持中高速增长瓶颈、可持续创新发展基础支撑障碍,解放思想、实事求是,在制度政策上率先做出前瞻性安排,加快速度换挡、加快动力转换,释放新技术、新产业、新业态的发展活力,率先实现发展方式根本转变。为全面实施创新驱动发展战略,充分发挥科技创新的支撑引领作用,进一步激发各类创新主体的积极性和创造性,加快建成更高水平的国家自主创新示范区和现代化国际化创新型城市。①

从"大众创业,万众创新"的角度来说,现在国家为"大众创业,万众创新"提供条件,就是今天国家为创新创意阶层提供条件。要突破当前存在的束缚创新创意人才的因素,第一就是简政放权,减少吸引人才的行政束缚。第二要给予一定的资金支持,设立相关项目提供给创新创意人才群体。第三要在全国各地建立创客基

---

① 《深圳特区报》2016年6月15日。

地，尽力吸引全国乃至世界的创新创意人才。实际上，"大众创业，万众创新"是对创新创意人才的最好培养。

第三节　文化在创新创意阶层培育中不可替代的作用

发展理念是发展行动的先导，是发展思路、发展方向、发展着力点的集中体现。十八届五中全会强调，实现"十三五"时期发展目标，破解发展难题，厚植发展优势，必须牢固树立并切实贯彻"创新、协调、绿色、开放、共享"的发展理念。纵观古今中外国家的发展历程，可以发现，创新创意是一个坚持不懈、持之以恒的艰苦奋斗过程，也是一个充满风险、激烈竞争的优胜劣汰过程。从当今经济社会发展需要来看，综合国力竞争说到底是创新的竞争，要加快形成以创新为主要引领和支撑的经济体系和发展模式，大力推进经济结构性战略调整，把创新放在更加突出的位置。要围绕产业链部署创新链、围绕创新链完善资金链，聚焦国家战略目标，集中资源、形成合力，要突破关系国计民生和经济命脉的重大关键问题，就必须加快培育和发展创新创意阶层。以深圳、上海等新兴城市为代表的创新创意群体的发展与壮大，极大地促进了当地的创新创意产业的发展，促进了"文化+"在经济中比重的不断上升。目前，"文化+"已经成为经济发展的重要方式，已经渗透到社会发展的每个角落，可以说，有人类活动的地方就有"文化+"，培育和发展创新创意阶层，需要在"文化+"领域展开。"文化+"对于创新创意阶层的培养，具有不可替代的作用。

1. "文化+"催生创新创意阶层

所谓"文化+"，就是以文化为主体或核心元素的一种跨业态融合，它代表的是一种新的文化经济形态，即充分发挥文化的作用，将文化创新创意成果深度融合于经济社会各领域，形成以文化为内生驱动力的产业发展新模式与新形态，其实质是要实现内容、市场、资本和技术等关键要素在文化产业发展中的聚集、互动、融合和创新。

历史上的文化发展中没有明晰的"文化+"概念，但"文化+"从来就是人类文化进步的最重要形式之一。众所周知的例子，就是造纸术、印刷术对人类文化发展的极大推动。进入近现代以来，"文化+"对文化发展的驱动更为明显。就技术层面而言，19世纪以来陆续发明的电报、电话、电影、电视、照相机、互联网等，标志着人类迈入一个全新的信息技术时代，推动了文化的产业化、全球化进程，使文化产业形成日益发达的局面。今天随着全球生产、贸易、服务、消费体系的迅速形成，包括文化在内的要素资源流动呈现不断加速之势。这种流动体现为两个基本特征：一是某一要素资源内部的流通（如全球资本市场），二是要素资源的跨域流动和相互渗透，体现在文化产业上，就是"文化+"发展模式的日渐明晰。"文化+"一方面以前所未有的动能与活力驱动文化产业的更快发展，另一方面也决定了文化产业本身的市场竞争力。

近年来，在经济全球化背景下产生的以创新为核心的新鲜事物如火如荼地出现，"文化+"具有广阔的内涵，文化+科技、文化+金融、文化+创意、文化+电商、文化+旅游、文化+体育等，可以说，与文化直接相关或者间接相关的领域，都可以归纳为"文化+"的领域，在经济社会生活中影响巨大。"文化+"在各行各业有广泛的存在，也是市场创新的主体。可以说，"文化+"视角下，创新创意无处不在，无处不有。而创意可以带来一个产业改变整个世界的创意时代。计算机、电子通信、互联网为核心的第三次科技革命成为创新的载体和驱动力。创新创意类公司，如苹果、谷歌、中国的阿里巴巴等，正每天在全球创造着220亿美元的价值，还以高于传统产业24倍的速度在产业结构中扩张着。作为创新的深度表达，创意产业已经占美国GDP的7%，超过了房地产业在美国GDP的比重。创意不仅改变人们的生活，而且正成为众多国家的支柱性产业和国家经济发展的驱动力。创意阶层是创新驱动经济的核心，也是最能够带动一个城市的创业氛围和经济勃兴的群体。创新创意驱动人才培养，为创新创意人才营造良好的创新创业环境。随着

"文化+"在创新的旗帜下推动泛文化类相关产业的发展,"文化+"推动了越来越多的人向创新创意阶层转化。

我国创新创意产业的发展任重道远。2014年全球创新企业百强榜单由汤森路透知识产权与科技事业部分析编制而成。评定标准包括专利总量、专利授权成功率、专利组合的全球覆盖率,以及基于引用的专利影响力。中国大陆仅有华为上榜。我国创新创意的路途与美国等发达国家相比还有差距。幸运的是,在新兴成长阶段,在某些情况下,创新已表现出有效性。[①] 在发明专利领域,我国发明专利数量已经超越美国,从2011年开始成为世界第一。"三流企业卖产品,二流企业卖技术,一流企业卖标准。"作为"标准"的重要指标之一,发明专利正成为企业打造核心竞争力的法宝。2015年,我国发明专利申请受理量达110.2万件,同比增长18.7%,连续5年居世界首位。从国家知识产权局公布的排名榜来看,中国石油化工股份有限公司2844件排名第一,中兴通讯股份有限公司2673件位居次席,华为技术有限公司2413件排名第三,国家电网、京东方等也榜上有名。早在2006年,全国人大常委会就对专利法的实施情况进行过一次执法检查。当时检查发现我国的自主创新能力还不强,提出需要进一步提高知识产权拥有量。8年间,这个问题已基本得到解决。来自国家知识产权局的数据显示,我国专利拥有量实现了跨越式发展。2006年至2013年,我国累计授予发明、实用新型和外观设计三种专利权595.7万件,年均增长25.5%。2011年开始,我国成为全球专利申请量第一大国。东部沿海地区是我国专利创造最活跃的地区。广东省副省长陈云贤介绍,2009年至2013年,全省专利申请量96.86万件、授权量65.54万件,PCT(专利合作条约)国际专利申请量4.08万件。截至2013年年底,广东的有效发明专利量为9.54万件,专利密度为901.2件/百万人,是全国平均数的两倍多。[②]

作为一线城市的深圳,2014年,深圳国内专利申请量为82254

[①] [英]杰姬·芬恩、马克·拉斯金诺:《精准创新》,中欧国际工商学院专家组译,中国财富出版社2015年版,第1、54页。

[②] 《光明日报》2014年6月12日。

件，同比增加 1.98%；其中发明专利申请 31077 件，同比减少 3.51%。国内专利授权 53687 件，同比增长 7.90%；其中发明专利授权 12040 件，同比增长 9.58%。截至 2014 年年底，深圳累计专利申请 561662 件，累计专利授权 330657 件；有效发明专利达到 70870 件，居全国各大中城市的第二位；每万人口发明专利拥有量达到了 65.75 件，居全国各大中城市的首位，是全国平均水平（4.9 件）的 13.4 倍。[①]

或许，从文化角度而言，中国大陆型文化传统确有并不利于创新创意发展的成分，但是，崛起中的中国也有着吸引人才巨大而又独特的优势：中国是一个正处于上升期、充满无限活力的国家，创新创意产业和创新创意阶层在中国也逐渐崛起，人们开始日益强调金融、咨询等知识服务产业的价值，开始把新浪、搜狐等新媒体当成主流媒体，开始向往去新东方、百度等新经济领域工作，开始习惯越来越多中国电影业的"大片"，有创新创意产业以及人才发展的巨大的机遇和空间，能够不断地产生新创意。

2."文化+"与"互联网+"的相似之处

作为新兴事物，"文化+"和"互联网+"都是近几年出现的新的经济发展形态，"文化+"和"互联网+"给我们带来的空前未有的机遇，是当前创新创意阶层的迅速崛起和发展的核心原因。正是"文化+"和"互联网+"的发展，导致整个业态创新的调整，导致传统动能和新动能之间的调整，新动能里面整个业态调整里面最大的两个平台，一个是创新阶层，一个是创意阶层，可以让所有的奇思妙想像天女散花般地展开，也是一次社会分工的重新组合，是人才脱颖而出的一个重要的机遇，最好的时代就是人才脱颖而出的时代，包括不拘一格降人才，它对各种人才不分职业，不分学历，不分年龄，都可以进行创造和创业，而类似于"教育+""体育+"，还都是要有专业素质的，只有"文化+"和"互联网+"没有特别的专业要求和门槛，只要你有创意，只要你掌握了一般的互联网技

[①] 《深圳特区报》2015 年 4 月 24 日。

术知识，你就可以在这两个平台上寻求发展的机遇。"文化+"和"互联网+"两者本质上是一致的，都是以创新创意为基础，是对传统的突破，代表着经济社会发展的方向，两者最核心的相似之处主要表现在两个方面。

第一，两者都是产业转型升级的重要手段。

"文化+"为产品注入更多的设计元素和人文内涵，提升附加值，更多地体现在文化产业和价值层面，"互联网+"则以先进的科技手段优化生产要素，更多地体现在技术层面。

我国经济目前处于产能过剩、经济放缓、结构调整的新常态，国外环境仍然复杂多变，欧美发达国家经济复苏进程比预期曲折，新兴国家发展低迷，外需市场整体欠佳，外贸形势仍然严峻，受融资、汇率、劳动成本、原材料等因素影响，企业经营成本和费用上升，实体经济经营状况仍不理想，服务业发展仍不充分，自主创新能力有待提高，转型升级任务仍然艰巨。而要有效实现转型升级，通过实施"文化+"战略推动文化产业发展是其中的重要途径。首先，文化产业具有优化结构、融合性强、可持续的独特优势，是朝阳产业、绿色产业，其发展有利于加快现代服务业发展和经济结构战略性调整。尤其是它具有低碳经济的特点，是受资源环境瓶颈制约较小的新兴产业之一，不会随着资源枯竭而萎缩，不仅消耗低、污染小，而且能改变传统消费观念和生活方式，促进节约资源、保护环境，对资源环境约束趋紧的中国尤为重要和迫切。其次，文化产业是现代服务业的重要组成部分，既为生活服务又为生产服务，文化产业更快发展能迅速增加第三产业比重，抓住调整供给结构的突破口，从总供给方面进一步优化经济结构。正是凭借独特的产业价值链、快速的成长方式及广泛的渗透力、影响力和辐射力，文化产业不仅成为全球经济和现代产业发展的新亮点，也构成我国转型发展的重要方向。而"文化+"不仅铸造了一种新的产业模式和商业模式，更重要的是改变了人们的生活，改变着整个业态。如果各行各业都有"文化+"，那么我们的生活品质、社会品质、人的素质都会有很大提高。最后，更重要的是文化产业具有天然的跨界融合特点和能力，其对传统产业文化内涵和品质的提升发挥积极作用，促进新兴产业门类和文化业态不断涌现,如三网融合带动文化产业链上众多行业发展,内容提供商、服务提供商、运营商及光纤通信设备制造商都将获益。事实上,文化产业爆发式增长的重要特征之一,就是在文化内容为王的基础上,与科技、金融、商业、旅游等融合发展,这既是文化产业外延扩展的重要体现,也是经济社会发展对文化提出的迫切要求。在这方面,深圳发挥高科技产业、金融业、创意设计业比较发达的优势,涌现出腾讯、华强文化科技、A8音乐、环球数码、华视传媒等一批以高新技术为依托、数字内容为主体、自主知识产权为核心的高成长型文化科技企业,"文化与科技紧密结合、创意与创新水乳交融"成为深圳文化产业发展的突出特征和重要标志,也为中国文化产业的发展探索出一条成功的道路。

"互联网+"是创新2.0下的互联网发展的新业态,是知识社会创新2.0推动下的互联网形态演进及其催生的经济社会发展新形态。"互联网+"就是"互联网+各个传统行业",是利用信息通信技术以及互联网平台,让互联网与传统行业进行深度融合,创造新的发展生态。互联网思维在催生了众多新兴产业的同时,也加速了传统产业的变革。[①] 它代表一种新的社会形态,将互联网的创新成果深度融合于经济、社会各领域之中,提升全社会的创新力和生产力,形成更广泛的以互联网为基础设施和实现工具的经济发展新形态。"互联网+"是互联网思维的进一步实践成果,推动经济形态不断地发生演变,从而带动社会经济实体的生命力,为改革、创新、发展提供广阔的网络平台,是提升实体经济创新力、创造力的有效途径,主要为经济社会发展提供技术资源和平台。大量企业家和创新者通过互联网进行设计,[②] 2014年成功在美国上市的阿里巴巴,已经成长为全球最大的电商平台,它也成为互联网时代企业成功的典范。产业跨界、融合、创新已成为"互联网+"时代的主要特征。2015年两会上,李克强总理在政府工作报告中首次提出,"制订

---

① 文丹枫等:《决战互联网》,人民邮电出版社2015年版,第1页。
② 王红:《3D打印:头脑红利驱动创意经济》,山东人民出版社2014年版,第134页。

第六章 培育国家创新战略所依赖的创新创意阶层 153

'互联网+'行动计划,推动移动互联网、云计算、大数据、物联网等与现代制造业结合,促进电子商务、工业互联网和互联网金融健康发展"。"互联网+"随即成为一个会使经济飞起来的"风口","互联网+"行动计划,正式确立为国家战略。

第二,它们都是大众创业、万众创新的主战场。

两者都无处不在、无远弗届,没有任何门槛,更没有任何职业、年龄、学历的限制,只要创意符合社会需求,谁都可以使用,谁都可以创造。创新创意在这里水乳交融,知识、艺术、财富在这里相互转化。近年来,我国文化产业跨地区、跨行业、跨所有制发展,极大地推动了"文化+创意""文化+科技""文化+金融""文化+旅游"等新兴业态的形成,成为文化经济创新发展的最大内驱力。更重要的是,在"文化+"模式驱动下,文化产业实现了跨界融合、跨越发展,有力催生了各行业创新创意阶层的崛起。其言谆谆,其心殷殷。技术工人是制造业的脊梁,没有一流的工人就没有一流的产品。[①] 2014年6月12日陈嘉庚青年科学奖获得者王俊认为,深圳适合年轻人创新创业,《深圳特区报》记者杨婧如、王俊表示,深圳一直都有很好的创新文化,城市本身很年轻,适合年轻人去创业。其创新土壤和机制对于年轻人来说,无论是学习知识还是创新创业,都是很合适的。"一个年轻的城市孕育着年轻的创新人才,这是件相得益彰的事。"同时,深圳也是创客和投资人最活跃的地区,仅南山一个区,不知潜伏了多少类似大疆创新、柔宇科技这类的独角兽。"深圳的创业创新精神在中国排第一。"谈到该榜设于深圳的原因,胡润认为正是深圳的创业创新精神孕育新金融快速发展。新金融有望成为中国经济发展最具活力的力量,这一领域的一系列模式和理念创新,将有可能引领世界性的新金融趋势。深圳的创新性在全中国第一。我们感觉新金融就蕴藏着这种创新创业的精神,非常有活力。[②] 就以深圳而言,各类设计师和创意人才这些年的总人数都在急速增长,目前已有40万人左右。这个群体每

[①] 《河南日报》2015年9月30日。
[②] 《深圳商报》2016年1月12日。

天都在迸发奇思妙想，创造出形态各异的各种产品。

3. 文化多样性养育创新创意阶层

2005年10月第33届联合国教科文组织大会上通过的《保护和促进文化表现形式多样性公约》中，"文化多样性"被定义为各群体和社会借以表现其文化的多种不同形式。这些表现形式在它们内部及其间传承。文化多样性不仅体现在人类文化遗产通过丰富多彩的文化表现形式来表达、弘扬和传承的多种方式，也体现在借助各种方式和技术进行的艺术创造、生产、传播、销售和消费的多种方式。文化多样性是人类社会的基本特征，也是人类文明进步的重要动力。文化多样性对于创新创意阶层的培育也有重要意义，文化多样性的发展，是产生多元文化的基础，为创新创意阶层的产生提供了可能。

从国际上看，文化多样性问题已经引起了各个国际组织的重视。文化多样性是世界发展的一种趋势，基于多元文化的社会是未来社会发展的必然，开放的世界需要多元的文化，单一性的文化在当前状态下必然导致闭关自守，无法成为开放世界的一环。2001年11月联合国教科文组织通过《世界文化多样性宣言》。联合国大会随即在其57/429号决议中欢迎这一宣言，还欢迎其所附的执行宣言的《行动计划》的要点，并宣布5月21日为世界文化多样性促进对话和发展日。

培育创意意识，发展创意经济。人类的创新创意是最根本的经济资源。工业社会之后，创新创意经济时代的到来正在改变整个世界的社会和文化价值观，而价值观的改变，是以文化的多样性为基础的。文化的多样性在吸引创新创意人才以及支持高科技产业发展和城市经济增长方面，具有关键作用。

对于创新创意阶层的形成与扩大具有直接作用，多样性实质是开放性，而开放性对于各类群体敞开大门，形成多元结构，是养育创新创意阶层的肥沃土壤。多样性是创新创意阶层价值观的一个基本标志。创新创意阶层成员对于那些他们认为任何人都能融入并获得成功的组织与环境情有独钟。创新创意阶层成员喜爱具有多样性的群体，他们渴望的是一个对各种差异都兼容并包的环境。

文化的多样性的核心在于倡导多元文化、多元文明，允许和支持各级各类新的文化形态产生、发展和壮大。工业社会之后，在文化多元化的模式下，创新创意阶层的形成成为了可能。创新创意经济时代的到来正在改变整个世界的社会和文化价值观，而价值观的改变，是以文化的多样性为基础的。对于创新创意阶层的形成与扩大具有直接作用，多样性实质是开放性，而开放性对于各类群体敞开大门，形成多元的阶层结构，是养育创新创意阶层的肥沃土壤。可以说，多样性是创新创意阶层价值观的一个基本标志。创新创意阶层成员对于那些他们认为任何人都能融入并获得成功的组织与环境情有独钟，创新创意阶层成员喜爱具有多样性的群体，他们渴望的是一个对各种差异都兼容并包的环境。在文化多样化的大背景下，阶层的吸纳能力也非常强。

当前，我国文化多样性已有巨大发展。经济学家很早就注意到，文化多样性可以提高一个城市养育创新创意人才的能力，一个具有文化多样性的城市，在吸引创新创意人才和人力资本中具有截然不同的优势，而能留住这些创新创意群体的地方可以产生更多的创新，从而实现良性循环，可以孕育、滋养创新创意阶层，社会上形成了大力发展"文化+"的氛围，创新创意阶层顺势而生。

总之，国家发展战略的核心在于创新，而创新依赖于"文化+"相关产业和思维的发展，依赖于创新创意人才的培养，依赖于创新创意阶层的发展壮大，依赖于文化多样性的发展。

第七章

为"大众创业、万众创新"提供实现空间和环境支撑

"大众创业、万众创新"是实施国家创新战略的重要路径，具有鲜明时代特征和强烈现实意义，它既符合经济增长的理论逻辑，也顺应了后危机时期全球经济发展的新趋势。更重要的是，"大众创业、万众创新"为国家创新战略赋予了全民意义。传统的创新理念往往把目光锁定为各行业的专门研究者和极少数的部门精英，一般的民众也认为创新与己无关。"双创"的提出与实践，彻底颠覆了这个观念。李克强总理指出，"国家繁荣发展的新动能，就蕴含于万众创新的伟力之中。当前中国现代化建设正处于关键时期，将坚定不移地走创新驱动发展之路，使人人皆可创新、创新惠及人人"。正如凯文·阿什顿在《创造》一书中指出，"在1800年，大约每17.5万名美国人才有一名获得首次专利，而到了2000年，每4000名美国人中就有一名首次专利获得者"。因此，他专门提出，创造就在日常生活之中，创造就是人类，创造就是我们所有人，创造就是每一个人。通过激发全社会创新潜能和创业活力，"大众创业、万众创新"让智慧的碰撞成为无处不在的风景线，而文化为"大众创业、万众创新"提供着实现的空间和环境的支撑。

第一节 "大众创业、万众创新"的提出

2014年，一个词汇进入大众视线，并迅速成为年度热词，引起

了广泛的关注和议论,这个词就是"新常态"。

什么是"新常态"?"新常态"最先由美国太平洋基金管理公司总裁埃里安(Mohamed El-Erian)提出,尽管在不同领域有不同含义,但"新常态"在宏观经济领域被西方舆论普遍形容为危机之后经济恢复的缓慢而痛苦的过程。传统增长动力减弱,产能过剩、内需不足,资源环境约束加剧,要素成本上升,各国都被迫探索转变发展方式、提质增效升级之路。

20世纪后半叶以来,西方发达国家进入后工业时代,其重要特征之一就是服务业的快速发展。1978年,我国第一产业、第二产业和第三产业占国内生产总值(GDP)的比重为28.2%、47.9%和23.9%。2013年我国第三产业占GDP比重达46.1%,首次超过第二产业。在传统工业化道路下,高资本投入、高资源消耗的模式难以为继。2014年我国GDP约占世界的13%,但消耗了世界能源的23%、钢材和水泥的50%,资源环境瓶颈制约十分严峻。作为人口和劳动力数量第一大国,在农业就业人员比重逐步降低的大形势下,随着工业技术和劳动生产率的提高,资本密集型、劳动密集型工业已难以有效解决新增就业问题,必须通过吸纳劳动力能力较强的服务业加快发展来创造更多的就业机会。2005年至2014年我国就业人员从约7.46亿人增加到7.72亿人,其中第二产业增加了约5300万,而第三产业增加了约7800万。

就业总量压力变大,结构性矛盾凸显,同时资源环境约束日益强化,要素的规模驱动力逐步减弱,传统的高投入、高耗能、粗放式发展方式已难以为继,需要从要素驱动、投资驱动转向创新驱动,需要更多市场的力量。这就是中国经济面临的"新常态"。

习近平总书记2014年5月在河南考察时,明确指出:"中国发展仍处于重要战略机遇期,我们要增强信心,从当前中国经济发展的阶段性特征出发,适应新常态,保持战略上的平常心态。"中国经济要转型要升级,向中高端迈进,关键是要发挥千千万万中国人的智慧,把人的积极性更加充分地调动起来。要激发市场主体的能量,必须通过改革和体制机制创新,消除不利于创业创新发展的各种制度束缚和桎梏。因此,"大众创业、万众创新"是中国经济新常态形势下的必然。

2014年9月,李克强总理在夏季达沃斯论坛上提出,要在960万平方公里的土地上掀起"大众创业""草根创业"的新浪潮,形成"万众创新""人人创新"的新态势;2015年1月,国务院常务会议研究确定支持发展众创空间、推进大众创新创业政策措施;2015年3月,《关于发展众创空间推进大众创新创业的指导意见》出台;2015年6月,国务院《关于大力推进大众创业万众创新若干政策措施的意见》发布……

"大众创业、万众创新"的总体思路是:坚持深化改革,营造创业环境;坚持需求导向,释放创业活力;坚持政策协同,实现落地生根。这其中既有完善公平市场环境、打造创业创新公共平台等"软措施",也有深化商事制度改革、优化资本市场、创新银行支持方式等"硬政策"。

不断完善升级的政策措施,释放出清晰而明确的信号:创业创新在国家发展中的地位正被提到前所未有的高度,也正在获得空前的大力支持。"双创"有助于解决新常态形势下中国社会和经济的两大问题:就业与产业转型升级。国家繁荣源自民众普遍参与创新、积极参与创业,这一点已为很多人所认识。一个真正繁荣的经济体,不只是经济数据的增长,还有就业质量的提升。可以这么说,政府激励"双创",民间有自发的创业、创新激情,这对于一个国家来说,实在是弥足珍贵的事情。激励"双创",当然不等同于一窝蜂式的创业,也不等于是运动式创业。"双创"仍然还得尊重经济规律。所谓的"全民创业",不是说真的是每个人都去办公司,而是一种氛围、一种环境。以色列之所以被誉为"创新的国度",就是因为其拥有氛围、拥有活力。

第二节 "大众创业、万众创新"与文化

"双创"对于创业创新文化的形成乃至国民精神的改造同样意义深远。李克强总理提出,"人人皆可创新,创新惠及人人",这不

只是一句简单的鼓励全民创新创业的口号,它的重要作用在于调动全民参与的积极性,营造全民创新的社会氛围,从而达到锤炼国民素质、摆脱旧有思维,塑造全新的创业文化和国民精神的目的。我们可以欣喜地看到,在"双创"的实践过程中,社会已经逐渐形成了迎难而上、战胜困难的精神,锲而不舍、孜孜以求的性格,团结合作、互惠共赢的作风,以及奋勇争先、追求卓越的品质。这些精神品质正是华夏长期屹立于世界之林的关键,是实现民族复兴的不二法门。

说起创新,有些人总认为创新很神秘,创新是专家、技术人员干的事儿;觉得自己又不是搞技术的,做的工作普通又平凡,没有创新的可能,根本沾不上"创新"的边。其实,创新不仅仅是科研领域、科技人员的专利。创新可以是对工作的改进,可以是对效益的提升。即便是普通工人,岗位平凡,由于身处一线,对设备、生产等各种情况十分熟悉,实践经验丰富,也就有着自身的创新优势。纺织工无疑是平凡的,但英国纺织工人詹姆斯·哈格里夫斯在长期的生产过程中,不断总结经验,发明了举世闻名的珍妮纺纱机。他的这项创新成果,不仅对提高纺织效率起到了重要作用,甚至在英国工业革命的进程中都占有一席之地。也有人认为,自己从事的工作比较简单,不具备高技术性的特点,可创新的地方不多。这种观点也过于偏颇,创新能否成功,不在于是否简单,而在于它有没有价值,对公司发展有没有帮助。美国有一家从事楼房公寓出租的公司,有一段时间用户纷纷反映,等电梯的时间比较长,要退租搬走。公司十分着急,请教了有关专家,要改造电梯至少需几十万美元。这可是一笔不小的开支。正在公司为难之际,有个员工提出可在电梯间装上一面镜子,让用户在等电梯时照一照镜子,整理一下,就不会觉得时间长了。公司照此办理,果然很有效,用户再也没提过意见。还是说在美国,有一家生产牙膏的公司,老板为如何能增加牙膏销售而绞尽脑汁,但一直没有找到满意的办法,于是悬赏10万元发动全公司上下献计献策。结果一名工人得到了重奖。其实他的建议很简单,就是把牙膏管的口径扩大一毫米。因为牙膏的开口大一点,千百万消费者便会在不知不觉中多挤出一些牙膏,相应地也就增加了牙膏的销售量。为电梯装一面镜子、把牙膏口扩大一毫米，这些创新无疑是简单的，可它的意义却并不简单。

综上所述，在每一个领域、每一种工作中，创新都可以大有可为。创新不在于工作的性质、职务的高低、岗位的差别，而在于对工作的热爱，在于有没有立足岗位创新的志向，能不能把你从事的工作钻透，肯不肯花大力气去研究。发明珍妮纺纱机固然需要长期艰苦的探索；装一面镜子、增大一毫米牙膏开口，也不是灵机一动就能想到的，它需要平时认真地观察和积累，需要对用户心理的准确把握。在一个公司里，不可能所有人都去搞科研。大多数员工从事的工作是平凡而普通的，但平凡并不意味着就不会取得成就。要想有所成就，就应该认认真真做好自己的工作，坚持不懈地钻研探索，就会有所发现，终会实现创新，取得成功。

何况，在互联网技术如此发达的今天，"人人皆可创新"也具备了一定的技术条件和平台。近年来，随着国外开源硬件平台的广泛引进，"众创空间"也成为一种新型的创业孵化模式正在悄然兴起。基于大数据、云计算等技术的广泛应用也为许多企业构建了低成本、便利化、全要素的开放式创业生态系统。创客文化的核心在于用户创新，用户的体验和需求往往就能成为创新的动力和源泉。技术的发展，尤其是互联网技术的普及应用，降低了创新、创业的门槛，方便快捷地满足了人们对资源和工具的需求，人人都可以创新。尤其在互联网时代，除了畅销商品占据的主流市场之外，小众产品也有市场，冷门产品也存在可观的利润空间。主流产品满足共性需求，而创客则依据创新和实践满足个性化需求，获得自己的市场份额和消费群体。在电子工程、工业设计、物流快递等诸多领域，创客逐渐成为技术和产品创新不可忽视的力量，以创客为中心，以互联网为载体，创客生态圈正在逐步取代传统的生产经营模式。"人人都是创新主体，事事都是创新舞台"。我们不要局限创新的框架，从企业运作的每个环节都可以找出创新的地方：重大技改是创新，小改小革也是创新；开发新产品、推行新工艺是创新，改进操作方式、提高工作效率、改善服务质量也是创新；改进方法是创新，推广和运用新方法也是创新。

以上这些加强自主管理、充分发挥主观能动性的过程，都是一个创新的过程。从这个角度讲，在实际工作中，只要我们每一位员工具有创新的意识和行为，立足岗位，创造性地开展工作，就是创新。因此人人都具有创新的机会、条件和能力，都可以成为创新的能手。万众创新，需要人人参与。我们应破除对创新的神秘感，改变"创新与己无关"的旧意识，为创业创新发展贡献自己的力量，最终使整个社会形成"人人都要创新、人人皆可创新"的新风尚。

"创新"是一种精神，一种力量，是一个国家和民族进步的灵魂。敢于创新，善于创新，是一个人的重要素质，也是一个人在学习与工作中取得成功的重要因素。不久前，习近平总书记在哲学社会科学工作座谈会上的讲话中指出："创新是哲学社会科学发展的永恒主题……哲学社会科学创新可大可小，揭示一条规律是创新，提出一种学说是创新，阐明一个道理是创新，创造一种解决问题的办法也是创新。"由此可见，创新的形式多种多样。作为即将步入社会的新一代，应该从思维上、方法上将创新作为一种自动自发的习惯，要有勇立潮头的豪气、超越前人的勇气、敢为人先的志气、革故鼎新的锐气，激发自身蕴藏的创新能力，用创新开启未来中国之门，使具有独特中国范儿的中国智造和中国文化成为举世瞩目的焦点。

"双创"正在成为一种精神文化和生态文明。在"双创"的影响下，年轻人的头脑受到洗礼，价值观正在发生变化。比如说以前有了想法，可能只是写一篇文章发表出来，现在就会想要把它转化为成果。"双创"真正挑战了传统观念，体现了尊重知识、尊重劳动、尊重创新和尊重人才的理念。可以说"双创"给人才插上了腾飞的翅膀。以前是不是人才由政府来评价，现在是不是人才由自己做主。人才的导向变化了，人才的培养、引进、评价和激励都在变化。"双创"使优秀人才脱颖而出。以前是择天下英才，现在是聚天下英才。改革开放以来很多年，我国的人才都是输出多，回流少，现在在"双创"的号召下，人才回流趋势明显，进出已经基本平衡了。这些人并不是靠钱吸引回来的，而是靠市场。

推动"双创",还有一层深意,就是要让更多的人富起来,让更多的人实现人生价值。这有助于调整收入分配结构,促进社会公平,也会让更多的年轻人,尤其是贫困家庭的孩子有更多的上升通道。也就是说,除了中国经济"新引擎"这一内涵,"双创"还能促进社会纵向流动,为普通百姓开辟一条新通道。

第三节 "大众创业、万众创新"的成果与挑战

自"双创"理念提出以来,全国掀起了创业创新的热潮。当前我国大众创新创业呈现出四个新特点:一是创业服务从政府为主到市场发力。现代市场体系的发展催生出一大批市场化、专业化的新型创业孵化机构,提供投资路演、交流推介、培训辅导、技术转移等增值服务。天使投资、创业投资、互联网金融等投融资服务快速发展,为创新创业提供了强大的资本动力。二是创业主体从"小众"到"大众"。伴随新技术发展和市场环境开放,创新创业由精英走向大众,出现了以大学生等"90后"年轻创业者、大企业高管及连续创业者、科技人员创业者、留学归国创业者为代表的创业"新四军",越来越多的草根群体投身创业,创新创业已经成为一种价值导向、生活方式和时代气息。三是创业活动从内部组织到开放协同。互联网、开源技术平台降低了创业边际成本,促进了更多创业者的加入和集聚。大企业通过建立开放创新平台,聚合起大众创新创业者力量。创新创业要素在全球范围内加速流动,跨境创业日益增多。技术市场快速发展,促进了技术成果与社会需求和资本的有效对接。四是创业理念从技术供给到需求导向。社交网络使得企业结构趋于扁平,缩短了创业者与用户间的距离,满足用户体验和个性需求成为创新创业的出发点。在技术创新的基础上,出现了更多商业模式创新,改变了商品供给和消费方式。

事实证明,创业创新已经成为中国经济发展的原动力,在增加就业、创造新的市场、推动技术创新、提高科技成果转化率以及促进高科技产业形成并最终推动地区经济增长方面具有重要作用。

在就业方面，2016年1月28日国家工商总局发布的《中国个体私营经济与就业关系研究报告》中显示，从2013年起全国高校毕业生创办私营企业数量迅速增加，对社会就业起到明显带动作用。报告指出，当前中国高校大学生创业状况、创业意愿以及对创业的看法，是推进"大众创业、万众创新"的重要影响因素，对新常态下经济结构转型升级、产业创新有至关重要的作用。近年来，随着政府对大学生创业的进一步鼓励，以及工商注册等领域简政放权力度的加大，在此次报告调查的全部私营企业中，高校毕业生开办私营企业的数量明显增加，2014年达336家，是2013年的1.57倍；从企业比重来看，2014年高校毕业生创办企业占全部注册私营企业的30.71%，比2013年增加了5.5个百分点。高校毕业生投身创业对社会就业的带动效应尤为明显。调查发现，创业者学历越高，其平均雇员数量越多，对社会就业存量的带动效应越明显。其中，创业者学历为本科的企业，平均雇员数量为19.56人，而初中学历创业者的平均雇员数量仅为9.04人。高校毕业生创办的企业在新增雇员数量和雇员素质方面的需求上，也明显高于全体企业的平均值。不过报告中也指出，缺乏启动资金是高校毕业生创业面对的首要难题，此外还包括工作经验、家庭支持等。在投身创业的高校毕业生中，只有四成对应届毕业生享受税收优惠、免交有关行政事业性收费等优惠政策表示了解，凸显创业优惠政策的宣传力度有待加大。

在市场开发方面，根据7月22日国家工商局公布的2016年上半年全国"双创"成果报告显示，2016年上半年，全国新设市场主体783.8万户，比2015年同期增长13.2%，平均每天新登记超过4万户。全国各类市场主体达8078.8万户。新设企业仍然保持较快增长，全国新登记企业261.9万户，增长28.6%。特别是第二季度连续3个月较快增长，新登记企业155.6万户，形成商事制度改革以来的一个高潮。2016年上半年，平均每天新登记企业1.4万户，而2015年是每天1.2万户，改革前是每天0.69万户。这表明，我国经济依然蕴藏着巨大的发展潜力，改革依然蕴藏着巨大的发展动力。特别是信息、文化、教育新兴服务业快速增长。上半年，第三产业新登记企业212.4万户，增长30.2%，占新登记企业总数的81.1%。报告中也指出了，上半年新设企业和个体工商户如果按照40%的开业率，新创造的就业超过1300万人。

在市场规范方面，随着各项改革措施实施，"三证合一、一照一码"改革效应持续释放，商事制度改革与创业创新政策形成叠加效应，工商登记制度改革得到社会充分认可。数据显示81.9%的网民积极评价市场准入环境，市场准入环境呈现日渐改善的良好发展态势，成为推动我国各地区"十三五"时期新旧动能接续转换、焕发经济新活力的重要动力。同时，企业的商标品牌意识不断增强，企业素质不断提高。每万户市场主体商标拥有量达1389件，比2015年年底的1335件增长了4%。目前我国平均每7.2个市场主体拥有一件有效商标。与此同时，全国工商和市场监管部门加大竞争执法力度，上半年共查处各类经济违法违章案件23.5万件，增长2%，案值24.7亿元，下降29.5%。截至6月30日，全国已公示2015年度年报企业1816.6万户，年报公示率88.3%。全国企业公示了1580.1万条即时信息。企业信用信息公示系统得到社会广泛运用，累计访问量达185亿人次，累计查询量78.5亿人次。信息共享和联合惩戒工作发挥积极功效。工商和市场监管部门累计向其他部门提供数据35亿条，配合最高人民法院限制"老赖"担任公司各类职务共计4.2万人次，企业信用约束作用逐步显现。

不过，尽管当前我国创新创业环境发生了日新月异的新变化，创新创业生态体系不断完善和优化，但是，大众创新创业也面临一些问题：政策虽多却难成系统，执行落实存在难度；创业基础设施建设相对落后，场地、服务等创新创业成本较高；创新资金投入不足，创业融资供给不足，创业融资渠道不畅；政府职能缺位，创新服务体系不够完善；创业增值服务不足，孵化水平较低；门槛较高，创新创业主体活力不足；创新创业区域发展不平衡，全社会对大众创新创业的认识还有待提高。

中国如何走出一条符合自己特点的创新发展之路呢？纵观世界各国创业创新的现状，可以看到，一个国家的创新发展路径不是完全能够设计的，而是在民众不断的创新实践当中形成演化的。从创新体系来看，科技创新、管理创新、制度创新、草根创新，这四个层次需要有机互动，形成健康的创新生态。目前我们还没有一个完整与体系化的创新理论与设计方法，需要社会各界有识之士一起努力探索。

对于政府来说，转变自身职能是当前形势下保持经济持续健康发展的迫切需要和重大举措，而简政放权则是改变政府职能的突破口，是释放改革红利、打造中国经济升级版的重要一招。简政放权是经济体制改革和政治体制改革的重要内容，也是处理好政府与市场关系、加快完善社会主义市场经济体制的必由之路。通过简政放权，放开市场"看不见的手"，用好政府"看得见的手"。让"放"和"管"有效结合起来，形成现代化的政府管理手段。所谓简政放权，从经济运行现实考虑，应有三层含义：一是由上到下的放权，即由中央政府向地方政府的放权，通过将符合产业结构调整方向、对稳增长见效快的项目的审批权下放，加快投资审批效率。二是由政府向市场的放权，即将本来由政府主导的投资项目审批等事务完全交给市场，或者由事前审批改为事后备案，切实减少政府对微观事务的管理，更大限度地发挥市场作用，增大企业的投资自主权。三是由国有资本向民营资本的放权。经济平稳运行既需要增强国有资本的影响力和控制力，更需要利用好规模庞大、灵活性强、投资意愿强烈的民间资本，而这就需要做到国有资本的有退有进，抓重点、放一般，为民营资本发展腾出更大空间。

我们党在延安局部执政时期的精兵简政实践，就提高了政府工作效率，减少了官僚主义，密切了人民政府与广大群众的关系，为抗日根据地的巩固和抗日战争的胜利发挥了重要作用。当前的简政放权，是党在新的执政条件下进行的政府自身改革，通过行政体制改革，转变政府职能，进一步理顺政府与市场、政府与社会的关系，解决长期以来存在的一些行政弊端，使政府走上按行政管理规律办事的科学轨道，大力提升各级国家机关的行政效能。可以说，简政放权是建立高效、廉洁、法治、公正的人民满意的服务型政府的重要途径。全面贯彻落实中央关于简政放权的各项举措，不仅对解决当前政府管理中存在的问题具有现实意义，对我国逐步建立起比较成熟定型的中国特色社会主义行政管理体制机制，也具有十分重要的长远意义。

简政放权对发挥市场在资源配置中的决定性作用起着关键性作用。一方面，简政放权能增强经济活力，加快经济结构优化调整。经济动力调整是一个中长期过程，毫无疑问，现阶段乃至未来一段时期，投资仍将是经济增长的主动力。近期我国经济维持弱势局面，既有着消费持续不振的原因，也与投资增速尤其是基础设施投资增速的回落有关。投资增速持续回落与社会融资显著增长共存的情况说明，决定当前投资态势的可能并非资金多寡，而是投资渠道和意愿。在投资领域简政放权，将投资决定权交由市场，可谓是增强各类主体投资意愿、丰富投资渠道、提高投资效率的可行选择。同时，将符合产业调整方向产业的投资决定权交给市场，也能够加快这些产业的培育和成熟，推动经济结构调整步伐。

另一方面，简政放权能够提高资本利用效率，弱化货币投放，减弱通胀压力。美国次贷危机以来，与发达经济体货币政策盯住增长有所不同，率先企稳回升的国内经济更需要在稳增长和防通胀之间进行权衡。当前通胀水平虽然温和，但在当前经济弱势复苏下，为稳定经济增速，客观上需要为实体经济注入流动性、加大货币投放力度，而这将不可避免地推升物价，这与CPI内在运行的驱动因素一起，将逐步加大通胀上行压力，这种局面应极力避免。通过简政放权，将大量的民间资本利用起来，做好资本存量的优化调整，就能减弱为支持增长而需向社会投放的融资规模，也即以存量的加法做好增量的减法，减弱货币投放对通胀上行的推动。

对于企业来说，简政放权至少有三个方面的收益。第一是运行成本大大降低。简政放权的一个重要意义就在于减少政府对企业的干扰。第二是简化创办企业的手续，使得小微企业创业更加方便，创业门槛大为降低。第三是企业对未来的可预期性加强。原来企业要投资一个项目，一旦进入审批程序可能就要等几年。在这期间，市场情况已经发生了变化。简政放权之后，企业对项目能够有预期，投资也更加精准，效率更高。

善政必简，但并不意味着政府在市场经济中完全缺席。正如李克强总理说,"放活不是放任",我们要看到,简政不仅要关注政府职能"体量"的增减,也要注重对政府职能"结构"进行持续优化,实现"减量"与"增效"的协调发展。要深化行政审批制度改革,全面梳理清楚政府职权,并且明晰权责主体,确保权力清单真实准确完整。既要做到"放得下",还要确保"管得好",切实做到"放管并重"。简政放权没有回头箭,未来这一思路仍需稳妥推进。至少要注意以下几个问题:

一是警惕地方投资的膨胀和畸形。中央向地方的放权,意味着在投资方面,地方政府有了更大的自主权。在GDP绩效考核体系下,可能会激发地方政府的投资冲动,甚至会带来重复建设和无序竞争。要防止出现像光伏产业这种全国一哄而上上项目的情况,避免出现新兴产业产能泡沫。浙江温州就是一个典型的例子。温州一向是高度市场化的代表,结果却导致公共投资不足,公共服务低下。让企业自主发展,结果却导致大量实体企业的空心化;允许民间金融发展,结果却导致民间借贷与房地产等炒作泛滥。要避免这种情况的发生,这就需要将审批的"松"与监督的"硬"结合起来,通过法律法规、产业政策、财税政策等加强引导和约束,将地方政府的投资动能控制在一个合理的水平上。

二是将提高经济增长质量贯穿于简政放权的始终。推动简政放权,目的既是稳当前,更是利长远;既要稳速度,更要增效益。正因如此,一方面,要通过适当的审批下放或取消,刺激投资意愿,增加投资规模,稳住经济增长速度;另一方面,要将增速的短期增长与质量的长远提高相结合,重点取消那些符合产业调整方向、利于增强经济增长质量的行业审批权,重点为基础设施投资的增加创造条件,将提高经济增长质量贯穿在简政放权的始终。事实上,本次政府简政放权的设计上已经体现出这一思路,但仍须进一步强调和坚持。

三是防止地方政府过度举债而增加系统性风险。审批权的下放将增加地方政府上项目、搞建设的意愿,这就需要相应的资金投入。在当前财政收入增速放缓、土地财政受制于房地产调控的背景下,地方政府增加投资必然会面临资金缺口,如此一来,只能借助举债实现。在应对 2008 年次贷危机期间,地方政府为保增长曾大幅举债,债务负担已明显增加。虽然总体规模依然可控,但要防止地方政府过度举债、不规范举债、不透明举债而引致的系统性风险。事实上,在现阶段下,为提供基础设施和公共服务,地方政府举债是难以避免的,也是发达经济体政府在城市基础设施服务提供方面所惯常采用的手段。但问题的关键在于,要通过制度约束,促进政府举债的透明化、规范化,要鼓励地方政府借助市场化的举债方式,通过公开充分的信息披露,增强对地方政府行为的约束力,避免债务负担的过度膨胀和风险的刻意隐藏。

放管结合,实际上是对政府的执政管理能力提出了更高的要求。如何切实有效地做好放管结合?我们需要时刻把握群众路线这条生命线。改革是为了让群众生活得更好,因此放权应该应群众之需,群众不满的要少管;管权应该解群众之忧,在关系国计民生的行业,反而要多花精力,加强监管和服务。只有"以敬民之心行简政之道",真正做到"问民需、解民忧",协同推进"简政放权、放管结合、优化服务",政府才能转换职能,市场和社会活力才能有效激发,从而确保政府更好归位、市场更大发力、群众更多受益。

第四节 公共文化空间与文化服务的重要性

对于社会来说,摆脱旧有思维,接受"双创"观念,塑造"双创"精神,培养"双创"心态,提高"双创"素质,其重要性并不亚于资金投入、科技突破、政策跟进以及制度变革等。创新驱动发展,文化驱动创新,可以说,创新的根基在文化。

在 GEM(Global Entrepreneurship Monitor,全球创业观察)设计的城市创业环境指数指标体系中,文化基础被作为一个重要的指标用来考量一个城市的创业环境。文化基础分为价值取向、创业精神、创新氛围、交往操守等方面。价值取向影响城市或地区的资源配置;创业精神是创业活动的原动力;标新立异、开放宽容、无拘无束的创新氛围，有助于创新思想的形成，有利于创新产业的发展；价值观念、道德操守等对创业的活跃度有重要影响。社会对创业的赞成态度和对创业活动的公众广泛支持对于激发人们创业非常重要。如果一个社会的大部分成员都对创业持怀疑态度的话，创业活动不大可能会繁荣。

因此，我们不能忽视公共文化空间与文化服务的加强。我们需要培育创业创新的社会生态，打造开放包容的创新文化，营造全民参与的创新气氛，提供创业创新的文化支撑，为大众创业、万众创新源源不断注入能量。我们培育鼓励探索、宽容失败和尊重人才、尊重创造的文化，让创新的血液在全社会流动起来。只有解放人的思想，才能解放人的创造力。要把弘扬中华优秀传统文化与学习西方先进文化结合起来，营造自由、进出宽松、和谐的氛围。创新本身是不断试错的过程，失败的探索也是接近成功的途径。既要敢为天下先，敢于打破传统、颠覆前人，又要善于站在前人的肩膀上，学习借鉴世界优秀文明成果，让智慧的碰撞、科技的交流、文化的融会，成为无处不在的风景线。

双创要以科技为基础，要营造风清气正的科学环境。发明创造是挑战未知、充满风险的事业，必须树立理性思维、批判思维，倡导科学民主、学术自由、百家争鸣。对人才的评价要突出创新能力和实际贡献，淡化论文和经费数量考核，以真才实学论英雄。全社会都要用科学精神武装头脑、反对迷信，弘扬科学的"真善美"，提高全民族的科学文化素养。

双创要以人才为前提，要完善人才培养的体制。我国人力资源丰富，但要在全社会打牢创新基础，树立创新理念，还有很长的路要走。我国中级技能以上的人才偏少，高端创新人才和高端技能人才亦相对不足，世界级科学大师和国际科技领军人物更是匮乏。首先要把提升人力素质放在优先位置，高度重视教育，大力培养创新型人才。从国民教育、科学研究到创业就业等各个领域，都要鼓励创新精神。要将创业教育提升到国家战略高度，贯穿到基础教育、高等教育、职业教育、继续教育之中，让创业创新的种子生根发芽，完善创业教育基金、创业资助和创业导师体系，支持更多的人参加到创业创新大军中来。

　　在科技和人才方面，中国有着巨大的优势。中国在赶超的过程中取得了一些巨大的成果，这个为我们加强创新奠定了坚实的基础，再一个中国人很勤奋，吃苦耐劳，重视教育，祖国的人才总量也好，包括水平也好，创新的水平提高得也很快。还有我们中国的这个体制，我们作为社会主义国家，的的确确在资源的能力上也是比较强的，可以集中资源来搞科技创新。但从创业创新文化上来说，我们还有很大的进步空间。

　　创业创新的根本和底蕴，还是全社会的素养，不仅指科学素养，更重要的是人文素养。在发展和就业的倒逼中，我们习惯以实用主义衡量创新能力和科技人才，由此倾斜于专业才干的培养。这也无可厚非。而改革和创新的导向，则另有更高的要求，着眼于每一个人整体素质的提高，尤其不可或缺人文精神的熏染和终极关怀的启迪。知识固然十分重要，但比知识更重要的是能力，比能力更宝贵的是素养。世界范围内新技术革命呈现的难得机遇，形塑着地方的发展意识。GDP崇拜，数字化考核，行政性干预，也在扭曲着企业的创新心态。于是我们看到了跨越发展、弯道超车的不少成功经验，也看到了急功近利、投机取巧的种种短期行为。或是专走捷径，沉湎于拷贝他人版本，知识产权保护不力，山寨现象四处泛滥。新技术新产品刚一露头，就有仿冒者接踵而来，给研发者带来累累损失，使创新者心生重重顾虑，"不创新等死，要创新找死"。或是不惜代价，一再以市场换技术，引进再引进，心安理得地满足于暂时分享外国先进技术带来的短期红利，自我标榜的国产化，也只是一个堂皇的装潢而已，几十年过去，市场让出去了，真正的核心技术还是一片空白。中国制造要走向中国智造，我们首先要跳出的就是这样的创新陷阱。

　　此外，创业创新需要摆脱懒人思维，要加强自主创新意识，不能等靠要。尽管改革开放已经进行了30多年，但是还是有相当一部分人抱有"大锅饭"的思想。目前我国民众还有很大的需求没有得到满足，比如，人们在生活服务、空气质量、环境、医疗方面都需进一步改善，欧美的一些保险公司、汽车公司等也致力于发展中国市场，就很好地说明了这一点。人们希望通过国企改革重新配置原有的国企资源，以更多地满足人们的需要。但是，一方面，资源重新配置只能给消费者带来一次性的幸福指数提升，是一次性的变革，以后就不会再有了。即便消费者的满意度提高了，收入提高了，可以有更多可支配收入来购买产品，却并不能给人们带来真正需求上的满足，它是有自己的局限性的。另一方面，人类获取满足的渠道是多种多样的，不是只有靠在市场上购买产品或者通过政策方面调整获得好处才能提高幸福感。回顾人类历史可以发现，如果人类参与到某项活动中并能够进行探索和创造时，都会获得满足感，而在探索过程中如果能够给世界带来变革，那么给人们带来的满足感将会更大。有鉴于此，中国在经历经济变革的过程当中一定要加强自主创新意识，让初创企业能够有机会进行创新，因为只有这种方式才能让中国经济在发展过程中摆脱各种壁垒，让经济在未来长久且无束缚地发展，而且中国经济在前行中的发展轨迹也能够给人们带来满足感和成就感。

社会也应该鼓励创业创新。其一是在政策方面要鼓励"双创"。要实现"双创"这个目标，就要对微型企业或中小型企业实行减税，推出鼓励企业家创新精神的专项投资基金，推动"互联网+"的战略以及中国制造2025年的发展战略，还需要从工业化走向创新化的变革。2014—2015上半年，每天大约有一万家企业进行注册，这是让人难以置信的，而且在未来还有很强的上升趋势。但要实现"双创"，很多的传统企业要关门，特别是重工业企业，从而给其他更具创新力的企业让路。这个过程会出现一些困难，比如重工业领域的投资市场会出现崩溃，也会让很多投资者对投资重工业持观望态度。其二是让鼓励创业成为一种文化。从企业方面，因为过去人事录用总要经过非常慎重的考虑，在"双创"变革的过程中，这种想法也会变。当然，短期内的失业率也许会超过新增就业率。从文化上也会面临变化，比如中国的父母就要改变自己的一些想法，不要总是强迫自己的子女去找一些大企业的高薪工作，而是鼓励子女去参加一些初创企业或小企业的工作，因为只有这样，他们才会有机会参与到创新工作当中，且随着工作经验的积累，达成

第八章

营造国家创新战略所需的"鼓励创新、宽容失败"氛围

在中国,"鼓励创新、宽容失败",曾是深圳发出的一声召唤,一个承诺,许许多多的深圳移民,就是因为听到这声召唤与承诺,不远千里,背井离乡,怀揣对现状的不满与未来的梦想,来到这个梦开始的地方,创造了一个又一个城市发展史上的奇迹的。从一个口号到一种观念,从一种制度到一种氛围,"鼓励创新、宽容失败"从深圳走向全国,成为一种普遍的价值共识越来越受到人们的关注与认可。在当前国家大力实施国家创新战略的关键时期,"鼓励创新、宽容失败"多次明确出现在国家战略文件及党和国家领导人的重要论述当中,成为国家创新战略文化支撑不可或缺的组成部分。

"鼓励创新、宽容失败"是创新精神的一体两面,宽容失败就是鼓励创新,鼓励创新就要宽容失败,二者互为一体,不可分离。在任何富有创新精神的社会中,往往会形成对于创新的激励机制以及对于失败的宽容氛围,我们可以将其看作是创新行为或创新生态不可或缺的文化氛围,如果缺失这种文化氛围,任何创新所需要的风险行为都会因为人们对于因此可能产生的失败后果无法容忍而受到无情的扼杀,创新思维和创新意识也会失去赖以生存的土壤和环境。

"鼓励创新、宽容失败"是对创新者的基本态度。这种态度相信一般人不会反对,但在实际生活中做到这一点又是异常艰难。不是难在鼓励创新上,而是难在宽容失败上,因为长期形成的社会法则决定了人们在意识里根深蒂固的那种优胜劣汰、成王败寇的思

想，往往在一种封闭式的社会里面和保守性的文化或者文化积淀很深而不流动的地方，创新者得不到鼓励而被视之为异端，失败者则可能更被很多人唾弃和鄙视。这在古今中外，特别是中国的发展中是很残酷的现实。

第一节 "鼓励创新、宽容失败"的提出

"鼓励创新、宽容失败"最早是在深圳被明确提出来的。一定程度上而言，一部深圳经济特区的发展史就是一部"鼓励创新、宽容失败"文化精神的成长史。以"敢闯""敢试""敢为天下先""杀出一条血路"为代表的深圳"闯劲"实际上就是深圳"鼓励创新"经典表述。2006年由深圳市委市政府出台的《中共深圳市委深圳市人民政府关于实施自主创新战略建设国家创新型城市的决定》就明确将"敢于冒险、勇于创新、宽容失败、开放包容、崇尚竞争、富有激情"写进其中。此后，深圳逐步形成并提出"鼓励创新、宽容失败、脚踏实地、追求卓越"的城市精神，"鼓励创新、宽容失败"作为一个经典表述首次被提出来。2006年3月，《深圳经济特区改革创新促进条例》在深圳市四届人大常委会第五次会议上高票通过。明确规定"改革创新未达到预期效果或造成损失，只要程序符合规定，个人和所在单位没有谋取私利，也不存在与其他单位或个人恶意串通的，可予免责"。"鼓励创新、宽容失败"通过立法的形式加以提出和明确，深圳成为全国第一个以立法形式确立对改革创新失败者的宽容机制的城市。2010年，深圳经济特区成立三十周年之际，深圳举办"十大观念"评选活动，"鼓励创新、宽容失败"入选"深圳十大观念"之一，成为深圳最核心的精神文化基因。

"鼓励创新、宽容失败"的提出与深圳这座城市的成长发展历程密不可分，可以说它是从深圳的文化土壤中生长起来的。为什么这种文化氛围或价值共识能够生于深圳，长于深圳，成熟于深圳呢？

第一,"鼓励创新、宽容失败"的提出是深圳城市战略定位的必然。深圳作为我国第一个经济特区,它从一开始就是一个"被设计出来的城市",设计者们赋予这座城市的战略使命就是"敢闯敢试""摸着石头过河"。实现城市战略使命的过程,必然会在各个领域面临全新的问题,而新问题的背后往往是失败的风险。因此,为了保障这种创新型、探索型城市战略目标的实现,中央对于"特区"的定位以及相应的配套的价值观就成为深圳城市文化的原点。1992年,邓小平同志视察南方时谈到"一开始就自以为是,认为百分之百正确,没那回事,我就从来没有那么认为"。"允许看,但要坚决地试。看对了,搞一两年对了,放开;错了,纠正,关了就是了。关,也可以快关,也可以慢关,也可以留一点尾巴。怕什么,坚持这种态度就不要紧,就不会犯大错误。"谈话的背后,无疑就是对体制机制变革带来失败风险的宽容与谅解,实际这也是来自中央的城市设计者对"鼓励创新、宽容失败"思想的最初表述。

那么,除了来自中央的定位,深圳对自身发展的战略定位也成为"鼓励创新、宽容失败"提出的一大背景。早在1993年,深圳就形成了"发展高新技术产业是深圳社会和经济发展的必然选择"的城市战略定位。在当时出口加工产业正值热火朝天,回报丰厚的背景下,深圳居安思危,以自觉自发的创新意识和危机意识为深圳未来的发展谋篇布局。实际上,在外界看来,深圳几乎没有高水平大学和科研机构等发展高新技术产业的基础背景,以高新产业作为城市发展战略定位实际上面临着巨大的风险和成本,其前景不被看好,但这恰恰忽略了深圳与生俱来的"敢闯敢试"的文化基因及其背后的企业家精神,忽视了创新战略所需文化氛围形成的巨大动能。深圳此后二十多年的发展实践也证明,这一战略定位的提出无疑是极具战略魄力和前瞻性的,这也决定了"鼓励创新、宽容失败"成为这个城市的应有之义,呼之欲出。

第二,"鼓励创新、宽容失败"是深圳移民文化塑造的。移民文化从精神上讲,就是以理想主义为指向的,是对生活在别处和未来的向往,是对新的生活和梦想的追求和创造。移民文化是孕育创新与宽容精神的温床。历史和实践一再证明,移民文化具有强大的包容性。"正如美国移民后来能够容纳来自世界各地的民族成员，所以美国的历史才能敞开心怀，包容西方和东方的文化，锤炼出一个共同的内核。"[1] 深圳是我国最大的移民城市，95%的人口来自五湖四海、四面八方，梦想与包容是移民文化的基本特征。一方面，移民们怀揣一个梦想来到深圳，这个梦想的核心是"对过去生活的不满足"。这种不满足来源很多，有感情上的，有事业上的，有自我实现上的等，正如诗人谷雪儿的《在很远的地方想念深圳》中所道出的缘由"我的爱情也是在这里滋生与轮回。除此之外，她还给了我两次重生的机会"。源于对现状的不满足让深圳有种使人重生的力量。不满足则直接构成了创新最重要的思想动力，移民们求得生活上的重生的同时对未来的变革思想亦会投入到工作和创新之中。因此，鼓励创新是移民城市最重要的文化特征。

另一方面，典型的移民城市特别能够形成宽容、包容、兼容的城市文化。移民间的社会关系相对单一，属于陌生人社会，没有那么多人情关系，或者其他更复杂的社会关系，人们间往往少了人情、面子的负担，更不会形成对外来者的排斥，创新失败也不必背负过分社会负担，这构成了宽容精神的社会环境。正如学者易中天在《没有方言的城市》一文中指出的，"全国每个城市每个地方都有自己的方言，唯独深圳是个例外……深圳是没有方言的城市，不但现在没有形成方言，而且将来也不会出现方言。因为深圳不属于操着某种方言的某个区域的人，而属于全中国"。易中天的话指明了移民文化之于深圳的影响，"来了就是深圳人"这句来者不分东西南北、英雄不问出处的口号曾经激励无数人怀揣梦想奔向深圳，这种移民文化所造就的宽容精神让创新所必需的人才、技术在深圳得以自由流动。

第三，"鼓励创新、宽容失败"是中西文化不断碰撞与交流过程中形成的文化气质。深圳历史上属于广府文化属域，广府至少从汉代开始就与海外文化不断接触和交流，在长期与海外文化的碰撞

---

[1] [美]唐纳德·L.米勒编：《刘易斯·芒福德著作精粹》，宋俊岭、宋一然译，中国建筑工业出版社2010年版，第345—346页。

中，广府人逐渐形成了开放、包容、博大、冒险、不惧失败的精神气质，而这无疑构成了深圳"鼓励创新、宽容失败"的历史文化渊源。而改革开放之后的深圳依托毗邻香港的独特人文地理环境，得风气之先，更是成为中西文化的直接交汇点，承担起整个中华文明对话西方文明的桥头堡。虽然深圳当时城市面积并不大，人口很少，但是一开始深圳就展现出国际大都市的魄力和胸怀，整体上呈现出汪洋恣肆的气象，它的想象力，它的目标，它的一举一动都是有气派的。正是这种中西文化对话与碰撞的角色担当，决定了深圳文化海纳百川的博大与包容。一方面，深圳在中西文化交流与碰撞中要不断创新创造，在文化流动中培育自身的文化创新能力；另一方面，深圳要在文化创新创造过程中对于不同文明间差异、矛盾、冲突予以包容，对于文化创新创造过程中面临的失败风险予以宽容。

第二节 "鼓励创新、宽容失败"的文化根据

1. "鼓励创新、宽容失败"是中华传统文化的重要基因

置身于人类历史文明发展的璀璨星空之下，我们不难发现，"鼓励创新、宽容失败"的精神内核从来都不是某一种文化所独有的特质，而是一切世界优秀文明传统所共有的品格。考察东西方文明发展的历程，我们不难发现，任何一种文明若能屹立千年而不倒，蓬勃向上，历久弥新，那么它的血液中一定流淌着创新与包容的基因。

从历史的纵向来看，中华传统文化具有极强的创新性和包容性，更是从来不缺乏变易的观念、实践和智慧。从传统儒学到两汉经学，再到宋明理学，儒释道三教合一，中国文化兼容并包、多元一体，价值整合能力，处处体现着文化的"维新"。《易传》中的"汤武革命，顺乎天而应呼人"，"周虽旧帮，其命维新"，"穷则变，变则通，通则久"都是肯定变革前朝弊政的合理性与合法性。周公制礼作乐作为一种政治性的制度安排，开创了儒学创造创新的传

统。而《易经》中所谓"天行健，君子以自强不息；地势坤，君子以厚德载物"则是对中华传统文化当中创新与包容精神的经典表达。

"自强不息"是中华文化当中刚健有力，创新进取的一面。创新本身就是力量的勃发，是刚健自强的展现。在《周易》中，乾卦是六十四卦的第一卦，《乾·象》说"天行健，君子以自强不息"。上卦和下卦都是乾，乾为刚健，引申为自强不息的力量和精神。《乾卦》说："乾道乃革"，"革"就是改革、变革、革新、革命，就是创新。《杂卦》说："革，去故也；鼎，取新也。"因此，"自强不息"一语体现了刚健与创新的内在统一，刚健是创新的力量源泉，自强不息就是鼓励创新。儒家"六经之首"的《周易》所蕴含"穷变通久"和"自强不息"的观念，代表了中华传统文化的内省和自新精神。

"厚德载物"则是海纳百川、包容万象的一面。地势是顺着天的，君子效法地，增厚美德，包容万物，这是中国文化中包容意识的深刻表达。如果说自强不息是鼓励创新，那么厚德载物就是宽容失败。创新要靠刚健的进取精神，对于失败则要透过宽广仁厚之德行来包容。《国语·郑语》载史伯说"和实生物，同则不继"，《尚书·君陈》说"有容，德乃大"，《礼记·中庸》云"致中和，天地位焉，万物育焉"，佛家讲"无缘大慈，同体大悲""是法平等，无有高下"等，与中国古人常说的"海纳百川，有容乃大"一样，处处散发出宽厚包容的精神。"鼓励创新、宽容失败"正如"自强不息，厚德载物"，二者构成了中华文明的一体两面，一阴一阳，相辅相成，不可分离，共同造就了中华文明的生生不息，自强自新。

2. "鼓励创新、宽容失败"是世界优秀文明的共同品格

中华传统文化当中不乏"鼓励创新、宽容失败"的文化精神，以古希腊、基督教文化为代表的西方文明同样如此。古希腊独特的地理环境造就完全不同于东方大陆内河文明的海洋文明。鼓励冒险、求知、探索、进取构成了西方科学与创新精神的历史渊源。古希腊先哲柏拉图说过："人类知识在任何时候都是有限的，再智慧

的人亦无权垄断真理。宽容是我们唯一的选择。"宽容精神是西方文化伦理的重要组成部分,在西方人们把宽容视为一种重要美德。英国文学家莎士比亚在《威尼斯商人》中对"宽容的品德"做过这样的歌颂:"宽容不是出于勉强,它是像甘霖一样从天上降到尘世,它不但给幸福于受施的人,也同样给幸福于施与的人;它有超乎一切的无上威力,比皇冠更足以显出一个帝王的高贵;御杖不过象征着俗世的威权,使人民对于君上的尊严凛然生威;宽容的力量却高出于权力之上,它深藏在帝王的内心,是一种属于上帝的德性,执法的人倘能把宽容调剂着公道,人间的权力就和上帝的神力没有差别。"足见宽容精神在西方文化当中的分量。

当我们审视和考察西方文化的发展历程上,我们会发现如果说"鼓励创新、宽容失败"之于中华传统文化的表现是内在的、含蓄的、和谐的,那么对于西方文化则无疑是外在的、直观的、冒险式的,与中华传统文化所倡导的"君子不立于危墙之下"有所不同,鼓励创新往往与挑战、风险、失败紧密相连。世界最富创新的美国3M公司提出的著名口号:"为了发现王子,你必须与无数个青蛙接吻。""接吻青蛙"意思是失败,3M公司把失败和走进死胡同作为创新的一部分。其哲学是"如果你不想犯错误,那么什么也别想干"。西方文化视野下的创新更加强调冒险精神。美国是西方创新文化最具代表性的国家,在美国文化中有一种倾向,即强烈赞同给新生事物生存发展的机会,允许有缺陷的新事物从头再来。一代一代的移民来到美国创业,大家互相之间人际关系距离比较远,较少存在人情和面子的问题,创业失败是常有的事情。创业失败后自动加入失业的大军重新开始,没有人会讥笑你,你也别奢望别人会同情你。久而久之,宽容的气氛就形成了,这反而刺激了人们的冒险精神,形成不断"try"的文化。宽松的环境是创新的沃土,硅谷文化就是这种宽松文化的典型。"硅谷"崇尚的是"It is OK to fail"(失败是可以的),"失败后还有明天",一种宽容的创新文化理念,他们把失败看成是一次学习的经历,没有人去耻笑你的失败。可以说,硅谷不是建立在成功之上,而是建立在失败的基础上。这也是为什么20世纪60年代以后,原本荒凉的硅谷能够战胜美国东部波士顿"128号公路"地区成为世界创新的领航员的重要原因之一，因为与东部相比，西部更不注重家庭背景、更不注重面子、更加宽容失败。宽容失败成为美国多元化价值观的体现。

综合分析起来，相比中国而言，美国文化中呈现出几个特点：一是"成王败寇"的思想较少出现。二是弱势群体的利益得到很好的保护。三是各种利益集团都有自己表达诉求的渠道，那些通过不正当竞争手段获得的成功反而被人们所唾弃。这一切构成了美国创新文化最有利的社会氛围。

在当前国家大力实施国家创新战略的背景下，营造"鼓励创新、宽容失败"的文化氛围显得尤为重要，一方面，我们应该更加客观理性地看待中华传统文化的创新基因，重新挖掘和梳理传统文化当中的创新思想，赋予其新的时代精神气质。另一方面，我们要深入考察和汲取世界各国创新文化的精髓，为传统创新文化注入新的动能和元素，营造更加开放宽容的创新环境，让中华传统文化置身于人类文化多样性的融合之中，让中华传统文化丰富的创新文化资源转化为中国现实的创新软实力。

第三节　如何鼓励创新

从根本上来看就是要营造能够激发创新精神，促进创新活动，保障创新成果的环境和土壤，即让创新成为全社会普遍崇尚和追求的价值坚守，让创新者能够获得足以支持其勇往直前，无惧无畏，大胆革新的勇气与力量，让创新成果能够更加便捷地进入市场收获合理公平的价值回报。

1. 在精神层面培育鼓励创新的价值观念

应该把鼓励创新作为一种国家、民族、社会各层面广泛认同的共同价值导向持续加以塑造和培育。虽说中华传统文化中不乏创新思想，但长期以来中华传统文化过分追求稳定与秩序，形成了很多"反创新"的文化因素。现代创新理论之父熊彼特把创新视为一种

"创造性的破坏"工具,这从根本上与中华传统文化当中等级秩序思想相悖。在中国历史上,"大一统"制度的建立,"罢黜百家,独尊儒术"虽然有利于建立稳定的统治秩序,但这种国家哲学对于在自由基础上才足以激发的民族创新性有极大的负面作用,同时,从制度的资源布局上看,"权力本位"的思想,"普天之下莫非王土,率土之滨莫非王臣"使社会的普遍创新陷入尴尬的资源匮乏状态。"半部论语治天下"的唯求政治秩序井然的统治格局时,人们普遍对服古法、守旧制充满好感,由此也导致了普遍对技术创新、社会变革缺乏应有的激励机制。这种崇尚稳定和谐,惧怕变革冲突的整体思想意识一直延续至今,仍在很多方面深刻影响着当代中国人的国民性,成为影响国家创新文化重构的主要障碍。

面对这一障碍,一方面需要进一步彰显和提炼中华传统文化"自新"的价值取向,从国家、社会、文化的战略层面,确立"鼓励创新"的文化价值导向,正如深圳将"鼓励创新"作为一种城市观念,应该让创新成为一种国家观念,成为国家文化战略的重要构成。另一方面,应该在中华优秀传统文化继承与发展的基础上,在广泛吸收世界优秀文化成果的基础上,着力构建具有中国风格与气象的创新文化。正如德国、美国、日本在创新行为当中呈现出不同的文化特征一样,鼓励创新的文化氛围决不应该脱离本民族文化心理的传统。以同样深受东方文化影响的日本为例,其鼓励创新的文化模式就与同样作为创新型国家的美国不同。日本在鼓励创新方面更加强调危机意识与集体主义的团队合作,他们一直比较重视与供应商、用户之间组成协作创新的网络,从而形成复杂产品创新的社会体系。而美国作为一个年轻的移民国家,与日本这样的传统国家相比,较少受到社会关系和社会结构的影响。[1] 显然相对日本的集体激励,美国创新更强调个人奋斗与自我实现。因此,对于中国这样崇尚和谐秩序,具有悠久文化传统的国家,建立鼓励创新的文化意识,一方面要消弭过分强调稳定、"枪打出头鸟"等传统社会心

---

[1] 吴金希:《创新文化:国际比较与启示意义》,《清华大学学报》(哲学社会科学版) 2012 年第 5 期。

理对于创新者造成的无形心理阻碍,另一方面,要承认和依托这种文化心理定式传统探索具有中国特色创新文化,在激励创新的同时充分关照人文传统。

2. 在制度层面形成鼓励创新的体制机制

鼓励创新是一项系统工程,这不仅需要强烈的文化心理共识,还需要完善系统的政策制度设计,这既包括在国家、城市战略层面确立鼓励创新的顶层设计,又包括在具体产业层面的微观设计。以日本为例,20世纪90年代中期开始颁布《科学技术基本法》,明确提出要将"科技创新立国"作为日本的基本国策,提出了科技创新的五大发展战略:人才战略、基础研究战略、技术创新战略、支柱技术战略和国际合作战略。2006年日本颁布《创新25战略》,该战略提出,日本政府希望通过创新,到2025年把日本建设成为终身健康的社会、安全放心的社会、人生丰富多彩的社会、解决世界性难题做出贡献的社会和向世界开放的社会。[①] 由此不难看出,日本对于创新战略的设计,经历一个从科技创新到社会、制度、文化全面创新的战略路径,创新的价值从国家战略的演进得以彰显。从我国来看,党的十八大提出实施创新驱动发展战略,强调科技创新是提高社会生产力和综合国力的战略支撑,必须摆在国家发展全局的核心位置。这是国家在新的发展阶段确立的立足全局、面向全球、聚焦关键、带动整体的国家重大发展战略。2016年5月,中共中央国务院印发《国家创新驱动发展战略规划纲要》,为实施国家创新战略制定了清晰的路线图。创新本身是一项风险极大的行为,唯有将创新的价值通过国家顶层战略设计予以明确和彰显,同时通过详尽细致的配套政策和机制,激励和保障创新活动与成果,营造友好的创新环境与氛围,降低和分担创新有可能失败造成的风险和成本,才能让创新的光芒从理想照进现实,让创新从一个个"思想的不安分"转化为改变现实世界的强大力量。

[①] 张晓风、谢辉、魏勃:《创新型国家建设理论与路径研究》,知识产权出版社2015年版,第39页。

3. 在微观层面完善鼓励创新的具体政策与机制，要做好创新公共产品的供给

具体包括：一是建立统一、开放、竞争、有序的市场体系，为创新成果转化为市场价值提供畅通的渠道。二是要建立良好的教育系统和基础科研系统。基础教育和基础科研是创新活动的重要源泉，但因为这两个系统的产品有很大的外部性，往往并不能带来直接的市场收益，往往出现市场失灵的现象，因此应该由社会和政府通过加大投入和采取配套奖励政策，通过实际的投入和激励让更多的力量投入到这种基础创新领域。三是建立完善严格的知识产权保护法规措施。知识产权领域相关法律法规不完善是长期以来阻碍我国建立良好创新环境的重要因素。因此，要鼓励创新，就要让创新者充分享受到创新带来的价值，保障由创新成果带来的各项收益，维护创新成果权利人的权益。由此可见，到具体微观层面的鼓励创新，政府需要找准定位，做到政府的归政府，社会的归社会，市场的归市场，既不能错位，也不能越位，如此才能事半功倍。

第四节　如何宽容失败

宽容失败的文化传统来源于包容精神这一古老的人类智慧，它浓缩着人类对人与自然、人与社会、人与人之间关系的认识的精华。包容精神的存亡往往与文化本身的兴衰休戚相关。中国文化强盛之时总是充盈着包容精神，而包容精神无疑又是创新型文化的基础和必要条件，先秦两汉与大唐盛世莫不如此。但当这种精神被遮蔽时，文化的蓬勃向上的创新能力也必会随之散失。正如有学者指出："宋元以来政治领域专制主义的成熟乃至趋于极致，逐渐侵蚀了包容性文化的根基，而代之以绝对主义的色彩。"这也导致了宋元以来中国文化的宽容与包容传统受到了严重抑制，文化愈发走向故步自封和保守萎靡，致使整个华夏文明开始逐渐落后于世界潮流。

重塑宽容失败的文化传统就是要以人类历史发展的宏大视野，

总结、梳理、提炼和彰显传统文化当中的包容精神，重新赋予"厚德载物""海纳百川，有容乃大""己所不欲，勿施于人"等传统宽容精神以新的时代精神与价值，形成国家创新战略发展趋势与要求的包容型文化。

第一，具有包容的心态和性格，认同不同的文化享有同等的发展机会和地位，要有海纳百川，厚德载物的气度与自信。在文化心态上，既表现为对各种异质文化的兼收并蓄，表现为对人和事没有排外意识，也表现为包容有差异的文化观念和思维方式，不打压观念上的新奇，不歧视生活上的独特，更不会苛责探索与失败。美国学者迈克尔·沃尔泽在《论宽容》一书中对宽容的解释是：（1）对他者的开放和好奇；（2）愿意倾听和学习；（3）在这个光谱的更远处存在一种对差异的热情支持；（4）如果差别被看作在文化形式上代表了上帝的创造和自然界的伟大和多样性，这是审美认同；（5）如果差别被看作人类繁荣的必要条件，如自由派的多元文化主义论证的那样，这是功能性认同。① 宽容表现为对各种异质文化的兼收并蓄，容忍和鼓励怀疑、批判、求异、创新等文化观念和思维方法。在创新的层面上，则特别表现为对失败的宽容。伏尔泰说，我不赞成你的观念，但我捍卫你说话的权利。这是对宽容的最精到表达。

文化宽容的程度在相当意义上决定着社会发展和人类文明进步的水平。人类并不能时时做到宽容，鼓励创新难就难在对失败的宽容。正如房龙所言："从最广博的意义上讲，宽容这个词从来就是一个奢侈品，购买它的人只会是智力非常发达的人——这些从思想上摆脱了不够开明的同伴们狭隘的偏见的人，看到整个人类具有广阔多彩的前景。"②

第二，宽容失败要坚定承认差异和多样。宽容失败要以承认和宽容差异为前提，正因为有了差异，才会有丰富多彩的文化多样

---

① Michael Walzer, *On Toleration*, New Haven, C. T.: Yale University Press, 1997, pp. 10-11, 译文转引自［加］贝淡宁、［以］艾维纳《城市的精神》，吴万伟译，重庆出版社 2012 年版，第 220 页。

② ［美］亨德里克·房龙：《宽容》，迮卫、靳翠微译，生活·读书·新知三联书店 1985 年版，第 396 页。

性，差异的直接结果就是多样性的新生，而多样性是创新的基础和前提。法国社会学家佛雷里克·马特尔在分析谁将打赢全球文化战争时认为，"由于内外文化的多样性，美国才真正做到了自我更新"，文化的多样性、差异性成为美国文化在世界各地推广的巨大引擎。文化因多元而可爱，不因单一而高贵，尊重文化的多样性，百花齐放、百家争鸣，就可以让想象力和智慧充分迸发，而这是一切创新的必要条件。多样性有利于智慧的凝聚与成长，可以提高一个城市创造和吸引智慧的能力。以爱迪生和纽约为例，爱迪生的创造发明可以分为两个时期，一个是"门罗公园"时期，一个是"西橙"工业园时期，前者是自发生长、多姿多彩、开放包容式的"草根"型创业社区的代表，后者则是设施齐备、环境一流的封闭式现代工业园区的代表。爱迪生创造发明最为充沛的时代，恰恰是在看似"脏乱差"，但却充斥着各种工匠、商贩、底层谋生者的"门罗公园"时期，应该说这里极具宽容精神的文化，满足了创造所需要的多样性元素，创造力和创造精神可以在这里获得零压力、低成本的"野蛮"生长，任意尝试，完全不必担心探索和尝试失败所引发的歧视和高昂代价。反之，人为创造和设计的工业园区，则完全不能提供这样的包容度，每一次探索失败无不意味着成本和投资人的压力。因此，一个城市或国家的文化越具有多样性，对知识、创意和人才就越具有吸引力，就越能形成智慧、创新、城市与人之间的良性循环。

第三，"宽容失败"要宽容的是创新中的失败，而不是所有失败，或其他失败。那么，什么是创新中的失败？日本失败学会会长、东京大学教授火田村洋太郎在《失败学》一书中，将失败的原因分为十类，包括无知、不当心、不遵守程序、判断失误、调查探讨不够、制约条件变化、规划不良、价值观不良、组织管理不良和未知。这其中除了未知引发的失败外，大部分失败是可以避免的。而这当中，因未知引发的失败恰恰就属于创新中的失败，他说"未知而引起的失败是人类创造文化最重要的方式"。属于"好的失败"的范畴。在创新过程中，相对于浩瀚的未知领域，我们掌握的知识往往如沧海一粟，因此引发的失败更是常态，但这往往是我们通向真理的必由之路，这种失败是应该受到宽容的。但往往很多失败与创新无关，是不能被宽容的。比如失职、渎职等行为，或者那种经验的、常识性的错误，或者因对规则法律的无视与挑战，这些失败往往属于由无知、不遵守规则程序、缺乏必要的调查探讨、价值观不良、组织管理不良等原因造成的，这种失败往往是可以避免的，属于"坏的失败"的范畴，是不能被宽容的。对于那些因"坏的失败"造成的严重后果，重大损失，损害公共利益的行为，不仅不能宽容，还应制定严格的责任倒追机制，形成强大的舆论批评氛围。对"坏的失败"的宽容，不是真正的宽容，而是纵容。创新决不能与疏忽大意，不遵守规则，莽撞冒失，价值观错位等混为一谈。华为创始人任正非曾对如何宽容失败，宽容什么样的失败做出清晰的论述，他说："在创新问题上，我们要更多地宽容失败。宽容失败也要有具体的评价机制，不是所有的领域都允许大规模地宽容失败，因为你们是高端研究领域，我认为模糊区域更多。有一些区域并不是模糊的，就不允许他们乱来，比如说工程的承包等都是可以清晰数量化的，做不好就说明管理能力低。但你们进入的是模糊区域，我们不知道它未来会是什么样子，会做成什么。"[1] 因此，宽容失败一定是有的放矢，是有着清晰的定位和边界的。

第四，更加宽容理论、制度、社会创新过程中的挫折和失败。应该说从新文化运动高举"科学"精神大旗至今，科学精神历经百年艰难传播历程，已经成为中华民族迈向未来的重要精神支柱。与此相适应，我们开始更加认同和接受科学创新当中面临失败风险的普遍性规律，科学家的失败经历往往成为砥砺人们不惧挫折，勇往直前的精神指引。他们的失败不仅容易受到宽容，甚至成为日后成功时的精神勋章受到全社会的追捧与膜拜。反之，因更为复杂和艰难的理论创新、制度创新与社会创新造成的失败往往不易受到宽容。究其原因，一方面是理论创新、制度创新或文化创新的成果和效益往往是间接的，隐性的，不易衡量和量化；另一方面是科技创

---

[1] 任正非：《华为不开放就要死亡 不能建立封闭系统》，2016年7月20日，中国企业家网（http://www.iceo.com.cn/renwu/35/2012/0910/257053.shtml）。

新面临的失败风险仅需要直接创新的主体,如企业、团体或个人来承担,而非社会承担。而理论创新、制度创新和文化创新则和每一个社会主体直接相关,创新失败的后果需要全社会共同承担,往往难以获得社会宽容。因此,与科学、技术创新相比,理论、制度、政策等社会创新领域的创新者往往承担着更大的个人风险与社会风险,从商鞅变法到王安石变法,再到近代的康梁变法,再到深圳经济改革,被称为"杀出一条血路",历代改革者、创新者无一不承受了巨大的政治风险,甚至付出了生命的代价。深圳经济特区的创立在当时被称为要为改革开放"杀出一条血路",一方面说明改革创新者不畏艰险、勇往直前的创新精神,另一方面也侧面说明了这种制度和体制创新背后是何等凶险与悲壮。"改革者流血又流泪"的现象在中国历史的舞台上一再上演,成为重大制度和理论创新挥之不去的社会心理阴影。

因此,在这样的文化背景下,要形成宽容失败的宽松氛围,要从根本上为创新者,特别是制度、理论等社会创新者形成一种保障机制,厘清"好的失败"与"坏的失败",通过法律、政策、制度等手段保障改革创新者的合法权益。2006年通过的《深圳经济特区改革创新促进条例》就是国内第一部通过立法形式明确对因改革创新而失败的宽容与保障。2016年国务院总理李克强在做政府工作报告时强调,要"营造敢为人先、宽容失败的良好氛围","健全激励机制和容错纠错机制,给改革创新者撑腰鼓劲,让广大干部愿干事、敢干事、能干成事"。这一积极表态,无疑让真正的改革创新者在放手闯、大胆试的同时吃下了一颗"定心丸"。建立容错、纠错机制,就是要给予改革创新者一定的鼓励和保障,让他们切实感受到创新创业"有依靠""有奔头",从而释放出更多除旧布新的活力。

第五节 "鼓励创新、宽容失败"与构建创新型、智慧型、包容型、力量型主流文化

历史和实践表明,"鼓励创新、宽容失败"作为一种舆论环境

和文化氛围是城市或国家创新战略不可或缺的关键要素与资源。在国家大力实施创新战略的背景下，我们倡导"鼓励创新、宽容失败"，不仅要将目光投向具体的政策举措与制度设计层面，更重要的是要着眼于国家文化创新的战略高度，塑造和构建以"鼓励创新、宽容失败"为核心特征，对国家创新战略形成重要支撑的主流文化形态，这种主流文化形态可以概括为创新型文化、智慧型文化、包容型文化和力量型文化。

1. "鼓励创新、宽容失败"是创新型文化的根基

我们营造"鼓励创新、宽容失败"的文化氛围，从根本上就要建立一种创新型文化。创新型文化是指一种弘扬科学理性精神，以倡导创新、鼓励创新、支持创新为价值取向的文化，体现的是一种敢于冒险、勇于探索、宽容失败、开放包容的刚健文化精神。创新型文化与好奇心、想象力、创意和发明等密切相关，其核心特质包括：以开放的思维解决文体的能力；勇于承担智识风险、尝试以新的方式探讨问题、具有实验的精神；具有反思与不断学习的能力。唯有形成创新型文化，"鼓励创新、宽容失败"才不会流于一句口号，才能真正流淌于城市文化的血脉之中。

创新型文化的基本精神是批判精神，鼓励创新一定程度上就鼓励批判思维和批判精神。批判精神的实质就是敢于对传统和现实说"不"。任何一种新观念、新文化的产生都意味着对传统和现存理论或方法的解构和再诠释，新观念、新文化的产生往往是一个颠覆的过程，颠覆的过程必将面临来自既有权威的强力维护。建构新的观念、新的文化需要足够的理论勇气和创新精神，要敢于挑战权威，敢于提出新的理念，敢于创造新的方法。批判作为"建设性的争执"已经成为创新的一种必要程序，新观念、新文化、新思想和新方法的产生绕不过这座渡桥。创新理论创始人约瑟夫·熊彼特认为，创新活动之所以发生，是因为企业家精神的存在。"典型的企业家，比起其他类型的人来，是更加以自我为中心的，因为他比起其他类型的人来，不那么依靠传统和社会关系；因为他的独特任务——从理论上讲以及从历史上讲——恰恰在于打破旧传统，创造新传统。"熊彼特所说的这种企业家精神就是典型的创新精神，其中特别强调的是"打破旧传统，创造新传统"的能力。

但是，显而易见，挑战传统界限，培育批判精神的过程，面临着巨大的舆论与现实风险。颠覆现状、破旧立新不可避免地要受到"天经地义"的质疑，面临着与成见、权威、偏狭的冲突与交锋。鼓励创新既需要对敢于挑战、敢于冒险、敢于批判、敢于求异等创新思维进行价值倡导与正向激励，又需要对因创新引发的风险、失败、成本等予以宽容与谅解。因此，"鼓励创新、宽容失败"一体两面，共同构成创新型文化的根本和起点。

"鼓励创新、宽容失败"是创新型文化的目标。精神文化层面的观念创新、制度文化层面的体制创新、物质文化层面的技术创新三者共同构成了创新型文化的金字塔。处于创新金字塔最顶端的是精神文化层面的观念创新，也是最高级、最复杂、难度最大的创新层次。创新型文化的实质就是观念创新，观念创新是科技创新与制度创新的前提与基础，观念创新不仅仅是风尚的演变，更是价值的流变。一个国家要想保持生命力，保持文化的辐射力，就必须要有观念创新的能力，并通过观念创新，形成文化发展的领先优势。"鼓励创新、宽容失败"就是这样一种观念，从深圳至全国，这样一种观念成为一切观念创新的前提和基础，是"观念之观念"，它为观念创新提供了动力，也为观念创新的风险设置了边界。创新型文化的形成过程是一个动态发展的过程，是"鼓励创新、宽容失败"在物质、制度、精神三个文化层面创新过程中价值不断沉淀与彰显的过程，是"鼓励创新、宽容失败"的价值观念由破土而出到枝繁叶茂的过程。

2."鼓励创新、宽容失败"是智慧型文化的重要表现

任何具有生命力的文化，必然是充满智慧的文化。智慧型文化是一个城市或国家凝聚力与人文精神的重要体现，是一个城市或国家充满生机活力，创造新的传统、活的文化的重要表征。智慧型文化为城市和国家创新提供知识与理性的基础。智慧型文化的一个基本特征就是崇尚知识，追求理性。知识与理性是智慧型文化的关键

词。"鼓励创新、宽容失败"是崇尚知识、追求理性的重要路径与方式,鼓励创新的过程,就是崇尚知识与追求理性的过程;宽容失败则是对求知与求理过程中失败与风险的正确态度。"鼓励创新、宽容失败"就是要在全社会形成崇尚知识、崇尚理性的智慧型文化氛围。

知识是一切创新最基础的养料,缺乏必要知识基础的创新,只能称为异想天开。苏格拉底认为人之所以有智慧,是因为他们有知识,主张"知识即智慧"。在欧洲中世纪,托马斯·阿奎那赞颂道:"除了知识和学问外,没有任何东西能在人的灵魂和精神中,在他们的认知、想象、观点和信仰中,建立起至高无上的王者统治。"弗朗西斯·培根说:"知识就是力量。"20世纪八九十年代"知识城市"作为一种全新的城市可持续发展理念进入国际城市发展的视野。知识是国家或城市创新的源泉,也一直是国家或城市智慧的重要基础,以知识为基础的发展战略正在不断创造着国家或城市进步的新经验,为智慧型文化创造条件、提供内容、形成支撑。

理性是一切创新的终极目标。知识不等于智慧,智慧高于知识,如果说创新的过程一面是追求知识,探求真理的过程,那么另外一面则是追求理性、张扬理性的过程。理性又包括工具理性和价值理性两个方面。工具理性属于外在的行动的智慧,主要体现为对技术产品的重视和偏好,反映人与物的关系,是智慧型文化的物质性、自然性内涵。马克斯·韦伯认为资本主义现代化是一个不断工具理性化的过程,它以工业革命和科学技术为代表性特征,从而促进了现代经济和社会的飞速发展,促成了以欧美为代表的西方在经济及科技领域创新创造层出不穷长期领先于全世界。价值理性属于内在的心灵智慧,主要体现为对社会精神和人类伦理的重视,是智慧型文化的精神性、社会性内涵。价值理性是推动人类社会重大发展变革的思想武器和伟大动力。西方的文艺复兴、启蒙运动、宗教改革三大运动确立了近代社会以人为本、理性主义、宗教宽容的基本原则,成为西方现代工商业文明的文化基础。如果说科学创新技术创新以工具理性的彰显为基础,那么,毫无疑问,文化创新、制度创新则以价值理性彰显为支撑。

"鼓励创新、宽容失败"作为智慧型文化的重要表现，就是要强调：

一方面，在科学技术创新领域形成全社会崇尚知识、崇尚科学的价值共识。弘扬科学精神，提升科学素养，尊重知识产权，不以成败论英雄，尊重科学探索与发展的一般性规律，承认、善待、宽容科学探索过程中的必要失败，形成"大众创业，万众创新"的创新探索局面。

另一方面，在文化理论创新领域要进一步彰显理性精神，更加强调人的价值，人的发展与人的幸福，在广泛汲取和继承中华优秀传统文化精神的基础上，将更广阔的视野投向人类文明对理性的不断追求的优秀成果当中，百舸争流，海纳百川，让来自不同世界的文化价值、文化传统、文化精神成为中华民族实现文化创新、理论创新、制度创新的重要精神源泉。

3. "鼓励创新、宽容失败"是包容型文化的题中之义

正如"鼓励创新、宽容失败"一体两面，不可分离一样，创新型文化与包容型文化往往同时出现，互为因果。"天行健，君子以自强不息；地势坤，君子以厚德载物"就是对创新精神与包容精神的经典表达，创新与包容，一阴一阳共同构成了人类文化的生生不息，历久弥新。营造"鼓励创新、宽容失败"的文化氛围，从本质上而言就是要塑造和形成一种包容型文化，从而为国家创新战略提供以开放、多样、宽容、对话为特征的文化环境。

包容型文化与开放是天然盟友，开放又是一切创新思想产生的前提与基础，创新生于开放，而非封闭。鼓励创新从根本上而言就是要为创新的主体打造开放的环境、空间，具体而言包括开放的思想、心态、观念、社会、资源、要素、人才市场等，形成开放包容的文化。奥巴马之所以自豪地称美国是"一个仅被自己想象力边界限制的国家"，其中一个重要原因就是美国作为一个移民大国的开放性、开放性能使美国汇集全世界各种族的聪明才智，形成集体力量，这是一种典型的包容性力量。因此，"鼓励创新、宽容失败"就是要鼓励一种真正开放的心态，反对狭隘的地方主义，反对固守

第八章 营造国家创新战略所需的"鼓励创新、宽容失败"氛围　193

传统，反对对于历史积淀的过分崇拜，善于兼收并蓄、博采众长，形成一种海纳百川的文化气象。

　　包容型文化坚定承认文化的多样性。"鼓励创新、宽容失败"就是要鼓励差异性、承认差异性，既要阳春白雪，也要下里巴人。创新思维本质上也是一种"求异"思维，差异性和多样性为创新提供源源不断的养料。文化因多元而可爱，不因单一而高贵，尊重文化的多样化、百花齐放、百家争鸣，就可以让想象力和智慧充分迸发。法国社会学家弗雷德里克·马特尔在分析谁将打赢全球文化战争时认为，"由于内外文化的多样性，美国才真正做到了自我更新"[①]，文化的多样性成为美国文化在世界各地得以推广的巨大引擎。同样作为移民城市的深圳，也是多样性文化的代表，深圳既是一座时尚、设计、科技之都，聚集了全国一流的人才，同样也是一座农民工之城，数量不菲的"城中村"散落于写字楼与摩天大楼之间，形成了一道看似混杂、多元、充满活力的文化生态风景。正是这种对于多样性的包容和鼓励，也造就了深圳从一座曾被人们嘲讽为"世界山寨之都"的城市走向今天的"设计之都"与"创客之城"。

　　包容型文化具有强烈的宽容意识，"宽容失败"是对这种宽容精神的核心表达。"鼓励创新、宽容失败"最终的目标就是要激发和培育社会形成强烈的宽容意识。这种宽容意识既表现为对各种异质文化的兼收并蓄，又表现为没有排外意识，不打压观念上的新奇，不歧视生活方式上的独特，容忍和鼓励怀疑、批判、求异、创新等文化观念和思维方法。包容型文化主张和重视文化间的对话，包容不是一个简单的多种文化的共存过程，而是各种文化的好奇、倾听和对话中相互欣赏、相互学习、相互交流乃至相互吸引、相互交融的过程。一方面，鼓励创新就是要鼓励不同文化、思想间的对话、碰撞与融合。在移动互联网、大数据、云存储等新兴技术的推动下，创新越来越多地发生在不同行业、领域的交叉区域，正是这

---

① [法]弗雷德里克·马特尔：《主流——谁将打赢全球文化战争》，刘成富等译，商务印书馆2012年版，第172页。

种不同文化间的碰撞、交流、融合,构成了创新的源泉。

另一方面,"宽容失败"的过程,往往需要不同立场、利益主体基于创新发展的对话与妥协。德国柏林科学技术研究院曾以"文化因素在技术创新中的作用"为题的研究报告中,发现德国企业经理普遍将有效管理与零缺陷的严格控制联系起来,从而造就世人称赞的"德国品质",但这种重运营轻"容错"的机制也形成了不利于创新的环境。而1900年的德国民法典不支持顾客对技术产品使用过程中所遭受的损失提出任何可能的要求,以此来保护工业。那时,德国社会广泛认为顾客必须承担因产品缺陷带来的风险,这样工业才有开发新产品的积极性。[①] 这显示出"宽容失败"环境塑造和形成的过程也有赖于创新各相关主体之间的对话博弈的结果。美国学者理查德·佛罗里达提出的"创新经济3T"原则,技术(technique)、人才(talent)和包容(tolerate)这三个基本要素是建设创新型城市的充分必要条件。这三个要素中,创新型人才和他们所掌握的科学技术被比作水流,具有越来越强的流动性和不确定性;而正是包容开放的、容忍多样性的社会环境才能将技术和人才留在一个城市或地区为这里贡献价值。

4. "鼓励创新、宽容失败"是力量型文化的彰显

创新是挑战传统,破旧立新,往往意味着新生命的开始,正所谓"周虽旧邦,其命维新",象征着蓬勃向上的生命力,它体现着文化当中奋然卓起,刚健向上的一面,呈现的是文化的力量之美。"鼓励创新"既是要形成一种创新型文化,同时也是要造就一种力量型文化,它是刚健与创新的内在统一。

力量型文化更是一个民族文化结构中属于血气的部分,强调的是何谓正义、何谓勇敢的价值品性,它是对文化的理性结构的矫正。力量型文化对应消解型、娱乐型文化。消解型、娱乐型文化将人引向感官享受、物质追求,最终文化的力量被销蚀。没有力量型

---

① [德]柏林科学技术研究院:《文化vs技术创新:德美日创新经济的文化比较与策略建议》,吴金希等译,知识产权出版社2006年版,第133页。

文化作为支撑的创新型文化无疑是没有生命力的,看似繁荣的背后往往可能隐藏着难以扭转的衰败趋势。中国文化的流变在一定意义上就是一次又一次从"血性张扬"对"血性消弭"再到"强大外来压力上的血性回归"的历史循环。文化的血性张扬之时,往往海纳百川、国运昌盛;文化血性消弭之日,往往闭关自守、国运衰落。

"鼓励创新、宽容失败"固然需要通过健全完善支持创新体制机制、营造利于创新的环境氛围、形成针对创新失败的风险补偿机制等一系列举措,免除改革创新者的后顾之忧,从而达到激发创新,鼓励创新的目标,但当我们在极力为创新者营造所谓"一流"配套环境和设施的同时,往往可能会陷入另外一个误区,即过分强调和看重创新所倚重的客观环境,而忽视创新者的主观勇气和精神,这种勇气和精神往往生长于荆棘满布的丛林,而非四季如春的温室,它是创新文化中珍贵的"血气"精神。改革开放中深圳人"杀出一条血路""敢闯""敢试""敢为天下先"那种在改革征途上义无反顾,勇往直前,将个人荣辱前途置之度外的牺牲精神正是这种"血气"力量的彰显。"鼓励创新、宽容失败"就是要构建和塑造一种融入血性精神的力量型文化,面对荆棘满布、风险丛生的创新征途,唯有那些真正的勇士才能抵达胜利的终点。

力量型文化是活力与生命力的象征。鼓励创新本质上就是激发和调动创造创新的活力与生命力。查尔斯·兰德利说:"活力是城市的原动力与元气";"至于生命力,则攸关长期的自给自足性、永续性、适应性及自我革新性"。[1] 这种活力与生命力往往与文化多样性密切相关,保持文化的多样性,可以使每种文化不断地与其他文化进行信息、能量、资源的流通和交换,始终保持旺盛的生命力。因此,"鼓励创新、宽容失败"的一个重要目标就在于鼓励和包容这种文化的多样性,允许不同的思想、尝试与探索。正如纽约之所以成为全球最有创新活力和生命力的城市,其中关键一点就是其丰

---

[1] [英]查尔斯·兰德利:《创意城市:如何打造都市创意生活圈》,杨幼兰译,清华大学出版社2009年版,第327—328页。

富的多样性造就的。伊丽莎白·科瑞德谈到纽约时说:"这种活力和推动力来自时尚、艺术、电影、音乐和设计业所共同面对的人们多元、矛盾、冲突的感觉与想法。正是这些多元化的东西成就了纽约这座城市,让它在艺术、文化发展方面笑傲全世界。"①

"鼓励创新、宽容失败"要求我们既要重视文化中的宽怀博大、至善若水的一面,也不能忽视文化中血气方刚、血性勇猛的一面;既要重视文化中崇尚知识,追求理性的淡定与从容,也不能忽视文化中敢于亮剑、不畏牺牲的勇气与豪迈。以上二者构成了我们文化当中的一阴一阳、一柔一刚、一静一动,文化在这种阴阳互补、动静相宜之中才能孕育出强大的生命力、创造力、竞争力和影响力,才能彰显与时俱进、刚健有为、自强不息的时代价值,才能锻造一种健康向上、积极活跃的文化生态,并使之成为国家发展的理想。

---

① [美]伊丽莎白·科瑞德:《创意城市:百年纽约的时尚、艺术与音乐》,陆香、丁硕瑞译,中信出版社2010年版,第XI页。

参考文献

1. 《学习时报》编辑部:《落日的辉煌——十七、十八世纪全球变局中的"康乾盛世"》,《理论导报》2000年第8期。

2. Alexander, N., "Rethinking culture, linking tradition and modernity", Paper presented at the second meeting of the Advisory Committee of Experts, Venice, 2–3 April.

3. Freeman C., Technology policy and economic performance: lessons from Japan, Pinter, 1987.

4. Robinson K., "What in the world's going on?", In P. Dugay (ed.), *Production of Culture/Cultures of Production*, London: Sage/Open University Press.

5. Roger Chartier, *Cultural Origins of the French Revolution*, trans. L. G. Cochrane, Durham and London: Duke University Press, 1991.

6. [美] 阿尔君·阿帕杜莱:《消散的现代性:全球化的文化维度》,刘冉译,上海三联书店2012年版。

7. [英] 阿诺德·汤因比:《人类与大地母亲》,徐波、徐钧尧译,上海人民出版社1992年版。

8. [美] 爱德华·格莱泽:《城市的胜利:城市如何让我们变得更加富有、智慧、绿色、健康和幸福》,刘润泉译,上海社会科学院出版社2012年版。

9. 白春礼:《创造未来的科技发展新趋势》,《人民日报》2015年7月5日。

10. [德] 柏林科学技术研究院:《文化vs技术创新:德美日创新经济的文化比较与策略建议》,吴金希等译,知识产权出版社

2006年版。

11. ［加］保罗·谢弗：《经济革命还是文化复兴》，社会科学文献出版社2006年版。

12. ［加］贝淡宁、艾维纳：《城市的精神》，吴万伟译，重庆出版社2012年版。

13. ［瑞士］布克哈特：《世界历史沉思录》，北京大学出版社2007年版。

14. ［瑞士］布克哈特：《意大利文艺复兴时期的文化》，商务印书馆1979年版。

15. 曹宏成：《古代中国制度文化约束的反思——兼谈中国和平崛起战略取向》，《经济问题探索》2007年第2期。

16. ［英］查尔斯·兰德利：《创意城市：如何打造都市创意生活圈》，杨幼兰译，清华大学出版社2009年版。

17. 陈强、余伟：《创新驱动发展国际比较研究》，同济大学出版社2015年版。

18. 陈剩勇：《崇古意识与中国传统文化》，《探索》1988年第4期。

19. 陈万思：《从李嘉诚看企业家的社会责任》，《上海企业》2015年第12期。

20. 程石泉：《易学新探》，上海古籍出版社2003年版。

21. ［美］戴维·哈维：《叛逆的城市：从城市权利到城市革命》，商务印书馆2014年版。

22. ［美］道格拉斯·诺斯：《制度、制度变迁与经济绩效》，格致出版社、上海人民出版社2011年版。

23. 《邓小平文选》第2卷，人民出版社1994年版。

24. 《邓小平文选》第3卷，人民出版社2001年版。

25. 恩格斯：《论封建制度的瓦解和民族国家的产生》，《马克思恩格斯全集》第21卷，人民出版社1965年版。

26. 樊卫国：《晚清沪地移民社会与海派文化的发轫》，《上海社会科学院学术季刊》1992年第4期。

27. 冯友兰：《三松堂自序》，人民出版社1998年版。

28. ［法］弗雷德里克·马特尔：《论美国的文化：在本土与全球之间双向运行的文化体制》，周莽译，商务印书馆2013年版。

29. ［法］弗雷德里克·马特尔：《主流——谁将打赢全球文化战争》，刘成富等译，商务印书馆2012年版。

30. ［法］伏尔泰：《风俗论》中册，商务印书馆1997年版。

31. 傅美林：《从"夷夏之防"到"师夷长技"》，《历史教学》1993年第6期。

32. 干春松：《"王者无外"与"夷夏之防"——公羊三世说与夷夏观念的冲突与协调》，《中国哲学史》2011年第1期。

33. 干春松：《科举制的衰落和制度化儒家的解体》，《中国社会科学》2002年第2期。

34. 关万维：《论先秦儒家政治理想》，《华中师范大学学报》2016年第4期。

35. 国家发展和改革委员会编著：《2015年中国大众创新万众创业发展报告》，人民出版社2016年版。

36. 何小台、范扬松、黄丙喜、解仑：《创意人一定要懂的7堂EMBA课》，电子工业出版社2015年版。

37. 何正斌：《经济学300年》，湖南科学技术出版社2010年版。

38. 贺欣浩：《商业创意2：从全球视角看中国商业创意》，北京时代华文书局2015年版。

39. ［德］黑格尔：《哲学史讲演录》第一册，商务印书馆1959年版。

40. ［美］亨德里克·房龙：《宽容》，柞卫、靳翠微译，生活·读书·新知三联书店1985年版。

41. ［英］霍布森：《西方文明的东方起源》，山东画报出版社2009年版。

42. ［英］吉登斯：《失控的世界》，江西人民出版社2001年版。

43. ［英］杰姬·芬恩、马克·拉斯金诺：《精准创新》，中国财富出版社2015年版。

44. 解玺璋：《人立然后文化立》，《人民日报》2012年2月7日。

45. ［美］凯瑟琳·西伦、斯温·斯坦默：《比较政治学中的历史制度主义》，载《新制度主义政治学译文精选》，天津人民出版社2007年版。

46．［美］凯文·凯利：《新经济新规则：网络经济的十种策略》，刘仲涛、康欣叶、侯煜译，电子工业出版社2014年版。

47．柯武刚、史漫飞：《制度经济学·中文版序言》，商务印书馆2004年版。

48．［美］劳斯迪亚等：《模仿如何激发创新》，电子工业出版社2015年版。

49．乐国安、李绍洪：《心理定势发生机制的模型建构》，《心理学探新》2006年第2期。

50．雷鸣：《论批判精神与研究生创新能力的培养》，《江苏高教》2011年第2期。

51．雷雨田：《马丁·路德宗教改革的特点及其意义》，《广州大学学报》（社会科学版）2002年第1期。

52．李碧：《论企业家的竞争意识》，《湛江海洋大学学报》2004年第5期。

53．李约瑟：《东西方的科学与社会》，《自然杂志》1990年第12期。

54．李约瑟：《中国古代科学思想史》，陈立夫译，江西人民出版社1990年版。

55．李泽厚：《中国思想史论》，安徽文艺出版社1999年版。

56．联合国贸发会议（UNCTAD）主编：《2010创意经济报告》，中国社会科学院文化研究中心（RCCP）译，三辰影库音像出版社2011年版。

57．梁海燕：《创业时，他们在读什么》，浙江大学出版社2015年版。

58．梁漱溟：《东西文化及其哲学》，商务印书馆2011年版。

59．林月云等：《魅力城市：七大世界创意之都的智慧与人文力量》，台北：时报文化出版企业股份有限公司2014年版。

60．刘红玉、彭福扬：《国家创新战略演变研究》，《科技进步与对策》2009年第19期。

61. 刘希娟、梅芳：《华为人力资源管理浅谈》，《企业技术开发》2011 年 12 期。

62. ［美］刘易斯·芒福德：《城市文化》，宋俊岭、李翔宁、周鸣浩译，中国建筑工业出版社 2009 年版。

63. ［美］唐纳德·L. 米勒编：《刘易斯·芒福德著作精萃》，宋俊岭、宋一然译，中国建筑工业出版社 2010 年版。

64. ［德］马克思、恩格斯：《德意志意识形态》，人民出版社 2003 年版。

65. 《马克思恩格斯全集》第 4 卷，人民出版社 1972 年版。

66. 《马克思恩格斯选集》第 4 卷，人民出版社 1995 年版。

67. 《马克思恩格斯选集》第 1 卷，人民出版社 1995 年版。

68. 马黎明：《国家创新战略的实施与创新型城市建设》，《山东社会科学》2015 年第 9 期。

69. 马夏康：《创业，要让内心永远保持一份善良》，《今日科技》2016 年第 2 期。

70. 马忠庚：《论黑死病对中世纪欧洲社会变迁的影响》，《聊城大学学报》（社会科学版）2004 年第 1 期。

71. ［美］曼纽尔·卡斯特：《信息时代的城市文化》，载汪民安等编《城市文化读本》，北京大学出版社 2008 年版。

72. ［美］曼纽尔·卡斯特：《网络社会的崛起》，夏铸九、王志弘等译，社会科学文献出版社 2001 年版。

73. 《毛泽东文集》（第 7 卷），人民出版社 1999 年版。

74. 《毛泽东文集》（第 8 卷），人民出版社 1999 年版。

75. 倪玉文：《论中国现代化与国人心理之更新》，《资料通讯》1998 年第 9 期。

76. 牛金生：《简述党的几代领导人的创新思想》，《安徽电子信息职业技术学院学报》2007 年第 4 期。

77. 潘吉星主编：《李约瑟文集》，陈养正译，辽宁科学技术出版社 1986 年版。

78. ［法］佩雷菲特：《停滞的帝国：两个世界的撞击》，生活·读书·新知三联书店 2014 年版。

79. 漆先望：《鼓励创新　宽容失败》，《四川日报》2014年11月27日。

80. ［英］齐格蒙特·鲍曼：《流动世界中的文化》，江苏凤凰教育出版社2014年版。

81. 齐卫平：《创新：中国共产党理论和实践历史的特质——建设创新型政党的逻辑思考》，《华东师范大学学报》（哲学社会科学版）2006年第5期。

82. ［美］乔治·J.斯蒂格勒：《通向寡占和垄断之路——兼并》，载高德步、王钰编著《世界经济史》，中国人民大学出版社2001年版。

83. ［法］让-皮埃尔、韦尔南：《希腊思想的起源》，生活·读书·新知三联书店1996年版。

84. ［澳］斯蒂芬·卡斯尔斯：《全球化与移民：若干紧迫的矛盾》，《国际社会科学杂志》（中文版）1999年第2期。

85. ［美］斯塔夫里阿诺斯：《全球通史：从史前史到21世纪》，吴象婴、梁赤民、董书慧、王昶译，北京大学出版社2006年版。

86. ［美］斯坦利·沃尔波特：《印度史》，东方出版中心2013年版。

87. ［日］松下幸之助：《实践经营哲学》，滕颖译，中国社会科学出版社1989年版。

88. ［日］松下幸之助：《经营者365金言》，军事译文出版社1987年版。

89. ［澳］苏珊·谢区、珍·哈吉斯：《文化与发展：批判性导论》，沈台训译，台北：巨流图书公司2003年版。

90. 孙美堂：《崇古意识探微》，《孔子研究》1993年第3期。

91. ［美］泰勒·考恩：《创造性破坏：全球化与文化多样性》，王志毅译，上海人民出版社2007年版。

92. ［英］泰勒：《原始文化》，连树声译，上海文艺出版社1992年版。

93. 谭清华、郭湛：《论马克思的社会自我批判思想》，《中国人民大学学报》2008年第3期。

94. 唐燕、[德]克劳斯·昆兹曼等:《创意城市实践:欧洲和亚洲的视角》,清华大学出版社2013年版。

95. 王红:《3D打印:头脑红利驱动创意经济》,山东人民出版社2014年版。

96. 王京生、尹昌龙:《移民主体与深港文化》,《学术研究》1998年第10期。

97. 王京生:《包容型文化支撑包容性发展》,《深圳特区报》2015年1月13日。

98. 王京生:《文化是流动的》,人民出版社2013年版。

99. 王京生:《我们需要什么样的文化繁荣》,社会科学文献出版社2014年版。

100. 王京生:《中国文化的历史流变与当今的文化选择》,红旗出版社2014年版。

101. 王聘珍:《大戴礼记解诂》,中华书局1983年版。

102. 王晓蓉:《国家创新体系的比较与创新型国家建设》,经济管理出版社2014年版。

103. 王阳:《文化为源,创新为流———来自西方科学文化的历史启示》,《科学经济社会》2008年第2期。

104. 王志成、史学军:《对中国改革的新制度经济学分析》,《经济评论》1999年第5期。

105. 文丹枫等:《决战互联网》,人民邮电出版社2015年版。

106. 吴建中:《知识是流动的》,上海远东出版社2015年版。

107. 吴金希:《创新文化:国际比较与启示意义》,《清华大学学报》(哲学社会科学版)2012年第5期。

108. 吴培植:《泉州海上丝绸之路与中外文化交流》,《丝绸之路》2015年第7期。

109. 吴忠、王为理等:《城市文化论》,海天出版社2014年版。

110. 习近平:《习近平总书记系列重要讲话读本》,学习出版社2016年版。

111. 肖志鹏:《美国科技人才流动政策的演变及其启示》,《科技管理研究》2004年第2期。

112. 晓红：《否定自我推陈出新》，《中国技术监督杂志》1997年第7期。

113. 谢德荪：《源创新》，五洲传播出版社2012年版。

114. 徐克谦：《论庄子式的个人主义——兼论东、西方个人主义传统之异同》，《江苏社会科学》2003年第2期。

115. 徐勇：《国家创新战略调整对策研究》，《新闻天地》（论文版）2008年11月28日。

116. 许素菊、薛鹏：《全面深化改革视阈下改革创新时代精神的阐扬》，《广西社会科学》2015年第5期。

117. ［瑞士］雅各布·布克哈特：《意大利文艺复兴时期的文化》，商务印书馆1979年版。

118. 姚林群：《论反思能力及其培养》，《教育研究与实验》2014年第1期。

119. 姚洋：《作为制度创新过程的经济改革》，格致出版社、上海人民出版社2008年版。

120. ［美］伊恩·莫里斯：《西方将主宰多久——从历史的发展模式看世界的未来》，钱峰译，中信出版社2011年版。

121. ［美］伊丽莎白·科瑞德：《创意城市：百年纽约的时尚、艺术与音乐》，陆香、丁硕瑞译，中信出版社2010年版。

122. 殷海光：《中国文化的展望》，中华书局2016年版。

123. 袁南生：《文明转型与海洋大国意识》，《同舟共济》2013年第11期。

124. ［美］约瑟夫·熊彼特：《经济发展理论》，何谓、易家祥译，商务印书馆1991年版。

125. 张斌峰：《墨家人文精神的基本内涵与特征》，《社会科学战线》2001年第4期。

126. 张岱年：《文化传统和综合创新》，《江海学刊》2003年第5期。

127. 张倩红：《先发的东方和落后的西方》，《世界历史》2011年第3期。

128. 张锐：《董明珠：家电王国的"铁娘子"》，《对外经贸实务》2014年第3期。

129. 张晓风、谢辉、魏勃：《创新型国家建设理论与路径研究》，知识产权出版社2015年版。

130. 张志伟：《现代西方哲学对西方文明的反思》，《中共中央党校学报》2007年第1期。

131. 赵林：《大航海时代的中西文明分野》，《天津社会科学》2013年第3期。

132. 赵薇、[澳] 杰弗瑞·德登：《企业家创新精神原动力研究》，《山东社会科学》2010年第7期。

133. 中国行政管理学会编：《新中国行政管理简史（1949—2000）》，人民出版社2002年版。

134. 周君藏：《任正非这个人》，《领导文萃》2011年第19期。

135. 朱云汉：《高思在云——中国兴起于全球秩序重组》，中国人民大学出版社2015年版。

136. 邹振环：《〈支那航海家郑和传〉：近代国人研究郑和第一篇》，《社会科学》2011年第1期。

后　记

　　国家实施创新战略，是要通过创新驱动发展。这就提出一个问题：什么来驱动创新？当我提出这个问题的时候，一般得到的回答是：第一次想到这个问题。有人思考之后的回答是：市场是驱动创新最重要的东西，当然也包括市场所建立的制度，这是驱动创新最重要的因素。我再进一步问：难道香港在市场经济的发达程度上不如深圳吗？难道它不是更健全的市场体系吗？香港有很多方面市场经济高度发达，但就创新这一点而言，无论从它的发展速度还是今天的成果来看，都没法和深圳相比。

　　如果我们再把这个问题延伸到世界范围去看，美国、以色列这两个民族和国家，一直都走在世界创新的前列，而其他很多国家也一直想创新，但创新不起来。就制度重建而言，市场经济的基本制度在欧洲也好，亚洲也好，甚至在非洲也好，在南美也好，一般而言都没有太大的转变，世界上市场经济的基本架构没太大区别，但是就有些民族一直走在创新的前列。我注意到最近以色列出的一个研究报告，分析了以色列和世界各国，以色列是一个创新的梦工厂，不断把自己的创新成果卖给世界上各大公司，通过这些成果的落地和交易，实现创新的收益。其中讲到欧美市场，特别是美国，然后讲到我们中国，再讲到俄罗斯，这些国家转化能力非常强。反之，很多成果卖到中亚地区，甚至卖到非洲地区，最后往往不成功，没法进一步孵化和转化。

　　市场经济的架构和条件差不多，但创新的结果迥异。所以这一点特别要引起我们的深思。我认为，在市场和制度背后，起关键作用的是文化。

基于这种思考，2015年12月我在深圳学术年会上以"国家创新战略的文化支撑"为题做主旨演讲，提出了文化对国家创新战略的八大支撑作用，引起与会专家和相关媒体的关注和热议，《中国文化报》2015年12月30日全文发表了演讲的内容。我的这些主要观点经整理和修改后以"文化软实力与国家创新战略"为题发表在《文化软实力》2016年第2期上。以此为基础，我结合过去有关"文化流动""我们需要什么样的文化繁荣"的研究，特别是"大众创业，万众创新"波澜壮阔的实践，对"文化如何驱动创新"这一问题进行了较为系统和深入的研究，形成今天的文本。研究过程中，我先后和深圳市社会科学院文化研究所陈长治所长、任珺研究员、杨立青副研究员、关万维副研究员，深圳市委党校周笑冰教授，深圳市特区文化研究中心高小军助理研究员，深圳大学中国经济特区研究中心博士后黄虎、程晨，就其中的主要问题分别进行了较为深入的讨论，他们根据我提出的详细研究提纲和主要观点，查找了大量相关资料，形成了部分章节的初稿。深圳出版发行集团杨茜也参与了讨论，并提供了相关研究资料。真诚感谢他们对本书的贡献，并特别感谢《深圳学派建设丛书》评审专家对本书提出的修改意见，还要感谢中国社会科学出版社王茵博士专业、辛劳的工作。

多层次的探讨、交流和对话，催生了这本书稿，本书所提出的问题及其解答是开放性的，其逻辑体系未必严密和完整，但力图开辟一片思想的天空。不当之处，欢迎批评和进一步的讨论。

王京生

2016年10月23日